百年国学经典选刊

中国小说史略

鲁 迅◎著

安徽师范大学出版社

·芜湖·

策　　划：侯宏堂
责任编辑：侯宏堂　丁　立
责任印制：郭行洲
装帧设计：杨　群　欧阳显根

图书在版编目(CIP)数据

中国小说史略/鲁迅著.—芜湖：安徽师范大学出版社，2014.12
(百年国学经典选刊)
ISBN 978-7-5676-1737-7
Ⅰ.①中…　Ⅱ.①鲁…　Ⅲ.①鲁迅著作-小说史-中国
Ⅳ.①I210.91

中国版本图书馆 CIP 数据核字(2014)第 293626 号

中国小说史略

鲁　迅　著

出版发行：安徽师范大学出版社
芜湖市九华南路 189 号安徽师范大学花津校区　邮政编码：241002
网　　址：http://www.ahnupress.com/
发 行 部：0553-3883578　5910327　5910310(传真)
E-mail：asdcbsfxb@126.com
印　　刷：安徽宣城海峰印刷包装有限公司
版　　次：2014 年 12 月第 1 版
印　　次：2014 年 12 月第 1 次印刷
规　　格：880×1230　1/32
印　　张：8.75
字　　数：176 千
书　　号：ISBN 978-7-5676-1737-7
定　　价：20.00 元

目　录

题　记

回忆讲小说史时，距今已垂十载，即印此梗概，亦已在七年之前矣。尔后研治之风，颇益盛大，显幽烛隐，时亦有闻。如盐谷节山教授之发见《元刊全相平话》残本及“三言”，并加考索，在小说史上，实为大事；即中国尝有论者，谓当有以朝代为分之小说史，亦殆非肤泛之论也。此种要略，早成陈言，惟缘别无新书，遂使尚有读者，复将重印，义当更张，而流徙以来，斯业久废，昔之所作，已如云烟，故仅能于第十四十五及二十一篇，稍施改订，余则以别无新意，大率仍为旧文。大器晚成，瓦釜以久，虽延年命，亦悲荒凉，校讫黯然，诚望杰构于来哲也。

一九三〇年十一月二十五日之夜，鲁迅记。

序　言

中国之小说自来无史;有之,则先见于外国人所作之中国文学史中,而后中国人所作者中亦有之,然其量皆不及全书之什一,故于小说仍不详。

此稿虽专史,亦粗略也。然而有作者,三年前,偶当讲述此史,自虑不善言谈,听者或多不憭,则疏其大要,写印以赋同人;又虑钞者之劳也,乃复缩为文言,省其举例以成要略,至今用之。

然而终付排印者,写印已屡,任其事者实早劳矣,惟排字反较省,因以印也。

自编辑写印以来,四五友人或假以书籍,或助为校勘,雅意勤勤,三年如一,呜呼,于此谢之!

一九二三年十月七日夜,鲁迅记于北京。

第一篇　史家对于小说之著录及论述

小说之名，昔者见于庄周之云“饰小说以干县令”（《庄子·外物》），然案其实际，乃谓琐屑之言，非道术所在，与后来所谓小说者固不同。桓谭言“小说家合残丛小语，近取譬喻，以作短书，治身理家，有可观之辞。”（李善注《文选》三十一引《新论》）始若与后之小说近似，然《庄子》云尧问孔子，《淮南子》云共工争帝地维绝，当时亦多以为“短书不可用”，则此小说者，仍谓寓言异记，不本经传，背于儒术者矣。后世众说，弥复纷纭，今不具论，而征之史：缘自来论断艺文，本亦史官之职也。

秦既燔灭文章以愚黔首，汉兴，则大收篇籍，置写官，成哀二帝，复先后使刘向及其子歆校书秘府，歆乃总群书而奏其《七略》。《七略》今亡，班固作《汉书》，删其要为《艺文志》，其三曰《诸子略》，所录凡十家，而谓“可观者九家”，小说则不与，然尚存于末，得十五家。班固于志自有注，其有某曰云云者，唐颜师古注也。

《伊尹说》二十七篇。（其语浅薄，似依托也。）

《鬻子说》十九篇。(后世所加。)

《周考》七十六篇。(考周事也。)

《青史子》五十七篇。(古史官记事也。)

《师旷》六篇。(见《春秋》,其言浅薄本与此同,似因托之。)

《务成子》十一篇。(称尧问,非古语。)

《宋子》十八篇。(孙卿道:"宋子,其言黄老意。")

《天乙》三篇。(天乙谓汤,其言者殷时,皆依托也。)

《黄帝说》四十篇。(迂诞依托。)

《封禅方说》十八篇。(武帝时。)

《待诏臣饶心术》二十五篇。(武帝时。师古曰,刘向《别录》云:"饶,齐人也,不知其姓,武帝时待诏,作书,名曰《心术》。")

《待诏臣安成未央术》一篇。(应劭曰,道家也,好养生事,为未央之术。)

《臣寿周纪》七篇。(项国圉人,宣帝时。)

《虞初周说》九百四十三篇。(河南人,武帝时以方士侍郎,号黄车使者。应劭曰:其说以《周书》为本。师古曰,《史记》云:"虞初,洛阳人。"即张衡《西京赋》"小说九百,本自虞初"者也。)

《百家》百三十九卷。

右小说十五家,千三百八十篇。

小说家者流,盖出于稗官,街谈巷语,道听途说者之所造也。孔子曰:"虽小道,必有可观者焉,致远恐泥。”是以君子弗为也，然亦弗灭也，间里小知者之所及，亦使缀而不忘，如或一言可采，此亦刍荛狂夫之议也。

右所录十五家，梁时已仅存《青史子》一卷，至隋亦佚；惟据班固注，则诸书大抵或托古人，或记古事，托人者似子而浅薄，记事者近史而悠缪者也。

唐贞观中，长孙无忌等修《隋书》，《经籍志》撰自魏徵，祖述晋荀勖《中经簿》而稍改变，为经史子集四部，小说故隶于子。其所著录，《燕丹子》而外无晋以前书，别益以记谈笑应对，叙艺术器物游乐者，而所论列则仍袭《汉书·艺文志》（后略称《汉志》）：

> 小说者，街谈巷语之说也，《传》载舆人之颂，《诗》美询于刍荛，古者圣人在上，史为书，瞽为诗，工诵箴谏，大夫规诲，士传言而庶人谤；孟春，徇木铎以求歌谣，巡省，观人诗以知风俗，过则正之，失则改之，道听途说，靡不毕纪，周官诵训掌道方志以诏观事，道方慝以诏避忌，而职方氏掌道四方之政事与其上下之志，诵四方之传道而观其衣物是也。孔子曰：“虽小道，必有可观者焉，致远恐泥。”

石晋时，刘昫等因韦述旧史作《唐书·经籍志》（后略称《唐志》）则以毋煚等所修之《古今书录》为本，而意主简略，删其小序发明，史官之论述由是不可见。所录小说，与《隋书·经籍志》(后略称《隋志》)亦无甚异,惟删其亡书,而增张华《博物志》十卷,此在《隋志》,本属杂家,至是乃入小说。

宋皇祐中,曾公亮等被命删定旧史,撰志者欧阳修,其《艺文志》(后略称《新唐志》)小说类中,则大增晋至隋时著作,自张华《列异传》戴祚《甄异传》至吴筠《续齐谐记》等志神怪者十五家一百十五卷,王延秀《感应传》至侯君素《旌异记》等明因果者九家七十卷,诸书前志本有,皆在史部杂传类,与耆旧高隐孝子良吏列女等传同列,至是始退为小说,而史部遂无鬼神传;又增益唐人著作,如李恕《诫子拾遗》等之垂教诫,刘孝孙《事始》等之数典故,李涪《刊误》等之纠讹谬,陆羽《茶经》等之叙服用,并入此类,例乃愈棼,元修《宋史》,亦无变革,仅增芜杂而已。

明胡应麟(《少室山房笔丛》二十八)以小说繁夥,派别滋多,于是综核大凡,分为六类:

> 一曰志怪:《搜神》,《述异》,《宣室》,《酉阳》之类是也;
>
> 一曰传奇:《飞燕》,《太真》,《崔莺》,《霍玉》之类是也;
>
> 一曰杂录:《世说》,《语林》,《琐言》,《因话》之类是也;
>
> 一曰丛谈:《容斋》,《梦溪》,《东谷》,《道山》之类是也;
>
> 一曰辩订:《鼠璞》,《鸡肋》,《资暇》,《辩疑》之类是也;
>
> 一曰箴规:《家训》,《世范》,《劝善》,《省心》之类

是也。

清乾隆中，敕撰《四库全书总目提要》，以纪昀总其事，于小说别为三派，而所论列则袭旧志。

……迹其流别，凡有三派：其一叙述杂事，其一记录异闻，其一缀缉琐语也。唐宋而后，作者弥繁，中间诬谩失真，妖妄荧听者，固为不少，然寓劝戒，广见闻，资考证者，亦错出其中。班固称"小说家流盖出于稗官"，如淳注谓"王者欲知闾巷风俗，故立稗官，使称说之"。然则博采旁搜，是亦古制，固不必以冗杂废矣。今甄录其近雅驯者，以广见闻，惟猥鄙荒诞，徒乱耳目者，则黜不载焉。

《西京杂记》六卷。《世说新语》三卷。……

右小说家类杂事之属……

《山海经》十八卷。《穆天子传》六卷。《神异经》一卷。……

《搜神记》二十卷。……《续齐谐记》一卷。……

右小说家类异闻之属……

《博物志》十卷。《述异记》二卷。《酉阳杂俎》二十卷，《续集》十卷。……

右小说家类琐语之属……

右三派者，校以胡应麟之所分，实止两类，前一即杂录，后二即志怪，第析叙事有条贯者为异闻，钞录细碎者为琐语而已。传奇不著录；丛谈辩订箴规三类则多改隶于杂家，小说范围，至是乃稍整洁矣。然《山海经》《穆天子传》又自是始退为小说，案语云，“《穆天子传》旧皆入起居注类，……实则恍忽无征，又非《逸周书》之比，……以为信史而录之，则史体杂，史例破矣。今退置于小说家，义求其当，无庸以变古为嫌也。”于是小说之志怪类中又杂入本非依托之史，而史部遂不容多含传说之书。

至于宋之平话，元明之演义，自来盛行民间，其书故当甚夥，而史志皆不录。惟明王圻作《续文献通考》，高儒作《百川书志》，皆收《三国志演义》及《水浒传》，清初钱曾作《也是园书目》，亦有通俗小说《三国志》等三种，宋人词话《灯花婆婆》等十六种。然《三国》《水浒》，嘉靖中有都察院刻本，世人视若官书，故得见收，后之书目，寻即不载，钱曾则专事收藏，偏重版本，缘为旧刊，始以入录，非于艺文有真知，遂离叛于曩例也。史家成见，自汉迄今盖略同：目录亦史之支流，固难有超其分际者矣。

第二篇　神话与传说

志怪之作，庄子谓有齐谐，列子则称夷坚，然皆寓言，不足征信。《汉志》乃云出于稗官，然稗官者，职惟采集而非创作，“街谈巷语”自生于民间，固非一谁某之所独造也，探其本根，则亦犹他民族然，在于神话与传说。

昔者初民，见天地万物，变异不常，其诸现象，又出于人力所能以上，则自造众说以解释之：凡所解释，今谓之神话。神话大抵以一“神格”为中枢，又推演为叙说，而于所叙说之神，之事，又从而信仰敬畏之，于是歌颂其威灵，致美于坛庙，久而愈进，文物遂繁。故神话不特为宗教之萌芽，美术所由起，且实为文章之渊源。惟神话虽生文章，而诗人则为神话之仇敌，盖当歌颂记叙之际，每不免有所粉饰，失其本来，是以神话虽托诗歌以光大，以存留，然亦因之而改易，而销歇也。如天地开辟之说，在中国所留遗者，已设想较高，而初民之本色不可见，即其例矣。

天地混沌如鸡子，盘古生其中，一万八千岁。天地开辟，阳清为天，阴浊为地，盘古在其中，一日九变，神于天，圣于地。天日高一丈，地日厚一丈，盘古日长一丈，如此万八千岁，天数极高，地数极深，盘古极长。后乃有三皇。(《艺文类聚》一引徐整《三五历记》)

天地，亦物也。物有不足，故昔者女娲氏练五色石以补其阙，断鳌之足以立四极。其后共工氏与颛顼争为帝，怒而触不周之山，折天柱，绝地维，故天倾西北，日月星辰就焉，地不满东南，故百川水潦归焉。(《列子·汤问》)

迨神话演进，则为中枢者渐近于人性，凡所叙述，今谓之传说。传说之所道，或为神性之人，或为古英雄，其奇才异能神勇为凡人所不及，而由于天授，或有天相者，简狄吞燕卵而生商，刘媪得交龙而孕季，皆其例也。此外尚甚众。

尧之时，十日并出，焦禾稼，杀草木，而民无所食。猰貐凿齿九婴大风封豨脩蛇，皆为民害。尧乃使羿……上射十日而下杀猰貐。……万民皆喜，置尧以为天子。(《淮南子·本经训》)

羿请不死之药于西王母，姮娥窃以奔月。(《淮南子·览冥训》。高诱注曰，姮娥羿妻。羿请不死之药于西王母，未及服之。姮娥盗食之，得仙，奔入月中为月精。)

昔尧殛鲧于羽山，其神化为黄熊以入于羽渊。(《春秋·左氏传》)

瞽瞍使舜上涂廪，从下纵火焚廪，舜乃以两笠自扞

而下，去，得不死。瞽瞍又使舜穿井，舜穿井为匿空，旁出。（《史记·舜本纪》）

中国之神话与传说，今尚无集录为专书者，仅散见于古籍，而《山海经》中特多。《山海经》今所传本十八卷，记海内外山川神祇异物及祭祀所宜，以为禹益作者固非，而谓因《楚辞》而造者亦未是；所载祠神之物多用糈（精米），与巫术合，盖古之巫书也，然秦汉人亦有增益。其最为世间所知，常引为故实者，有昆仑山与西王母。

昆仑之丘，是实惟帝之下都，神陆吾司之，其神状虎身而九尾，人面而虎爪。是神也，司天之九部及帝之囿时。（《西山经》）

玉山，是西王母所居也。西王母其状如人，豹尾虎齿而善啸，蓬发戴胜，是司天之厉及五残。（同上）

昆仑之墟方八百里，高万仞；上有木禾，长五寻，大五围；面有九井，以玉为槛；面有九门，门有开明兽守之。百神之所在。在八隅之岩，赤水之际，非仁羿莫能上。（《海内西经》）

西王母梯几而戴胜杖（案此字当衍），其南有三青鸟，为西王母取食，在昆仑墟北。（《海内北经》）

大荒之中有山，名曰丰沮玉门，日月所入。有灵山，巫咸巫即巫朌巫彭巫姑巫真巫礼巫抵巫谢巫罗十巫从此升降，百药爰在。（《大荒西经》）

西海之南，流沙之滨，赤水之后，黑水之前，有大山,名曰昆仑之丘。有神人面虎身有尾皆白处之。其下有弱水之渊环之。其外有炎火之山,投物辄然。有人戴胜,虎齿豹尾,穴处,名曰西王母。此山万物尽有。(同上)

晋咸宁五年,汲县民不準盗发魏襄王冢,得竹书《穆天子传》五篇,又杂书十九篇。《穆天子传》今存,凡六卷;前五卷记周穆王驾八骏西征之事,后一卷记盛姬卒于途次以至反葬,盖即杂书之一篇。《传》亦言见西王母,而不叙诸异相,其状已颇近于人王。

吉日甲子,天子宾于西王母,乃执白圭玄璧以见西王母。好献锦组百纯,□组三百纯,西王母再拜受之。□乙丑。天子觞西王母于瑶池之上。西王母为天子谣,曰:"白云在天,山陵自出,道里悠远,山川间之,将子无死,尚能复来。"天子答之曰:"予归东土,和治诸夏,万民平均,吾愿见汝,比及三年,将复而野。"天子遂驱升于弇山,乃纪丌迹于弇山之石,而树之槐,眉曰西王母之山。(卷三)

有虎在乎葭中。天子将至。七萃之士高奔戎请生捕虎,必全之,乃生捕虎而献之。天子命之为柙而畜之东虞,是为虎牢。天子赐奔戎畋马十驷,归之太牢,奔戎再拜䭫首。(卷五)

汉应劭说,《周书》为虞初小说所本,而今本《逸周书》中惟

《克殷》《世俘》《王会》《太子晋》四篇，记述颇多夸饰，类于传说，余文不然。至汲冢所出周时竹书中，本有《琐语》十一篇，为诸国卜梦妖怪相书，今佚，《太平御览》间引其文；又汲县有晋立《吕望表》，亦引《周志》，皆记梦验，甚似小说，或虞初所本者为此等，然别无显证，亦难以定之。

齐景公伐宋，至曲陵，梦见有短丈夫宾于前。晏子曰，“君所梦何如哉？”公曰，“其宾者甚短，大上小下，其言甚怒，好俯。”晏子曰，“如是，则伊尹也。伊尹甚大而短，大上小下，赤色而髯，其言好俯而下声。”公曰，“是矣。”晏子曰，“是怒君师，不如违之。”遂不果伐宋。(《太平御览》三百七十八)

文王梦天帝服玄禳以立于令狐之津。帝曰，“昌，赐汝望。”文王再拜稽首，太公于后亦再拜稽首。文王梦之夜，太公梦之亦然。其后文王见太公而训之曰，“而名为望乎？”答曰，“唯，为望。”文王曰，“吾如有所见于汝。”太公言其年月与其日，且尽道其言，“臣以此得见也。”文王曰，“有之，有之。”遂与之归，以为卿士。(晋立《太公吕望表》石刻，以东魏立《吕望表》补阙字。)

他如汉前之《燕丹子》，汉杨雄之《蜀王本纪》，赵晔之《吴越春秋》，袁康、吴平之《越绝书》等，虽本史实，并含异闻。若求之诗歌，则屈原所赋，尤在《天问》中，多见神话与传说，如“夜光何德，死则又育？厥利惟何，而顾菟在腹？”“鲧何所营？禹何所成？康回凭怒，地何故以东南倾？”“昆仑县圃，其凥安在？增城九重，其高几里?”“鲮鱼何所?鬿堆焉处?羿焉弹日?乌焉解羽?”是也。王逸曰,“屈原放逐,彷徨山泽,见楚有先王之庙及公卿祠堂,图画天地山川神灵琦玮谲佹及古贤圣怪物行事,……因书其壁,何而问之。”(本书注)是知此种故事,当时不特流传人口,且用为庙堂文饰矣。其流风至汉不绝,今在墟墓间犹见有石刻神祇怪物圣哲士女之图。晋既得汲冢书,郭璞为《穆天子传》作注,又注《山海经》,作图赞,其后江灌亦有图赞,盖神异之说,晋以后尚为人士所深爱。然自古以来,终不闻有荟萃融铸为巨制,如希腊史诗者,第用为诗文藻饰,而于小说中常见其迹象而已。

中国神话之所以仅存零星者,说者谓有二故:一者华土之民,先居黄河流域,颇乏天惠,其生也勤,故重实际而黜玄想,不更能集古传以成大文。二者孔子出,以修身齐家治国平天下等实用为教,不欲言鬼神,太古荒唐之说,俱为儒者所不道,故其后不特无所光大,而又有散亡。

然详案之,其故殆尤在神鬼之不别。天神地祇人鬼,古者虽若有辨,而人鬼亦得为神祇。人神淆杂,则原始信仰无由蜕尽;原始信仰存则类于传说之言日出而不已,而旧有者于是僵死,新出者亦更无光焰也。如下例,前二为随时可生新神,后三为旧神有转换而无演进。

> 蒋子文,广陵人也,嗜酒好色,佻挞无度;常自谓骨青,死当为神。汉末为秣陵尉,逐贼至锺山下,贼击伤额,因解绶缚之,有顷遂死。及吴先主之初,其故吏见文于道,……谓曰,“我当为此土地神,以福尔下民,尔可宣告百姓,为我立庙,不尔,将有大咎。”是岁夏大

疫，百姓辄相恐动，颇有窃祠之者矣。（《太平广记》二九三引《搜神记》）

世有紫姑神，古来相传云是人家妾，为大妇所嫉，每以秽事相次役，正月十五日感激而死。故世人以其日作其形，夜于厕间或猪栏边迎之。……投者觉重（案投当作捉，持也），便是神来，奠设酒果，亦觉貌辉辉有色，即跳躞不住；能占众事，卜未来蚕桑，又善射钩；好则大儛，恶便仰眠。（《异苑》五）

沧海之中，有度朔之山，上有大桃木，……其枝间东北曰鬼门，万鬼所出入也。上有二神人，一曰神荼，一曰郁垒，主阅领万鬼，害恶之鬼，执以苇索而以食虎。于是黄帝乃作礼，以时驱之，立大桃人，门户画神荼郁垒与虎，悬苇索，以御凶魅。（《论衡》二十二引《山海经》，案今本中无之。）

东南有桃都山，……下有二神，左名隆，右名窔，并执苇索，伺不祥之鬼，得而煞之。今人正朝作两桃人立门旁，……盖遗象也。（《太平御览》二九及九一八引《玄中记》以《玉烛宝典》注补）

门神，乃是唐朝秦叔保胡敬德二将军也。按传，唐太宗不豫，寝门外抛砖弄瓦，鬼魅呼号。……太宗惧之，以告群臣。秦叔保出班奏曰，“臣平生杀人如剖瓜，积尸如聚蚁，何惧魍魉乎？愿同胡敬德戎装立门外以伺。”太宗可其奏，夜果无警，太宗嘉之，命画工图二人之形像，……悬于宫掖之左右门，邪祟以息。后世沿袭，遂永为门神。（《三教搜神大全》七）

第三篇 《汉书·艺文志》所载小说

《汉志》之叙小说家，以为“出于稗官”，如淳曰：“细米为稗。街谈巷说，甚细碎之言也。王者欲知里巷风俗，故立稗官，使称说之。”（本注）其所录小说，今皆不存，故莫得而深考，然审察名目，乃殊不似有采自民间，如《诗》之《国风》者。其中依托古人者七，曰：《伊尹说》，《鬻子说》，《师旷》，《务成子》，《宋子》，《天乙》，《黄帝》。记古事者二，曰：《周考》，《青史子》，皆不言何时作。明著汉代者四家，曰：《封禅方说》，《待诏臣饶心术》，《臣寿周纪》，《虞初周说》。《待诏臣安成未央术》与《百家》，虽亦不云何时作，而依其次第，自亦汉人。

《汉志》道家有《伊尹说》五十一篇，今佚；在小说家之二十七篇亦不可考，《史记·司马相如列传》注引《伊尹书》曰，“箕山之东，青鸟之所，有卢橘夏熟。”当是遗文之仅存者。《吕氏春秋·本味篇》述伊尹以至味说汤，亦云“青鸟之所有甘栌”，说极详尽，然文丰赡而意浅薄，盖亦本《伊尹书》。伊尹以割烹要汤，孟子尝所详辩，则此殆战国之士之所为矣。

《汉志》道家有《鬻子》二十二篇，今仅存一卷，或以其语浅薄，疑非道家言。然唐宋人所引逸文，又有与今本《鬻子》颇不类者，则殆真非道家言也。

> 武王率兵车以伐纣。纣虎旅百万，阵于商郊，起自黄鸟，至于赤斧，走如疾风，声如振霆。三军之士，靡不失色。武王乃命太公把白旄以麾之，纣军反走。（《文选李善注》及《太平御览》三百一）

青史子为古之史官，然不知在何时。其书隋世已佚，刘知几《史通》云"《青史》由缀于街谈"者，盖据《汉志》言之，非逮唐而复出也。遗文今存三事，皆言礼，亦不知当时何以入小说。

> 古者胎教，王后腹之七月而就宴室，太史持铜而御户左，太宰持斗而御户右，太卜持蓍龟而御堂下，诸官皆以其职御于门内。比及三月者，王后所求声音非礼乐，则太史缊瑟而称不习，所求滋味者非正味，则太宰倚斗而不敢煎调，而言曰，"不敢以待王太子。"太子生而泣，太史吹铜曰，"声中某律。"太宰曰，"滋味上某。"太卜曰，"命云某。"然后为王太子悬弧之礼义。……（《大戴礼记·保傅篇》，《贾谊新书·胎教十事》）
>
> 古者年八岁而出就外舍，学小艺焉，履小节焉；束发而就大学，学大艺焉，履大节焉。居则习礼文，行则鸣珮玉，升车则闻和鸾之声，是以非僻之心无自入也。……古之为路车也，盖圆以象天，二十八橑以象列星，轸方以象地，三十幅以象月。故仰则观天文，俯则察地

理，前视则睹和鸾之声，侧听则观四时之运：此巾车教之道也。（《大戴礼记·保傅篇》）

鸡者，东方之牲也。岁终更始，辨秩东作，万物触户而出，故以鸡祀祭也。（《风俗通义》八）

《汉志》兵阴阳家有《师旷》八篇，是杂占之书，在小说家者不可考，惟据本志注，知其多本《春秋》而已。《逸周书·太子晋》篇记师旷见太子，聆声而知其不寿，太子亦自知"后三年当宾于帝所"，其说颇似小说家。

虞初事详本志注，又尝与丁夫人等以方祠诅匈奴大宛，见《郊祀志》，所著《周说》几及千篇，而今皆不传。晋唐人引《周书》者，有三事如《山海经》及《穆天子传》，与《逸周书》不类，朱右曾（《逸周书集训校释》十一）疑是《虞初说》。

岎山，神蓐收居之。是山也，西望日之所入，其气圆，神经光之所司也。（《太平御览》三）

天狗所止地尽倾，余光烛天为流星，长十数丈，其疾如风，其声如雷，其光如电。（《山海经》注十六）

穆王田，有黑鸟若鸠，翩飞而跱于衡，御者毙之以策，马佚，不克止之，蹶于乘，伤帝左股。（《文选李善注》十四）

《百家》者，刘向《说苑》叙录云，"《说苑杂事》，……其事类众多，……除去与《新序》复重者，其余者浅薄不中义理，别集以为《百家》。"《说苑》今存，所记皆古人行事之迹，足为法戒者，执是以推《百家》,则殆为故事之无当于治道者矣。

其余诸家,皆不可考。今审其书名,依人则伊尹鬻熊师旷黄帝,说事则封禅养生,盖多属方士假托。惟青史子非是。又务成子名昭,见《荀子》,《尸子》尝记其“避逆从顺”之教;宋子名钘,见《庄子》,《孟子》作宋牼,《韩非子》作宋荣子,《荀子》引子宋子曰,“明见侮之不辱,使人不斗”,则“黄老意”,然俱非方士之说也。

第四篇　今所见汉人小说

现存之所谓汉人小说，盖无一真出于汉人，晋以来，文人方士，皆有伪作，至宋明尚不绝。文人好逞狡狯，或欲夸示异书，方士则意在自神其教，故往往托古籍以衒人；晋以后人之托汉，亦犹汉人之依托黄帝伊尹矣。此群书中，有称东方朔班固撰者各二，郭宪刘歆撰者各一，大抵言荒外之事则云东方朔郭宪，关涉汉事则云刘歆班固，而大旨不离乎言神仙。

称东方朔撰者有《神异经》一卷，仿《山海经》，然略于山川道里而详于异物，间有嘲讽之辞。《山海经》稍显于汉而盛行于晋，则此书当为晋以后人作；其文颇有重复者，盖又尝散佚，后人钞唐宋类书所引逸文复作之也。有注，题张华作，亦伪。

南方有岍𪾣之林，其高百丈，围三尺八寸，促节，多汁，甜如蜜。咋啮其汁，令人润泽，可以节蚘虫。人腹中蚘虫，其状如蚓，此消谷虫也，多则伤人，少则谷不消。是甘蔗能灭多益少，凡蔗亦然。（《南荒经》）

西南荒中出讹兽，其状若菟，人面能言，常欺人，言

东而西，言恶而善。其肉美，食之，言不真矣。（原注，言食其肉，则其人言不诚。）一名诞。（《西南荒经》）

昆仑之山有铜柱焉，其高入天，所谓"天柱"也，围三千里，周圆如削。下有回屋，方百丈，仙人九府治之。上有大鸟，名曰希有，南向，张左翼覆东王公，右翼覆西王母；背上小处无羽，一万九千里，西王母岁登翼上，会东王公也。（《中荒经》）

《十洲记》一卷，亦题东方朔撰，记汉武帝闻祖洲瀛洲玄洲炎洲长洲元洲流洲生洲凤麟洲聚窟洲等十洲于西王母，乃延朔问其所有之物名，亦颇仿《山海经》。

玄洲在北海之中，戌亥之地，方七千二百里，去南岸三十六万里。上有大玄都，仙伯真公所治。多丘山。又有风山，声响如雷电，对天西北门。上多太玄仙官宫室，宫室各异。饶金芝玉草。乃是三天君下治之处，甚肃肃也。

征和三年，武帝幸安定。西胡月支献香四两，大如雀卵，黑如桑椹。帝以香非中国所有，以付外库。……到后元元年，长安城内病者数百，亡者大半。帝试取月支神香烧之于城内，其死未三月者皆活，芳气经三月不歇，于是信知其神物也，乃更秘录余香，后一旦又失之。……明年，帝崩于五柞宫，已亡月支国人鸟山震檀却死等香也。向使厚待使者，帝崩之时，何缘不得灵香之用耶？自合殒命矣！

东方朔虽以滑稽名,然诞谩不至此。《汉书·朔传》赞云:“朔之诙谐逢占射覆,其事浮浅,行于众庶,儿童牧竖,莫不眩耀,而后之好事者因取奇言怪语附著之朔。”则知汉世于朔,已多附会之谈。二书虽伪作,而《隋志》已著录,又以辞意新异,齐梁文人亦往往引为故实。《神异经》固亦神仙家言,然文思较深茂,盖文人之为。《十洲记》特浅薄,观其记月支国反生香,及篇首云:“方朔云:臣,学仙者也,非得道之人,以国家之盛美,将招名儒墨于文教之内,抑绝俗之道于虚诡之迹,臣故韬隐逸而赴王庭,藏养生而侍朱阙。”则但为方士窃虑失志,借以震眩流俗,且自解嘲之作而已。

称班固作者,一曰《汉武帝故事》,今存一卷,记武帝生于猗兰殿至崩葬茂陵杂事,且下及成帝时。其中虽多神仙怪异之言,而颇不信方士,文亦简雅,当是文人所为。《隋志》著录二卷,不题撰人,宋晁公武《郡斋读书志》始云“世言班固作”,又云,“唐张柬之书《洞冥记》后云,《汉武故事》,王俭造也。”然后人遂径属之班氏。

帝以乙酉年七月七日生于猗兰殿,年四岁,立为胶东王。数岁,长公主抱置膝上,问曰,“儿欲得妇不?”胶东王曰,“欲得妇。”长主指左右长御百余人,皆云不用。末指其女问曰,“阿娇好不?”于是乃笑对曰,“好。若得阿娇,当作金屋贮之也。”长主大悦,乃苦要上,遂成婚焉。

上尝辇至郎署,见一老翁,须鬓皓白,衣服不整。上问曰,“公何时为郎?何其老也?”对曰,“臣姓颜名驷，江都人也，以文帝时为郎。”上问曰，“何其老而不遇也？”驷曰，“文帝好文而臣好武，景帝好老而臣尚少，陛下好少而臣已老：是以三世不遇。”上感其言，擢拜会稽都尉。

七月七日，上于承华殿斋，日正中，忽见有青鸟从西方来。上问东方朔，朔对曰，“西王母暮必降尊像上。”……是夜漏七刻，空中无云，隐如雷声，竟天紫气。有顷，王母至，乘紫车，玉女夹驭；戴七胜；青气如云；有二青鸟，夹侍母旁。下车，上迎拜，延母坐，请不死之药。母曰，“……帝滞情不遣，欲心尚多，不死之药，未可致也。”因出桃七枚，母自啖二枚，与帝五枚。帝留核著前。王母问曰，“用此何为？”上曰，“此桃美，欲种之。”母笑曰，“此桃三千年一著子，非下土所植也。”留至五更，谈语世事而不肯言鬼神，肃然便去。东方朔于朱鸟牖中窥母。母曰，“此儿好作罪过，疏妄无赖，久被斥逐，不得还天，然原心无恶，寻当得还，帝善遇之！”母既去，上惆怅良久。

其一曰《汉武帝内传》，亦一卷，亦记孝武初生至崩葬事，而于王母降特详。其文虽繁丽而浮浅，且窃取释家言，又多用《十洲记》及《汉武故事》中语，可知较二书为后出矣。宋时尚不题撰人，至明乃并《汉武故事》皆称班固作，盖以固名重，因连类依托之。

到夜二更之后，忽见西南如白云起，郁然直来，径趋宫庭，须臾转近。闻云中箫鼓之声，人马之响。半食顷，王母至也。县投殿前，有似鸟集，或驾龙虎，或乘白麟，或乘白鹤，或乘轩车，或乘天马，群仙数千，光曜庭宇。既至，从官不复知所在，唯见王母乘紫云之辇，驾九色斑龙。别有五十天仙，……咸住殿下。王母唯扶二侍女上殿。侍女年可十六七，服青绫之袿，容眸流盼，神姿清发，真美人也！王母上殿，东向坐，著黄金褡襹，文采鲜明，光仪淑穆，带灵飞大绶，腰佩分景之剑，头上太华髻，戴太真晨婴之冠，履玄璚凤文之舄，视之可年三十许，修短得中，天姿掩蔼，容颜绝世，真灵人也！

帝跪谢。……上元夫人使帝还坐。王母谓夫人曰，“卿之为戒，言甚急切，更使未解之人，畏于意志。”夫人曰，“若其志道，将以身投饿虎，忘躯破灭，蹈火履水，固于一志，必无忧也。……急言之发，欲成其志耳，阿母既有念，必当赐以尸解之方耳。”王母曰，“此子勤心已久，而不遇良师，遂欲毁其正志，当疑天下必无仙人，是故我发阆宫，暂舍尘浊，既欲坚其仙志，又欲令向化不惑也。今日相见，令人念之。至于尸解下方，吾甚不惜。后三年，吾必欲赐以成丹半剂，石象散一。具与之，则彻不得复停。当今匈奴未弥，边陲有事，何必令其仓卒舍天下之尊，而便入林岫？但当问笃志何如。如其回改，吾方数来。”王母因拊帝背曰，“汝用上元夫人至言，必得长生，可不勖勉耶？”帝跪曰，“彻书之金简，以身佩之焉。”

又有《汉武洞冥记》四卷，题后汉郭宪撰。全书六十则，皆言神仙道术及远方怪异之事；其所以名《洞冥记》者，序云，“汉武帝明俊特异之主，东方朔因滑稽以匡谏，洞心于道教，使冥迹之奥，昭然显著。今籍旧史之所不载者，聊以闻见，撰《洞冥记》四卷，成一家之书，”则所凭藉亦在东方朔。郭宪字子横，汝南宋人，光武时征拜博士，刚直敢言，有“关东觥觥郭子横”之目，徒以潠酒救火一事，遽为方士攀引，范晔作《后汉书》，遂亦不察而置之《方术列传》中。然《洞冥记》称宪作，实始于刘昫《唐书》，《隋志》但云郭氏，无名。六朝人虚造神仙家言，每好称郭氏，殆以影射郭璞，故有《郭氏玄中记》，有《郭氏洞冥记》。《玄中记》今不传，观其遗文，亦与《神异经》相类；《洞冥记》今全，文如下：

黄安，代郡人也，为代郡卒，……常服朱砂，举体皆赤，冬不著裘，坐一神龟，广二尺。人问，“子坐此龟几年矣？”对曰，“昔伏羲始造网罟，获此龟以授吾；吾坐龟背已平矣。此虫畏日月之光，二千岁即一出头，吾坐此龟，已见五出头矣。”……（卷二）

天汉二年，帝升苍龙阁，思仙术，召诸方士言远国遐方之事。唯东方朔下席操笔跪而进。帝曰，“大夫为朕言乎？”朔曰，“臣游北极，至种火之山，日月所不照，有青龙衔烛火以照山之四极。亦有园圃池苑，皆植异木异草；有明茎草，夜如金灯，折枝为炬，照见鬼物之形。仙人甯封常服此草，于夜暝时，转见腹光通外。亦名洞冥草。”帝令锉此草为泥，以涂云明之馆，夜坐此

馆，不加灯烛；亦名照魅草；以藉足，履水不沉。（卷三）

至于杂载人间琐事者，有《西京杂记》，本二卷，今六卷者宋人所分也。末有葛洪跋，言“其家有刘歆《汉书》一百卷，考校班固所作，殆是全取刘氏，小有异同，固所不取，不过二万许言。今钞出为二卷，以补《汉书》之阙。”然《隋志》不著撰人，《唐志》则云葛洪撰，可知当时皆不信为真出于歆。段成式（《酉阳杂俎·语资篇》）云，“庾信作诗，用《西京杂记》事，旋自追改曰：‘此吴均语，恐不足用。’”后人因以为均作。然所谓吴均语者，恐指文句而言，非谓《西京杂记》也，梁武帝敕殷芸撰《小说》，皆钞撮故书，已引《西京杂记》甚多，则梁初已流行世间，固以葛洪所造为近是。或又以文中称刘向为家君，因疑非葛洪作，然既托名于歆，则摹拟歆语，固亦理势所必至矣。书之所记，正如黄省曾序言，“大约有四：则猥琐可略，闲漫无归，与夫杳昧而难凭，触忌而须讳者。”然此乃判以史裁，若论文学，则此在古小说中，固亦意绪秀异，文笔可观者也。

司马相如初与卓文君还成都，居贫忧懑，以所著鹔鹴裘就市人阳昌贳酒，与文君为欢。既而文君抱颈而泣曰，“我生平富足，今乃以衣裘贳酒！”遂相与谋，于成都卖酒。相如亲着犊鼻裈涤器，以耻王孙。王孙果以为病，乃厚给文君，文君遂为富人。文君姣好，眉色如望远山，脸际常若芙蓉，肌肤柔滑如脂，为人放诞风流，故悦长卿之才而越礼焉。……（卷二）

郭威，字文伟，茂陵人也，好读书，以谓《尔雅》周公所制，而《尔雅》有"张仲孝友"，张仲，宣王时人，非周公之制明矣。余尝以问杨子云，子云曰，"孔子门徒游夏之俦所记，以解释六艺者也"。家君以为《外戚传》称"史佚教其子以《尔雅》"，《尔雅》，小学也。又记言"孔子教鲁哀公学《尔雅》"，《尔雅》之出远矣，旧传学者皆云周公所记也，"张仲孝友"之类，后人所足耳。（卷三）

司马迁发愤作《史记》百三十篇，先达称为良史之才。其以伯夷居列传之首，以为善而无报也；为项羽本纪，以踞高位者非关有德也。及其序屈原贾谊，辞旨抑扬，悲而不伤，亦近代之伟才。（卷四）

（广川王去疾聚无赖发）栾书冢，棺柩明器，朽烂无余。有一白狐，见人惊走，左右击之，不能得，伤其左脚。其夕，王梦一丈夫须眉尽白，来谓王曰，"何故伤吾左脚？"乃以杖叩王左脚。王觉，脚肿痛生疮，至死不差。（卷六）

葛洪字稚川，丹阳句容人，少以儒学知名，究览典籍，尤好神仙导养之法，太安中，官伏波将军。以平贼功封关内侯。干宝深相亲善，荐洪才堪国史，而洪闻交趾出丹，自求为勾漏令，行至广州，为刺史所留，遂止罗浮，年八十一，兀然若睡而卒（约二九〇至三七〇），有传在《晋书》。洪著作甚多，可六百卷，其《抱朴子》（内篇三）言太丘长颍川陈仲弓有《异闻记》，且引其文，略云郡人张广定以避乱置其四岁女于古冢中，三年复归，而女以效龟息得不死。然陈实此记，史志既所不载，其事又甚类方士常谈，疑亦假托。葛洪虽去汉未远，而溺于神仙，故其言亦不足据。

又有《飞燕外传》一卷，记赵飞燕姊妹故事，题汉河东都尉伶玄子于撰，司马光尝取其“祸水灭火”语入《通鉴》，殆以为真汉人作，然恐是唐宋人所为。又有《杂事秘辛》一卷，记后汉选阅梁冀妹及册立事，杨慎序云，“得于安宁土知州万氏”，沈德符（《野获编》二十三）以为即慎一时游戏之作也。

第五篇　六朝之鬼神志怪书(上)

中国本信巫，秦汉以来，神仙之说盛行，汉末又大畅巫风，而鬼道愈炽；会小乘佛教亦入中土，渐见流传。凡此，皆张皇鬼神，称道灵异，故自晋讫隋，特多鬼神志怪之书。其书有出于文人者，有出于教徒者。文人之作，虽非如释道二家，意在自神其教，然亦非有意为小说，盖当时以为幽明虽殊途，而人鬼乃皆实有，故其叙述异事，与记载人间常事，自视固无诚妄之别矣。

《隋志》有《列异传》三卷，魏文帝撰，今佚。惟古来文籍中颇多引用，故犹得见其遗文，则正如《隋志》所言，“以序鬼物奇怪之事”者也。文中有甘露年间事，在文帝后，或后人有增益，或撰人是假托，皆不可知。两《唐志》皆云张华撰，亦别无佐证，殆后有悟其抵牾者，因改易之。惟宋裴松之《三国志注》，后魏郦道元《水经注》皆已征引，则为魏晋人作无疑也。

南阳宗定伯年少时，夜行逢鬼，问曰，“谁？”鬼曰，“鬼也。”鬼曰，“卿复谁？”定伯欺之，言我亦鬼也。鬼问欲至何所，答曰欲至宛市，鬼言我亦欲至宛市。共行数里，鬼言步行大亟，可共迭相担也。定伯曰大善。鬼便先担定伯数里，鬼言卿大重，将非鬼也？定伯言，我新死，故重耳。定伯因复担鬼，鬼略无重。如是再三。定伯复言，我新死，不知鬼悉何所畏忌？鬼曰，唯不喜人唾。……行欲至宛市，定伯便担鬼至头上，急持之。鬼大呼，声咋咋索下。不复听之，径至宛市中，著地化为一羊。便卖之。恐其便化，乃唾之，得钱千五百。（《太平御览》八百八十四，《法苑珠林》六）

神仙麻姑降东阳蔡经家，手爪长四寸。经意曰，"此女子实好佳手，愿得以搔背。"麻姑大怒。忽见经顿地，两目流血。（《太平御览》三百七十）

武昌新县北山上有望夫石，状若人立者。相传云，昔有贞妇，其夫从役，远赴国难，妇携幼子，饯送此山，立望而形化为石。（《太平御览》八百八十八）

晋以后人之造伪书，于记注殊方异物者每云张华，亦如言仙人神境者之好称东方朔。张华字茂先，范阳方城人，魏初举太常博士，入晋官至司空，领著作，封壮武郡公，永康元年四月赵王伦之变，华被害，夷三族，时年六十九（二三二至三〇〇），传在《晋书》。华既通图纬，又多览方伎书，能识灾祥异物，故有博物洽闻之称，然亦遂多附会之说。梁萧绮所录王嘉《拾遗记》（九）言华尝"捃采天下遗逸，自书契之始，考验神怪，及世间闾里所说，造《博物志》四百卷，奏于武帝"，帝令芟截浮疑，分为十卷。其书今存，乃类记异境奇物及古代琐闻杂事，皆刺取故书，殊乏新异，不能副其名，或由后人缀辑复成，非其原本欤？今所存汉至隋小说，大抵此类。

> 《周书》曰，“西域献火浣布，昆吾氏献切玉刀，火浣布污则烧之则洁，刀切玉如蜡。”布汉世有献者，刀则未闻。（卷二《异产》）
>
> 取鳖锉令如棋子大，捣赤苋汁和合，厚以茅苞，五六月中作，投池中，经旬脔脔尽成鳖也。（卷四《戏术》）
>
> 燕太子丹质于秦，……欲归，请于秦王。王不听。谬言曰，“令乌头白，马生角，乃可。”丹仰而叹，乌即头白，俯而嗟，马生角。秦王不得已而遣之，为机发之桥，欲陷丹，丹驱驰过之而桥不发。遁到关，关门不开，丹为鸡鸣，于是众鸡悉鸣，遂归。（卷八《史补》）
>
> 老子云，“万民皆付西王母；唯王，圣人，真人，仙人，道人之命，上属九天君耳。”（卷九《杂说》上）

新蔡干宝字令升，晋中兴后置史官，宝始以著作郎领国史，因家贫求补山阴令，迁始安太守，王导请为司徒右长史，迁散骑常侍（四世纪中）。宝著《晋纪》二十卷，时称良史；而性好阴阳术数，尝感于其父婢死而再生，及其兄气绝复苏，自言见天神事，乃撰《搜神记》二十卷。以“发明神道之不诬”（自序中语），见《晋书》本传。《搜神记》今存者正二十卷，然亦非原书，其书于神祇灵异人物变化之外，颇言神仙五行，又偶有释氏说。

> 汉下邳周式，尝至东海，道逢一吏，持一卷书，求寄

载，行十余里，谓式曰，“吾暂有所过，留书寄君船中，慎勿发之！”去后，式盗发视，书皆诸死人录，下条有式名。须臾吏还，式犹视书。吏怒曰，“故以相告，而忽视之！”式叩头流血，良久，吏曰，“感卿远相载，此书不可除卿名，今日已去，还家三年勿出门，可得度也。勿道见吾书！”式还，不出已二年余，家皆怪之。邻人卒亡，父怒使往吊之，式不得已，适出门，便见此吏。吏曰，“吾令汝三年勿出，而今出门，知复奈何？吾求不见连累为鞭杖，今已见汝，可复奈何？后三日日中，当相取也。”……至三日日中，果见来取，便死。（卷五）

阮瞻字千里，素执无鬼论，物莫能难，每自谓此理足以辨正幽明。忽有客通名诣瞻，寒温毕，聊谈名理，客甚有才辨，瞻与之言良久，及鬼神之事，反复甚苦，客遂屈，乃作色曰，“鬼神古今圣贤所共传，君何得独言无？即仆便是鬼！”于是变为异形，须臾消灭。瞻默然，意色大恶，岁余而卒。（卷十六）

焦湖庙有一玉枕，枕有小坼。时单父县人杨林为贾客，至庙祈求，庙巫谓曰，“君欲好婚否？”林曰，“幸甚。”巫即遣林近枕边，因入坼中，遂见朱楼琼室。有赵太尉在其中，即嫁女与林，生六子，皆为秘书郎。历数十年，并无思归之志，忽如梦觉，犹在枕傍，林怆然久之。（今本无此条，见《太平寰宇记》一百二十六引）

续干宝书者，有《搜神后记》十卷。题陶潜撰。其书今具存，亦记灵异变化之事如前记，陶潜旷达，未必拳拳于鬼神，盖伪托也。

> 干宝字令升，其先新蔡人。父莹，有嬖妾。母至妒，宝父葬时，因生推婢著藏中，宝兄弟年小，不之审也。经十年而母丧，开墓，见其妾伏棺上，衣服如生，就视犹暖，舆还家，终日而苏，云宝父常致饮食，与之寝接，恩情如生。家中吉凶辄语之，校之悉验，平复数年后方卒。宝兄常病，气绝积日不冷，后遂寤，云见天地间鬼神事，如梦觉，不自知死。（卷四）
>
> 晋中兴后，谯郡周子文家在晋陵，少时喜射猎。常入山，忽山岫间有一人长五六丈，手捉弓箭，箭镝头广二尺许，白如霜雪，忽出声唤曰，"阿鼠！"（原注，子文小字）子文不觉应曰"喏"。此人便牵弓满镝向子文，子文便失魂厌伏。（卷七）

晋时，又有荀氏作《灵鬼志》，陆氏作《异林》，西戎主簿戴祚作《甄异传》，祖冲之作《述异记》，祖台之作《志怪》，此外作志怪者尚多，有孔氏殖氏曹毗等，今俱佚，间存遗文。至于现行之《述异记》二卷，称梁任昉撰者，则唐宋间人伪作，而袭祖冲之之书名者也，故唐人书中皆未尝引。

刘敬叔字敬叔，彭城人，少颖敏有异才，晋末拜南平国郎中令，入宋为给事黄门郎，数年，以病免，泰始中卒于家（约三九〇至四七〇），所著有《异苑》十余卷，行世。（详见明胡震亨所作小传，在汲古阁本《异苑》卷首）《异苑》今存者十卷，然亦非原书。

> 魏时，殿前大钟无故大鸣，人皆异之，以问张华，华曰，“此蜀郡铜山崩，故钟鸣应之耳。”寻蜀郡上其事，果如华言。(卷二)
>
> 义熙中，东海徐氏婢兰忽患羸黄，而拂拭异常，共伺察之，见扫帚从壁角来趋婢床，乃取而焚之，婢即平复。(卷八)
>
> 晋太元十九年，鄱阳桓阐杀犬祭乡里绥山，煮肉不熟。神怒，即下教于巫曰，“桓阐以肉生贻我，当谪令自食也。”其年忽变作虎，作虎之始，见人以斑皮衣之，即能跳跃噬逐。(卷八)
>
> 东莞刘邕性嗜食疮痂，以为味似鳆鱼。尝诣孟灵休，灵休先患灸疮，痂落在床，邕取食之，灵休大惊，痂未落者悉褫取饴邕。南康国吏二百许人，不问有罪无罪，递与鞭，疮痂落，常以给膳。(卷十)

临川王刘义庆(四〇三至四四四)为性简素，爱好文义，撰述甚多(详见《宋书·宗室传》)，有《幽明录》三十卷，见《隋志》史部杂传类，《新唐志》入小说。其书今虽不存，而他书征引甚多，大抵如《搜神》《列异》之类；然似皆集录前人撰作，非自造也。唐时尝盛行，刘知几(《史通》)云《晋书》多取之。

宋散骑侍郎东阳无疑有《齐谐记》七卷，亦见《隋志》，今佚。梁吴均作《续齐谐记》一卷，今尚存，然亦非原本。吴均字叔痒，吴兴故鄣人，天监初为吴兴主簿，旋兼建安王伟记室，终除奉朝请，以撰《齐春秋》不实免职，已而复召，使撰通史，未就，普通元年卒，年五十二(四六九至五二〇)，事详《梁书·文学传》。均夙有诗名，文体清拔，好事者或模拟之，称“吴均体”，故其为小说，亦卓然可观，唐宋文人多引为典据，阳羡鹅笼之记，尤其奇诡者也。

阳羡许彦于绥安山行，遇一书生，年十七八，卧路侧，云脚痛，求寄鹅笼中。彦以为戏言，书生便入笼，笼亦不更广，书生亦不更小，宛然与双鹅并坐，鹅亦不惊。彦负笼而去，都不觉重。前行息树下，书生乃出笼谓彦曰，“欲为君薄设。”彦曰，“善。”乃口中吐出一铜奁子，奁子中具诸肴馔。……酒数行，谓彦曰，“向将一妇人自随。今欲暂邀之。”彦曰，“善。”又于口中吐一女子，年可十五六，衣服绮丽，容貌殊绝，共坐宴。俄而书生醉卧，此女谓彦曰，“虽与书生结妻，而实怀怨，向亦窃得一男子同行，书生既眠，暂唤之，君幸勿言。”彦曰，“善。”女子于口中吐出一男子，年可二十三四，亦颖悟可爱，乃与彦叙寒温。书生卧欲觉，女子口吐一锦行障遮书生，书生乃留女子共卧。男子谓彦曰，“此女虽有情，心亦不尽，向复窃得一女人同行，今欲暂见之，愿君勿泄。”彦曰，“善。”男子又于口中吐一妇人，年可二十许，共酌，戏谈甚久，闻书生动声，男子曰，“二人眠已觉。”因取所吐女人，还纳口中。须臾，书生处女乃出谓彦曰，“书生欲起。”乃吞向男子，独对彦坐。然后书生起谓彦曰，“暂眠遂久，君独坐，当悒悒耶？日又晚，当与君别。”遂吞其女子，诸器皿悉纳口中，留大铜盘可二尺广，与彦别曰，“无以藉君，与君相忆也。”彦大元中为兰台令史，以盘饷侍中张散；散看其铭题，云是永平三年作。

然此类思想，盖非中国所故有，段成式已谓出于天竺，《酉阳杂俎》（《续集·贬误篇》）云，“释氏《譬喻经》云，昔梵志作术，吐出一壶，中有女子与屏，处作家室。梵志少息，女复作术，吐出一壶，中有男子，复与共卧。梵志觉，次第互吞之，柱杖而去。余以吴均尝览此事，讶其说以为至怪也。”所云释氏经者，即《旧杂譬喻经》，吴时康僧会译，今尚存；而此一事，则复有他经为本，如《观佛三昧海经》（卷一）说观佛苦行时白毫毛相云，“天见毛内有百亿光，其光微妙，不可具宣。于其光中，现化菩萨，皆修苦行，如此不异。菩萨不小，毛亦不大。”当又为梵志吐壶相之渊源矣。魏晋以来，渐译释典，天竺故事亦流传世间，文人喜其颖异，于有意或无意中用之，遂蜕化为国有，如晋人荀氏作《灵鬼志》，亦记道人入笼子中事，尚云来自外国，至吴均记，乃为中国之书生。

太元十二年，有道人外国来，能吞刀吐火，吐珠玉金银，自说其所受师，即白衣，非沙门也。尝行，见一人担担，上有小笼子，可受升余，语担人云，“吾步行疲极，欲寄君担。”担人甚怪之，虑是狂人，便语之云，“自可耳。”……即入笼中，笼不更大，其人亦不更小，担之亦不觉重于先。既行数十里，树下住食，担人呼共食，云“我自有食”，不肯出。……食未半，语担人“我欲与妇共食”，即复口吐出女子，年二十许，衣裳容貌甚美，二人便共食。食欲竟,其夫便卧;妇语担人,“我有外夫,欲来共食,夫觉,君勿道之。”妇便口中出一年少丈夫,共食。笼中便有三人,宽急之事,亦复不异。有顷,其夫动,如欲觉,妇便以外夫内口中。夫起,语担人曰,“可去!”即以妇内口中,次及食器物。……(《法苑珠林》六十一,《太平御览》三百五十九)

第六篇　六朝之鬼神志怪书（下）

释氏辅教之书，《隋志》著录九家，在子部及史部，今惟颜之推《冤魂志》存，引经史以证报应，已开混合儒释之端矣，而余则俱佚。遗文之可考见者，有宋刘义庆《宣验记》，齐王琰《冥祥记》，隋颜之推《集灵记》，侯白《旌异记》四种，大抵记经像之显效，明应验之实有，以震耸世俗，使生敬信之心，顾后世则或视为小说。王琰者，太原人，幼在交趾，受五戒，于宋大明及建元（五世纪中）年，两感金像之异，因作记，撰集像事，继以经塔，凡十卷，谓之《冥祥》，自序其事甚悉（见《法苑珠林》卷十七）。《冥祥记》在《珠林》及《太平广记》中所存最多，其叙述亦最委曲详尽，今略引三事，以概其余。

汉明帝梦见神人，形垂二丈，身黄金色，项佩日光。以问群臣，或对曰，“西方有神，其号曰佛，形如陛下所梦，得无是乎？”于是发使天竺，写致经像。表之中夏，自天子王侯，咸敬事之，闻人死精神不灭，莫不惧然自失。初，使者蔡愔将西域沙门迦叶摩腾等赍优填王画释迦佛像，帝重之，如梦所见也，乃遣画工图之数本，于南宫清凉台及高阳门显节寿陵上供养。又于白马寺壁画千乘万骑绕塔三匝之像，如诸传备载。（《珠林》十三）

晋谢敷字庆绪，会稽山阴人也，……少有高操，隐于东山，笃信大法，精勤不倦，手写《首楞严经》，当在都白马寺中，寺为灾火所延，什物余经，并成煨尽，而此经止烧纸头界外而已，文字悉存，无所毁失。敷死时，友人疑其得道，及闻此经，弥复惊异。……（《珠林》十八）

晋赵泰字文和，清河贝丘人也，……年三十五时，尝卒心痛，须臾而死。下尸于地，心暖不已，屈伸随人。留尸十日，平旦，喉中有声如雨，俄而苏活。说初死之时，梦有一人来近心下，复有二人乘黄马，从者二人，扶泰腋径将东行，不知可几里，至一大城，崔巍高峻，城色青黑。将泰向城门入，经两重门，有瓦屋可数千间，男女大小亦数千人，行列而立。吏著皂衣，有五六人，条疏姓字，云"当以科呈府君"。泰名在三十，须臾，将泰与数千人男女一时俱进。府君西向坐，简视名簿讫，复遣泰南入黑门。有人著绛衣坐大屋下，以次呼名，问："生时所事？作何孽罪？行何福善？谛汝等辞，以实言也！此恒遣六部使者常在人间，疏记善恶，具有条状，不可得虚。"泰答："父兄仕宦，皆二千石。我少在家，修学而已，无所事也，亦不犯恶。"乃遣泰为水官将作。……后转泰水官都督知诸狱事，给泰兵马，令案行地狱。所至诸狱，楚毒各殊：或针贯其舌，流血竟体；或被头露发，裸形徒跣，相牵而行，有持大杖，从后催促，铁床铜柱,烧之洞然,驱迫此人,抱卧其上,赴即焦烂,寻复还生;……或剑树高广,不知限量,根茎枝叶,皆剑为之,人众相訾,自登自攀,若有欣竞,而身首割截,尺寸离断。泰见祖父母及二弟在此狱中,相见涕泣。泰出狱门,见有二人赍文书,来语狱吏,言有三人,其家为其于塔寺中悬幡烧香,救解其罪,可出福舍。俄见三人自狱而出,已有自然衣服,完整在身,南诣一门,云名开光大舍。……泰案行毕,还水官处。……主者曰,"卿无罪过,故相使为水官都督,不尔,与地狱中人无以异也。"泰问主者曰,"人有何行,死得乐报?"主者唯言,"奉法弟子精进持戒,得乐报,无有谪罚也。"泰复问曰,"人未事法时所行罪过,事法之后,得以除不?"答曰,"皆除也。"语毕,主者开縢箧检泰年纪,尚有余算三十年在,乃遣泰还。……时晋太始五年七月十三日也。……(《珠林》七,《广记》三百七十七)

佛教既渐流播,经论日多,杂说亦日出,闻者虽或悟无常而归依,然亦或怖无常而却走。此之反动,则有方士亦自造伪经,多作异记,以长生久视之道,网罗天下之逃苦空者,今所存汉小说,除一二文人著述外,其余盖皆是矣。方士撰书,大抵托名古人,故称晋宋人作者不多有,惟类书间有引《神异记》者,则为道士王浮作。浮,晋人,有浅妄之称,即惠帝时(三世纪末至四世纪初)与帛远抗论屡屈,遂改换《西域传》造老子《明威化胡经》者也(见唐释法琳《辩正论》六)。其记似亦言神仙鬼神,如《洞冥》《列异》之类。

陈敏，孙皓之世为江夏太守，自建业赴职，闻宫亭庙验（原注云言灵验），过乞在任安稳，当上银杖一枚。年限既满，作杖拟以还庙，捶铁以为干，以银涂之。寻征为散骑常侍，往宫亭送杖于庙中，讫即进路。日晚，降神巫宣教曰，"陈敏许我银杖，今以涂杖见与，便投水中，当以还之。欺蔑之罪，不可容也！"于是取银杖看之，剖视中见铁干，乃置之湖中。杖浮在水上，其疾如飞，遥到敏舫前，敏舟遂覆也。（《太平御览》七百十）

丹丘生大茗，服之生羽翼。（《事类赋》注十六）

《拾遗记》十卷，题晋陇西王嘉撰，梁萧绮录。《晋书·艺术列传》中有王嘉，略云，嘉字子年，陇西安阳人，初隐于东阳谷，后入长安，苻坚累征不起，能言未然之事，辞如谶记，当时鲜能晓之。姚苌入长安，逼嘉自随；后以答问失苌意，为苌所杀（约三九〇）。嘉尝造《牵三歌谶》，又著《拾遗录》十卷，其事多诡怪，今行于世。传所云《拾遗录》者，盖即今记，前有萧绮序，言书本十九卷，二百二十篇，当苻秦之季，典章散灭，此书亦多有亡，绮更删繁存实，合为一部，凡十卷。今书前九卷起庖牺迄东晋，末一卷则记昆仑等九仙山，与序所谓"事讫西晋之末"者稍不同。其文笔颇靡丽，而事皆诞漫无实，萧绮之录亦附会，胡应麟（《笔丛》三十二）以为"盖即绮撰而托之王嘉"者也。

少昊以金德王，母曰皇娥，处璇宫而夜织，或乘桴木而昼游，经历穷桑沧茫之浦。时有神童，容貌绝俗，称为白帝之子，即太白之精，降乎水际，与皇娥宴戏，奏便娟之乐，游漾忘归。穷桑者，西海之滨，有孤桑之树，直上千寻，叶红椹紫，万岁一实，食之后天而老。……帝子与皇娥并坐，抚桐峰梓瑟，皇娥倚瑟而清歌曰，“天清地旷浩茫茫，万象回薄化无方，浛天荡荡望沧沧，乘桴轻漾著日傍，当其何所至穷桑，心知和乐悦未央。”俗谓游乐之处为桑中也，《诗·卫风》云“期我乎桑中”，盖类此也。……及皇娥生少昊，号曰穷桑氏，亦曰桑丘氏。至六国时，桑丘子著阴阳书，即其余裔也。……（卷一）

刘向于成帝之末，校书天禄阁，专精覃思。夜，有老人著黄衣，植青藜杖，登阁而进，见向暗中独坐诵书，老父乃吹杖端，烟燃，因以见向，说开辟已前。向因受五行洪范之文，恐辞说繁广忘之，乃裂帛及绅，以记其言，至曙而去。向请问姓名，云“我是太一之精，天帝闻卯金之子有博学者，下而观焉”。乃出怀中竹牒，有天文地图之书，“余略授子焉”。至向子歆，从向授其术。向亦不悟此人焉。（卷六）

洞庭山浮于水上，其下有金堂数百间，玉女居之，四时闻金石丝竹之声，彻于山顶。楚怀王之时，举群才赋诗于水湄。……后怀王好进奸雄，群贤逃越。屈原以忠见斥，隐于沅湘，披蓁茹草，混同禽兽，不交世务，采柏实以和桂膏，用养心神，被王逼逐，乃赴清泠之水，楚人思慕，谓之水仙。其神游于天河，精灵时降湘浦，楚人为之立祠，汉末犹在。（卷十）

第七篇 《世说新语》与其前后

汉末士流，已重品目，声名成毁，决于片言，魏晋以来，乃弥以标格语言相尚，惟吐属则流于玄虚，举止则故为疏放，与汉之惟俊伟坚卓为重者，甚不侔矣。盖其时释教广被，颇扬脱俗之风，而老庄之说亦大盛，其因佛而崇老为反动，而厌离于世间则一致，相拒而实相扇，终乃汗漫而为清谈。渡江以后，此风弥甚，有违言者，惟一二枭雄而已。世之所尚，因有撰集，或者掇拾旧闻，或者记述近事，虽不过丛残小语，而俱为人间言动，遂脱志怪之牢笼也。

记人间事者已甚古，列御寇韩非皆有录载，惟其所以录载者，列在用以喻道，韩在储以论政。若为赏心而作，则实萌芽于魏而盛大于晋，虽不免追随俗尚，或供揣摩，然要为远实用而近娱乐矣。晋隆和（三六二）中，有处士河东裴启，撰汉魏以来迄于同时言语应对之可称者，谓之《语林》，时颇盛行，以记谢安语不实，为安所诋，书遂废（详见《世说新语·轻诋篇》）。后仍时有，凡十卷，至隋而亡，然群书中亦常见其遗文也。

娄护字君卿，历游五侯之门，每旦，五侯家各遗饷之，君卿口厌滋味，乃试合五侯所饷之鲭而食，甚美。世所谓“五侯鲭”，君卿所致。(《太平广记》二百三十四)

魏武云，“我眠中不可妄近，近辄斫人不觉。左右宜慎之！”后乃阳冻眠，所幸小儿窃以被覆之，因便斫杀，自尔莫敢近。(《太平御览》七百七)

钟士季尝向人道，“吾年少时一纸书，人云是阮步兵书，皆字字生义，既知是吾，不复道也。”(《续谈助》四)

祖士言与钟雅语相调，钟语祖曰，“我汝颍之士利如锥，卿燕代之士钝如槌。”祖曰，“以我钝槌，打尔利锥。”钟曰，“自有神锥，不可得打。”祖曰，“既有神锥，必有神槌。”钟遂屈。(《御览》四百六十六)

王子猷尝暂寄人空宅住，使令种竹。或问暂住何烦尔？啸咏良久，直指竹曰，“何可一日无此君。”(《御览》三百八十九)

《隋志》又有《郭子》三卷，东晋中郎郭澄之撰，《唐志》云，“贾泉注”，今亡。审其遗文，亦与《语林》相类。

宋临川王刘义庆有《世说》八卷，梁刘孝标注之为十卷，见《隋志》。今存者三卷曰《世说新语》，为宋人晏殊所删并，于注亦小有剪裁，然不知何人又加新语二字，唐时则曰新书，殆以《汉志》儒家类录刘向所序六十七篇中，已有《世说》，因增字以别之也。《世说新语》今本凡三十八篇，自《德行》至《仇隙》，以类相从，事起后汉，止于东晋，记言则玄远冷俊，记行则高简瑰奇，下至缪惑，亦资一笑。孝标作注，又征引浩博。或驳或申，映带本文，增其隽永，所用书四百余种，今又多不存，故世人尤珍重之。然《世说》文字，间或与裴郭二家书所记相同，殆亦犹《幽明录》《宣验记》然，乃纂缉旧文，非由自造：《宋书》言义庆才词不多，而招聚文学之士，远近必至，则诸书或成于众手，未可知也。

阮光禄在剡，曾有好车，借者无不皆给。有人葬母，意欲借而不敢言。阮后闻之，叹曰，“吾有车而使人不敢借，何以车为？”遂焚之。（卷上《德行篇》）

阮宣子有令闻，太尉王夷甫见而问曰，“老庄与圣教同异？”对曰，“将无同。”太尉善其言，辟之为掾，世谓“三语掾”。（卷上《文学篇》）

祖士少好财，阮遥集好屐，并恒自经营，同是一累，而未判其得失。人有诣祖，见料视财物，客至，屏当未尽，余两小簏，著背后倾身障之，意未能平。或有诣阮，见自吹火蜡屐，因叹曰，“未知一生当著几量屐？”神色闲畅。于是胜负始分。（卷中《雅量篇》）

世目李元礼“谡谡如松下劲风”。（卷中《赏誉篇》）

公孙度目邴原：“所谓云中白鹤，非燕雀之网所能罗也。”（同上）

刘伶恒纵酒放达，或脱衣裸形在屋中。人见讥之。伶曰，“我以天地为栋宇，屋室为帷衣，诸君何为入我帷中？”（卷下《任诞篇》）

石崇每要客燕集，常令美人行酒，客饮酒不尽者，使黄门交斩美人。王丞相与大将军尝共诣崇，丞相素不能饮，辄自勉强，至于沉醉。每至大将军，固不饮以观其变，已斩三人，颜色如故，尚不肯饮，丞相让之，大将军曰，“自杀伊家人，何预卿事？”（卷下《汰侈篇》）

梁沈约（四四一至五一三，《梁书》有传）作《俗说》三卷，亦此类，今亡。梁武帝尝敕安右长史殷芸（四七一至五二九，《梁书》有传）撰《小说》三十卷，至隋仅存十卷，明初尚存，今乃止见于《续谈助》及原本《说郛》中，亦采集群书而成，以时代为次第，而特置帝王之事于卷首，继以周汉，终于南齐。

晋咸康中，有士人周谓者，死而复生，言天帝召见，引升殿，仰视帝，面方一尺。问左右曰，“是古张天帝耶？”答云，“上古天帝，久已圣去，此近曹明帝也。”（《绀珠集》二）

孝武未尝见驴，谢太傅问曰，“陛下想其形当何所似？”孝武掩口笑云，“正当似猪。”（《续谈助》四。原注云，出《世说》。案今本无之。）

孔子尝游于山，使子路取水。逢虎于水所，与共战，揽尾得之，内怀中；取水还。问孔子曰，“上士杀虎如之何？”子曰，“上士杀虎持虎头。”又问曰，“中士杀虎如之何？”子曰，“中士杀虎持虎耳。”又问，“下士杀虎如之何？”子曰，“下士杀虎捉虎尾。”子路出尾弃之，因恚孔子曰，“夫子知水所有虎，使我取水，是欲死我。”乃怀石盘欲中孔子，又问“上士杀人如之何？”子曰，“上士杀人使笔端。”又问曰，“中士杀人如之何？”子曰，“中士杀人用舌端。”又问，“下士杀人如之何？”子曰，“下士杀人怀石盘。”子路出而弃之，于是心服。（原本《说郛》二十五。原注云，出《冲波传》。）

鬼谷先生与苏秦张仪书云，“二君足下，功名赫赫，但春华到秋，不得久茂。日数将冬，时讫将老。子独不见河边之树乎？仆御折其枝，波浪激其根；此木非与天下人有仇怨，盖所居者然。子见嵩岱之松柏，华霍之树檀？上叶干青云，下根通三泉，上有猿狖，下有赤豹麒麟，千秋万岁，不逢斧斤之伐：此木非与天下之人有骨肉，亦所居者然。今二子好朝露之荣，忽长久之功，轻乔松之求延，贵一旦之浮爵，夫‘女爱不极席，男欢不毕轮’，痛夫痛夫，二君二君！”（《续谈助》四。原注云，出《鬼谷先生书》。）

《隋志》又有《笑林》三卷，后汉给事中邯郸淳撰。淳一名竺，字子礼，颍川人，弱冠有异才，元嘉元年（一五一），上虞长度尚为曹娥立碑，淳者尚之弟子，于席间作碑文，操笔而成，无所点定，遂知名，黄初初（约二二一），为魏博士给事中，见《后汉书·曹娥传》及《三国·魏志·王粲传》等注。《笑林》今佚，遗文存二十余事，举非违，显纰缪，实《世说》之一体，亦后来诽谐文字之权舆也。

鲁有执长竿入城门者，初，竖执之不可入，横执之

亦不可入，计无所出。俄有老父至曰，“吾非圣人，但见事多矣，何不以锯中截而入！”遂依而截之。(《太平广记》二百六十二)

平原陶丘氏，取渤海墨台氏女，女色甚美，才甚令，复相敬，已生一男而归。母丁氏，年老，进见女婿。女婿既归而遣妇。妇临去请罪，夫曰，“曩见夫人年德已衰，非昔日比，亦恐新妇老后，必复如此，是以遣，实无他故。”(《太平御览》四百九十九)

甲父母在，出学三年而归。舅氏问其学何所得，并序别父久。乃答曰，“渭阳之思，过于秦康。”既而父数之，“尔学奚益。”答曰，“少失过庭之训，故学无益。”(《广记》二百六十二)

甲与乙争斗，甲啮下乙鼻，官吏欲断之，甲称乙自啮落。吏曰，“夫人鼻高而口低，岂能就啮之乎？”甲曰，“他踏床子就啮之。”(同上)

《笑林》之后，不乏继作，《隋志》有《解颐》二卷。杨松玢撰，今一字不存，而群书常引《谈薮》，则《世说》之流也。《唐志》有《启颜录》十卷，侯白撰。白字君素，魏郡人，好学有捷才，滑稽善辩，举秀才为儒林郎，好为诽谐杂说，人多爱狎之，所在之处，观者如市。隋高祖闻其名，召令于秘书修国史，后给五品食，月余而死(约六世纪后叶)。见《隋书·陆爽传》。《启颜录》今亦佚，然《太平广记》引用甚多，盖上取子史之旧文，近记一己之言行，事多浮浅，又好以鄙言调谑人，诽谐太过，时复流于轻薄矣。其有唐世事者，后人所加也；古书中往往有之，在小说尤甚。

开皇中，有人姓出名六斤，欲参(杨)素，赍名纸至省门，遇白，请为题其姓，乃书曰"六斤半"。名既入，素召其人，问曰，"卿姓六斤半?"答曰，"是出六斤。"曰，"何为六斤半?"曰，"向请侯秀才题之，当是错矣。"即召白至，谓曰，"卿何为错题人姓名?"对云，"不错。"素曰，"若不错，何因姓出名六斤，请卿题之，乃言六斤半?"对曰，"白在省门，会卒无处觅称，既闻道是出六斤，斟酌只应是六斤半。"素大笑之。(《广记》二百四十八)

山东人娶蒲州女，多患瘿，其妻母项瘿甚大。成婚数月，妇家疑婿不慧，妇翁置酒盛会亲戚，欲以试之。问曰，"某郎在山东读书，应识道理。鸿鹤能鸣，何意?"曰，"天使其然。"又曰，"松柏冬青，何意?"曰，"天使其然。"又曰，"道边树有骨骴，何意?"曰，"天使其然。"妇翁曰，"某郎全不识道理，何因浪住山东?"因以戏之曰，"鸿鹤能鸣者颈项长，松柏冬青者心中强，道边树有骨骴者车拨伤：岂是天使其然?"婿曰，"虾蟆能鸣，岂是颈项长？竹亦冬青，岂是心中强？夫人项下瘿如许大，岂是车拨伤?"妇翁羞愧，无以对之。(同上)

其后则唐有何自然《笑林》，今亦佚，宋有吕居仁《轩渠录》，沈征《谐史》，周文玘《开颜集》，天和子《善谑集》，元明又十余种；大抵或取子史旧文，或拾同时琐事，殊不见有新意。惟托名东坡之《艾子杂说》稍卓特，顾往往嘲讽世情，讥刺时病，又异于

《笑林》之无所为而作矣。

至于《世说》一流，仿者尤众，刘孝标有《续世说》十卷，见《唐志》，然据《隋志》，则殆即所注临川书。唐有王方庆《续世说新书》（见《新唐志》杂家，今佚），宋有王谠《唐语林》，孔平仲《续世说》，明有何良俊《何氏语林》，李绍文《明世说新语》，焦竑《类林》及《玉堂丛话》，张墉《廿一史识余》，郑仲夔《清言》等；然纂旧闻则别无颖异，述时事则伤于矫揉，而世人犹复为之不已，至于清，又有梁维枢作《玉剑尊闻》，吴肃公作《明语林》，章抚功作《汉世说》，李清作《女世说》，颜从乔作《僧世说》，王晫作《今世说》，汪琬作《说铃》而惠栋为之补注，今亦尚有易宗夔作《新世说》也。

第八篇　唐之传奇文(上)

小说亦如诗，至唐代而一变，虽尚不离于搜奇记逸，然叙述宛转，文辞华艳，与六朝之粗陈梗概者较，演进之迹甚明，而尤显者乃在是时则始有意为小说。胡应麟(《笔丛》三十六)云，"变异之谈，盛于六朝，然多是传录舛讹，未必尽幻设语，至唐人乃作意好奇，假小说以寄笔端。"其云"作意"，云"幻设"者，则即意识之创造矣。此类文字，当时或为丛集，或为单篇，大率篇幅曼长，记叙委曲，时亦近于俳谐，故论者每訾其卑下，贬之曰"传奇"，以别于韩柳辈之高文。顾世间则甚风行，文人往往有作，投谒时或用之为行卷，今颇有留存于《太平广记》中者(他书所收，时代及撰人多错误不足据)，实唐代特绝之作也。然而后来流派，乃亦不昌，但有演述，或者摹拟而已，惟元明人多本其事作杂剧或传奇，而影响遂及于曲。

幻设为文，晋世固已盛，如阮籍之《大人先生传》，刘伶之《酒德颂》，陶潜之《桃花源记》《五柳先生传》皆是矣，然咸以寓言为本，文词为末，故其流可衍为王绩《醉乡记》，韩愈《圬者王承福传》，柳宗元《种树郭橐驼传》等，而无涉于传奇。传奇者流，源盖出于志怪，然施之藻绘，扩其波澜，故所成就乃特异，其间虽亦或托讽喻以纾牢愁，谈祸福以寓惩劝，而大归则究在文采与意想，与昔之传鬼神明因果而外无他意者，甚异其趣矣。

隋唐间，有王度者，作《古镜记》（见《广记》二百三十，题曰《王度》），自述获神镜于侯生，能降精魅，后其弟勣（当作绩）远游，借以自随，亦杀诸鬼怪，顾终乃化去。其文甚长，然仅缀古镜诸灵异事，犹有六朝志怪流风。王度，太原祁人，文中子通之弟，东皋子绩兄也，盖生于开皇初（宋晁公武《郡斋读书志》十云通生于开皇四年），大业中为御史，罢归河东，复入长安为著作郎，奉诏修国史，又出兼芮城令，武德中卒（约五八五至六二五），史亦不成（见《古镜记》，《唐文粹》及《新唐书·王绩传》，惟传云兄名凝，未详孰是），遗文仅存此篇而已。绩弃官归龙门后，史不言其游涉，盖度所假设也。

唐初又有《补江总白猿传》一卷，不知何人作，宋时尚单行，今见《广记》（四百四十四，题曰《欧阳纥》）中。传言梁将欧阳纥略地至长乐，深入溪洞，其妻遂为白猿所掠，逮救归，已孕，周岁生一子，"厥状肖焉"。纥后为陈武帝所杀，子询以江总收养成人，入唐有盛名，而貌类猕猴，忌者因此作传，云以补江总，是知假小说以施诬蔑之风，其由来亦颇古矣。

武后时，有深州陆浑人张鷟字文成，以调露初登进士第，为岐王府参军，屡试皆甲科，大有文誉，调长安尉，然性躁卞，傥荡无检，姚崇尤恶之；开元初，御史李全交劾鷟讪短时政，贬岭南，旋得内徙，终司门员外郎（约六六〇至七四〇，详见两《唐书·张荐传》）。日本有《游仙窟》一卷，题宁州襄乐县尉张文成作，莫休符谓"鷟弱冠应举，下笔成章，中书侍郎薛元超特授襄乐尉”(《桂林风土记》),则尚其年少时所为。自叙奉使河源,道中夜投大宅,逢二女曰十娘五嫂,宴饮欢笑,以诗相调,止宿而去,文近骈俪而时杂鄙语,气度与所作《朝野佥载》《龙筋凤髓判》正同,《唐书》谓“鷟下笔辄成,浮艳少理致,其论著率诋诮芜秽,然大行一时,晚进莫不传记。……新罗日本使至,必出金宝购其文”,殆实录矣。《游仙窟》中国久失传,后人亦不复效其体制,今略录数十言以见大概,乃升堂燕饮时情状也。

……十娘唤香儿为少府设乐,金石并奏,箫管间响:苏合弹琵琶,绿竹吹筚篥,仙人鼓瑟,玉女吹笙,玄鹤俯而听琴,白鱼跃而应节。清音咷叨,片时则梁上尘飞,雅韵铿锵,卒尔则天边雪落,一时忘味,孔丘留滞不虚,三日绕梁,韩娥余音是实。……两人俱起舞,共劝下官,……遂舞着词曰,“从来巡绕四边,忽逢两个神仙,眉上冬天出柳,颊中旱地生莲,千看千处妩媚,万看万种嫣妍,今宵若其不得,刺命过与黄泉。”又一时大笑。舞毕,因谢曰,“仆实庸才,得陪清赏,赐垂音乐,惭荷不胜。”十娘咏曰,“得意似鸳鸯,情乖若胡越,不向君边尽,更知何处歇?”十娘曰,“儿等并无可收采,少府公云‘冬天出柳,旱地生莲’,总是相弄也。”……

然作者蔚起,则在开元天宝以后。大历中有沈既济,苏州吴人,经学该博,以杨炎荐,召拜左拾遗史馆修撰。贞元时炎得罪,既济亦贬处州司户参军,既入朝,位礼部员外郎,卒(约七五〇至八〇〇)。撰《建中实录》,人称其能,《新唐书》有传。《文苑英华》(八百三十三)录其《枕中记》(亦见《广记》八十二,题曰《吕翁》)一篇,为小说家言,略谓开元七年,道士吕翁行邯郸道中,息邸舍,见旅中少年卢生侘傺叹息,乃探囊中枕授之。生梦娶清河崔氏,举进士,官至陕牧,入为京兆尹,出破戎虏,转吏部侍郎,迁户部尚书兼御史大夫,为时宰所忌,以飞语中之,贬端州刺史,越三年征为常侍,未几同中书门下平章事。

嘉谟密命,一日三接,献替启沃,号为贤相,同列害之,复诬与边将交结,所图不轨,下制狱,府吏引从至其门而急收之。生惶骇不测,谓妻子曰,"吾家山东有良田五顷,足以御寒馁,何苦求禄。而今及此,思衣短褐乘青驹行邯郸道中,不可得也!"引刃自刎,其妻救之获免。其罹者皆死,独生为中官保之,减罪死投驩州。数年,帝知冤,复追为中书令,封燕国公,恩旨殊异。生五子,……其姻媾皆天下望族,有孙十余人。……后年渐衰迈,屡乞骸骨,不许。病,中人候问,相踵于道,名医上药,无不至焉,……薨;生欠伸而悟,见其身方偃于旅舍,吕翁坐其傍,主人蒸黍未熟:触类如故。生蹶然而兴曰,"岂其梦寐也?"翁谓主人曰,"人生之适,亦如是矣。"生怃然良久,谢曰,"夫宠辱之道,穷达之运,得丧之理,死生之情,尽知之矣:此先生所以窒吾欲也。敢不受教!"稽首再拜而去。

如是意想,在歆慕功名之唐代,虽诡幻动人,而亦非出于独创,干宝《搜神记》有焦湖庙祝以玉枕使杨林入梦事(见第五篇)，大旨悉同，当即此篇所本，明人汤显祖之《邯郸记》，则又本之此篇。既济文笔简炼，又多规诲之意，故事虽不经，尚为当时推重，比之韩愈《毛颖传》；间亦有病其俳谐者，则以作者尝为史官，因而绳以史法，失小说之意矣。既济又有《任氏传》(见《广记》四百五十二)一篇，言妖狐幻化，终于守志殉人，"虽今之妇人有不如者"，亦讽世之作也。

"吴兴才人"(李贺语)沈亚之字下贤，元和十年进士第，太和初为德州行营使者柏耆判官，耆以罪贬，亚之亦谪南康尉，终郢州掾(约八世纪末至九世纪中)，集十二卷，今存。亚之有文名，自谓"能创窈窕之思"，今集中有传奇文三篇(《沈下贤集》卷二卷四，亦见《广记》二百八十二及二百九十八)，皆以华艳之笔，叙恍忽之情，而好言仙鬼复死，尤与同时文人异趣。《湘中怨》记郑生偶遇孤女，相依数年，一旦别去，自云"蛟宫之娣"，谪限已满矣，十余年后，又遥见之画舻中，含嚬悲歌，而"风涛崩怒"，竟失所在。《异梦录》记邢凤梦见美人，示以"弓弯"之舞；及王炎梦侍吴王久，忽闻箫鼓，乃葬西施，因奉教作挽歌，王嘉赏之。《秦梦记》则自述道经长安，客橐泉邸舍，梦为秦官有功，时弄玉婿箫史先死，因尚公主，自题所居曰翠微宫。穆公遇亚之亦甚厚，一日，公主忽无疾卒，穆公乃不复欲见亚之，遣之归。

> 将去，公置酒高会，声秦声，舞秦舞，舞者击膊拊髀呜呜而音有不快，声甚怨。……既，再拜辞去，公复命至翠微宫与公主侍人别，重入殿内时，见珠翠遗碎青阶下，窗纱檀点依然，宫人泣对亚之。亚之感咽良久，因题宫门诗曰，"君王多感放东归，从此秦宫不复期，春

景自伤秦丧主，落花如雨泪胭脂。”竟别去，……觉卧邸舍。明日，亚之与友人崔九万具道；九万，博陵人，谙古，谓余曰，“《皇览》云，‘秦穆公葬雍橐泉祈年宫下’，非其神灵凭乎？”亚之更求得秦时地志，说如九万云。呜呼！弄玉既仙矣，恶又死乎？

陈鸿为文，则辞意慷慨，长于吊古，追怀往事，如不胜情。鸿少学为史，贞元二十一年登太常第，始闲居遂志，乃修《大统纪》三十卷，七年始成（《唐文粹》九十五），在长安时，尝与白居易为友，为《长恨歌》作传（见《广记》四百八十六）。《新唐志》小说家类有陈鸿《开元升平源》一卷，注云，“字大亮，贞元主客郎中”，或亦其人也（约八世纪后半至九世纪中叶）。所作又有《东城老父传》（见《广记》四百八十五），记贾昌于兵火之后，忆念太平盛事，荣华苓落，两相比照，其语甚悲。《长恨歌传》则作于元和初，亦追述开元中杨妃入宫以至死蜀本末，法与《贾昌传》相类。杨妃故事，唐人本所乐道，然鲜有条贯秩然如此传者，又得白居易作歌，故特为世间所知，清洪昇撰《长生殿传奇》，即本此传及歌意也。传今有数本，《广记》及《文苑英华》（七百九十四）所录，字句已多异同，而明人附载《文苑英华》后之出于《丽情集》及《京本大曲》者尤异，盖后人（《丽情集》之撰者张君房？）又增损之。

天宝末，兄国忠盗丞相位，愚弄国柄，及安禄山引兵向阙，以讨杨氏为词。潼关不守，翠华南幸，出咸阳，道次马嵬亭，六军徘徊，持戟不进，从官郎吏伏上马前，

> 请诛晁错以谢天下，国忠奉氂缨盘水，死于道周。左右之意未快，上问之，当时敢言者请以贵妃塞天下怨，上知不免，而不忍见其死，反袂掩面，使牵之而去；仓皇展转，竟就死于尺组之下。（《文苑英华》所载）
>
> 天宝末，兄国忠盗丞相位，窃弄国柄，羯胡乱燕，二京连陷，翠华南幸，驾出都西门百余里，六师徘徊，拥戟不行，从官郎吏伏上马前，请诛错以谢之；国忠奉氂缨盘水，死于道周。左右之意未快，当时敢言者请以贵妃塞天下之怒，上惨容，但心不忍见其死，反袂掩面，使牵之而去。拜于上前，回眸血下，坠金钿翠羽于地，上自收之。呜呼，蕙心纨质，天王之爱，不得已而死于尺组之下，叔向母云"甚美必甚恶"，李延年歌曰"倾国复倾城"，此之谓也。（《丽情集》及《大曲》所载）

白行简字知退，其先盖太原人，后家韩城，又徙下邽，居易之弟也，贞元末进士第，累迁司门员外郎主客郎中，宝历二年（八二六）冬病卒，年盖五十余，两《唐书》皆附见《居易传》。有集二十卷，今不存，而《广记》（四百八十四）收其传奇文一篇曰《李娃传》，言荥阳巨族之子溺于长安倡女李娃，贫病困顿，至流落为挽郎，复为李娃所拯，勉之学，遂擢第，官成都府参军。行简本善文笔，李娃事又近情而耸听，故缠绵可观；元人已本其事为《曲江池》，明薛近兖则以作《绣襦记》。行简又有《三梦记》一篇（见原本《说郛》四），举"彼梦有所往而此遇之者，或此有所为而彼梦之者，或两相通梦者"三事，皆叙述简质，而事特瑰奇，其第一事尤胜。

天后时，刘幽求为朝邑丞，尝奉使夜归，未及家十余里，适有佛寺，路出其侧，闻寺中歌笑欢洽。寺垣短缺，尽得睹其中。刘俯身窥之，见十数人儿女杂坐，罗列盘馔，环绕之而共食。见其妻在坐中语笑。刘初愕然，不测其故，久之，且思其不当至此，复不能舍之。又熟视容止言笑无异，将就察之，寺门闭不得入，刘掷瓦击之，中其罍洗，破迸散走，因忽不见。刘逾垣直入，与从者同视殿庑，皆无人，寺扃如故。刘讶益甚，遂驰归。比至其家，妻方寝，闻刘至，乃叙寒暄讫，妻笑曰，"向梦中与数十人同游一寺，皆不相识，会食于殿庭，有人自外以瓦砾投之，杯盘狼藉，因而遂觉。"刘亦具陈其见，盖所谓彼梦有所往而此遇之也。

第九篇　唐之传奇文(下)

然传奇诸作者中,有特有关系者二人:其一,所作不多而影响甚大,名亦甚盛者曰元稹;其二,多所著作,影响亦甚大而名不甚彰者曰李公佐。

元稹字微之,河南河内人,举明经,补校书郎,元和初应制策第一,除左拾遗,历监察御史,坐事贬江陵,又自虢州长史征入,渐迁至中书舍人承旨学士,进工部侍郎同平章事,未几罢相,出为同州刺史,又改越州,兼浙东观察使。太和初,入为尚书左丞检校户部尚书,兼鄂州刺史武昌军节度使,五年七月暴疾,一日而卒于镇,时年五十三(七七九至八三一),两《唐书》皆有传。稹自少与白居易唱和,当时言诗者称元白,号为“元和体”,然所传小说,止《莺莺传》(见《广记》四百八十八)一篇。

《莺莺传》者,即叙崔张故事,亦名《会真记》者也。略谓贞元中,有张生者,性貌温美,非礼不动,年二十三未尝近女色。时生游于蒲,寓普救寺,适有崔氏孀妇将归长安,过蒲,亦寓兹寺,绪其亲则于张为异派之从母。会浑瑊薨,军人因丧大扰蒲人,崔氏甚惧,而生与蒲将之党有善,得将护之,十余日后廉使杜确来治军，军遂戢。崔氏由此甚感张生，因招宴，见其女莺莺，生惑焉，托崔之婢红娘以《春词》二首通意，是夕得彩笺，题其篇曰《明月三五夜》，辞云，“待月西厢下，迎风户半开，隔墙花影动，疑是玉人来。”张喜且骇，已而崔至，则端服严容，责其非礼，竟去，张自失者久之，数夕后，崔又至，将晓而去，终夕无一言。

……张生辨色而兴，自疑曰，“岂其梦邪?”及明，睹妆在臂，香在衣，泪光荧荧然犹莹于茵席而已。是后又十余日，杳不复知。张生赋《会真诗》三十韵，未毕而红娘适至，因授之，以贻崔氏。自是复容之，朝隐而出，暮隐而入，同安于曩所谓西厢者几一月矣。张生常诘郑氏之情，则曰，“我不可奈何矣。”因欲就成之。无何，张生将至长安，先以情谕之，崔氏宛然无难词，然而愁怨之容动人矣。将行之夕，不可复见，而张生遂西下。……

明年，文战不利，张生遂止于京，贻书崔氏以广其意，崔报之，而生发其书于所知，由是为时人传说。杨巨源为赋《崔娘诗》，元稹亦续生《会真诗》三十韵，张之友闻者皆耸异，而张志亦绝矣。元稹与张厚，问其说，张曰：

“大凡天之所命尤物也，不妖其身，必妖于人。使崔氏子遇合富贵，秉娇宠，不为云为雨，则为蛟为螭，吾不知其变化矣。昔殷之辛，周之幽，据万乘之国，其势甚厚，然而一女子败之，溃其众，屠其身，至今为天下僇笑，予之德不足以胜妖孽，是用忍情。”

越岁余，崔已适人，张亦别娶，适过其所居，请以外兄见，崔终不出；后数日，张生将行，崔则赋诗一章以谢绝之云，“弃置今何道，当时且自亲，还将旧来意，怜取眼前人。”自是遂不复知。时人多许张为善补过者云。

元稹以张生自寓，述其亲历之境，虽文章尚非上乘，而时有情致，固亦可观，惟篇末文过饰非，遂堕恶趣，而李绅杨巨源辈既各赋诗以张之，稹又早有诗名，后秉节钺，故世人仍多乐道，宋赵德麟已取其事作《商调蝶恋花》十阕（见《侯鲭录》），金则有董解元《弦索西厢》，元则有王实甫《西厢记》，关汉卿《续西厢记》，明则有李日华《南西厢记》，陆采《南西厢记》等，其他曰《竟》曰《翻》曰《后》曰《续》者尤繁，至今尚或称道其事。唐人传奇留遗不少，而后来煊赫如是者，惟此篇及李朝威《柳毅传》而已。

李公佐字颛蒙，陇西人，尝举进士，元和中为江淮从事，后罢归长安（见所作《谢小娥传》中），会昌初，又为杨府录事，大中二年，坐累削两任官（见《唐书·宣宗纪》），盖生于代宗时，至宣宗初犹在（约七七〇至八五〇），余事未详；《新唐书·宗室世系表》有千牛备身公佐，则别一人也。其著作今存四篇，《南柯太守传》（见《广记》四百七十五，题《淳于棼》，今据《唐语林》改正）最有名，传言东平淳于棼家广陵郡东十里，宅南有大槐一株，贞元七年九月因沉醉致疾，二友扶生归家，令卧东庑下，而自秣马濯足以俟之。生就枕，昏然若梦，见二紫衣使称奉王命相邀，出门登车，指古槐穴而去。使者驱车入穴，忽见山川，终入一大城，城楼上有金书题曰“大槐安国”。生既至，拜驸马，复出为南柯太守，守郡三十载，“风化广被，百姓歌谣，建功德碑，立生祠宇”，王甚重之，递迁大位，生五男二女，后将兵与檀萝国战，败绩，公主又薨。生罢郡，而威福日盛，王疑惮之，遂禁生游从，处之私第，已而送归。既醒，则“见家之童仆拥篲于庭，二客濯足于榻，斜日未隐于西垣，余樽尚湛于东牖，梦中倏忽，若度一世矣。”其立意与《枕中记》同，而描摹更为尽致，明汤显祖亦本之作传奇曰《南柯记》。篇末言命仆发穴，以究根源，乃见蚁聚，悉符前梦，则假实证幻，余韵悠然，虽未尽于物情，已非《枕中》之所及矣。

……有大穴，根洞然明朗，可容一榻。上有积土壤以为城郭殿台之状，有蚁数斛，隐聚其中。中有小台，其色若丹，二大蚁处之，素翼朱首，长可三寸，左右大蚁数十辅之，诸蚁不敢近，此其王矣：即槐安国都是也。又穷一穴，直上南枝可四丈，宛转方中，亦有土城小楼，群蚁亦处其中：即生所领南柯郡也。……追想前事，感叹于怀，……不欲令二客坏之，遽令掩塞如旧。……复念檀萝征伐之事，又请二客访迹于外，宅东一里有古涸涧，侧有大檀树一株，藤萝拥织，上不见日，旁有小穴，亦有群蚁隐聚其间。檀萝之国，岂非此耶？嗟乎！蚁之灵异犹不可穷，况山藏木伏之大者所变化乎？……

《谢小娥传》（见《广记》四百九十一）言小娥姓谢，豫章人，八岁丧母，后嫁历阳侠士段居贞。夫妇与父皆习贾，往来江湖间，为盗所杀，小娥亦折足堕水，他船拯起之，流转至上元县，依妙果寺尼以居。初，小娥尝梦父告以仇人为“車中猴東門草”，又梦夫告以仇人为“禾中走一日夫”，广求智者，皆不能解，至公佐乃辨之曰，“車中猴，車字去上下各一画，是申字，又申属猴，故曰車中猴；草下有門，門中有東，乃蘭字也。又禾中走是穿田过，亦是申字也；一日夫者，夫上更一画，下有日，是春字也。杀汝父是申蘭，杀汝夫是申春，足可明矣。”小娥乃变男子服为佣保，果遇二贼于浔阳，刺杀之，并闻于官，擒其党，而小娥得免死。解谜获贼，甚乏理致，而当时亦盛传，李复言已演其文入《续玄怪录》，明人则本之作平话。（见《拍案惊奇》十九）

所余二篇，其一未详原题，《广记》则题曰《庐江冯媪》（三百四十三），记董江妻亡更娶，而媪见有女泣路隅一室中，后乃知即亡人之墓，董闻则罪以妖妄，逐媪去之，其事甚简，故文亦不华。其一曰《古岳渎经》（见《广记》四百六十七，题曰《李汤》），有李汤者，永泰时楚州刺史，闻渔人见龟山下水中有大铁锁，乃以人牛曳出之，风涛陡作，“一兽状有如猿，白首长鬐，雪牙金爪，闯然上岸，高五丈许，蹲踞之状若猿猴，但两目不能开，兀若昏昧，……久乃引颈伸欠，双目忽开，光彩若电，顾视人焉，欲发狂怒。观者奔走，兽亦徐徐引锁曳牛入水去，竟不复出。”当时汤与楚州知名之士，皆错愕不知其由。后公佐访古东吴，泛洞庭，登包山，入灵洞，探仙书，于石穴间得《古岳渎经》第八卷，乃得其故，而其经文字奇古，编次蠹毁，颇不能解，公佐与道士焦君共详读之，如下文：

禹理水，三至桐柏山，惊风走雷，石号木鸣，土伯拥

> 川，天老肃兵，功不能兴。禹怒，召集百灵，授命夔龙，桐柏等山君长稽首请命，禹因囚鸿濛氏，章商氏，兜卢氏，犁娄氏，乃获淮涡水神名无支祁，善应对言语，辨江淮之浅深，原隰之远近，形若猿猴，缩鼻高额，青躯白首，金目雪牙，颈伸百尺，力逾九象，搏击腾踔疾奔，轻利倏忽，闻视不可久。禹授之童律，不能制；授之乌木由，不能制；授之庚辰，能制。鸱脾桓胡木魅水灵山袄石怪奔号聚绕，以数千载，庚辰以战（一作戟）逐去，颈锁大索，鼻穿金铃，徙淮阴之龟山之足下，俾淮水永安流注海也。庚辰之后，皆图此形者，免淮涛风雨之难。

宋朱熹（《楚辞辨证》中）尝斥僧伽降伏无支祁事为俚说，罗泌（《路史》）有《无支祁辩》，元吴昌龄《西游记》杂剧中有"无支祁是他姊妹"语，明宋濂亦隐括其事为文，知宋元以来，此说流传不绝，且广被民间，致劳学者弹纠，而实则仅出于李公佐假设之作而已。惟后来渐误禹为僧伽或泗洲大圣，明吴承恩演《西游记》，又移其神变奋迅之状于孙悟空，于是禹伏无支祁故事遂以堙昧也。

传奇之文，此外尚夥，其较显著者，有陇西李朝威作《柳毅传》（见《广记》四百十九），记毅以下第将归湘滨，道经泾阳，遇牧羊女子言是龙女，为舅姑及婿所贬，托毅寄书于父洞庭君，洞庭君有弟钱塘君性刚暴，杀婿取女归，欲以配毅，因毅严拒而止。后毅丧妻，徙家金陵，娶范阳卢氏，则龙女也，又徙南海，复归洞庭，其表弟薛嘏尝遇之于湖中，得仙药五十丸，此后遂绝影响。金人已取其事为杂剧（语见董解元《弦索西厢》中），元尚仲贤则作《柳毅传书》，翻案而为《张生煮海》，清李渔又折衷之而成《蜃中楼》。又有蒋防作《霍小玉传》(见《广记》四百八十七),言李益年二十擢进士第,入长安,思得名妓,乃遇霍小玉,寓于其家,相从者二年,其后年,生授郑县主簿,则坚约婚姻而别。及生覲母,始知已订婚卢氏,母又素严,生不敢拒,遂与小玉绝。小玉久不得生音问,竟卧病,踪迹招益,益亦不敢往。一日益在崇敬寺,忽有黄衫豪士强邀之,至霍氏家,小玉力疾相见,数其负心,长恸而卒。益为之缟素,旦夕哭泣甚哀,已而婚于卢氏,然为怨鬼所祟,竟以猜忌出其妻,至于三娶,莫不如是。杜甫《少年行》有云,“黄衫年少宜来数,不见堂前东逝波”,谓此也。又有许尧佐作《柳氏传》(见《广记》四百八十五),记诗人韩翃得李生艳姬柳氏,会安禄山反,因寄柳于法灵寺而自为淄青节度使书记,乱平复来,则柳已为蕃将沙叱利所取,淄青诸将中有侠士许虞侯者,劫以还翃。其事又见于孟棨《本事诗》,盖亦实录矣。他如柳珵(《广记》二百七十五《上清传》)薛调(又四百八十六《无双传》)皇甫枚(又四百九十一《非烟传》)房千里(同上《杨娼传》)等,亦皆有造作。而杜光庭之《虬髯客传》(见《广记》一百九十三)流传乃独广,光庭为蜀道士,事工衍,多所著述,大抵诞谩,此传则记杨素妓人之执红拂者识李靖于布衣时,相约遁去,道中又逢虬髯客,知其不凡,推资财,授兵法,令佐太宗兴唐,而自率海贼入扶余国杀其主,自立为王云。后世乐此故事,至作画图,谓之三侠;在曲则明凌初成有《虬髯翁》,张凤翼张太和皆有《红拂记》。

上来所举之外,尚有不知作者之《李卫公别传》,《李林甫外传》,郭湜之《高力士外传》,姚汝能之《安禄山事迹》等,惟著述本意,或在显扬幽隐,非为传奇,特以行文枝蔓,或拾事琐屑,故后人亦每以小说视之。

第十篇　唐之传奇集及杂俎

造传奇之文，会萃为一集者，在唐代多有，而煊赫莫如牛僧孺之《玄怪录》。僧孺字思黯，本陇西狄道人，居宛叶间，元和初以贤良方正对策第一，条指失政，鲠讦不避宰相，至考官皆调去，僧孺则调伊阙尉，穆宗即位，渐至御史中丞，后以户部侍郎同中书门下平章事，武宗时累贬循州长史，宣宗立，乃召还为太子少师，大中二年卒，赠太尉，年六十九（七八〇至八四八），谥曰文简，有传在两《唐书》。僧孺性坚僻，而颇嗜志怪，所撰《玄怪录》十卷，今已佚，然《太平广记》所引尚三十一篇，可以考见大概。其文虽与他传奇无甚异，而时时示人以出于造作，不求见信；盖李公佐李朝威辈，仅在显扬笔妙，故尚不肯言事状之虚，至僧孺乃并欲以构想之幻自见，因故示其诡设之迹矣。《元无有》即其一例：

宝应中，有元无有，常以仲春末独行维扬郊野。值日晚，风雨大至，时兵荒后，人户多逃，遂入路旁空庄。须臾霁止，斜月方出，无有坐北窗，忽闻西廊有行人声，未几见月中有四人，衣冠皆异，相与谈谐吟咏甚畅，乃云，“今夕如秋，风月若此，吾辈岂得不为一言，以展平生之事也？”……吟咏既朗，无有听之具悉。其一衣冠长人即先吟曰，“齐纨鲁缟如霜雪，寥亮高声予所发。”其二黑衣冠短陋人诗曰，“嘉宾良会清夜时，煌煌灯烛我能持。”其三故弊黄衣冠人，亦短陋，诗曰，“清冷之泉候朝汲，桑绠相牵常出入。”其四故黑衣冠人诗曰，“爨薪贮泉相煎熬，充他口腹我为劳。”无有亦不以四人为异，四人亦不虞无有之在堂隍也，递相褒赏，观其自负，则虽阮嗣宗《咏怀》，亦若不能加矣。四人迟明乃归旧所；无有就寻之，堂中惟有故杵灯台水桶破铛：乃知四人即此物所为也。(《广记》三百六十九)

牛僧孺在朝，与李德裕各立门户，为党争，以其好作小说，李之门客韦瓘遂托僧孺名撰《周秦行纪》以诬之。记言自以举进士落第将归宛叶，经伊阙鸣皋山下，因暮失道，遂止薄太后庙中，与汉唐妃嫔燕饮。太后问今天子为谁？则对曰：“‘今皇帝先帝长子。’太真笑曰，‘沈婆儿作天子也。大奇！’”复赋诗，终以昭君侍寝，至明别去，“竟不知其何如”(详见《广记》四百八十九)。德裕因作论，谓僧孺姓应图谶，《玄怪录》又多造隐语，意在惑民，《周秦行纪》则以身与后妃冥遇，欲证其身非人臣相，“及至戏德宗为沈婆儿，以代宗皇后为沈婆，令人骨战，可谓无礼于其君甚矣！”作逆若非当代，必在子孙，故“须以‘太牢’少长咸置于法，则刑罚中而社稷安”也(详见《李卫公外集》四)。自来假小说以排陷人，此为最怪，顾当时说亦不行。惟僧孺既有才名，又历高位，其所著作，世遂盛传。而摹拟者亦不鲜，李复言有《续玄怪录》十卷，“分仙术感应二门”，薛渔思有《河东记》三卷，“亦记谲怪事，序云续牛僧孺之书”（皆见宋晁公武《郡斋读书志》十三）；又有撰《宣室志》十卷，以记仙鬼灵异事迹者，曰张读字圣朋，则张鷟之裔而牛僧孺之外孙也（见《唐书·张荐传》），后来亦疑为“少而习见，故沿其流波”（清《四库提要》子部小说家类三）云。

他如武功人苏鹗有《杜阳杂编》，记唐世故事，而多夸远方珍异，参寥子高彦休有《唐阙史》，虽间有实录，而亦言见梦升仙，故皆传奇，但稍迁变。至于康骈《剧谈录》之渐多世务，孙棨《北里志》之专叙狭邪，范摅《云溪友议》之特重歌咏，虽若弥近人情，远于灵怪，然选事则新颖，行文则逶迤，固仍以传奇为骨者也。迨裴铏著书，径称《传奇》，则盛述神仙怪谲之事，又多崇饰，以惑观者。铏为淮南节度副大使高骈从事，骈后失志，尤好神仙，卒以叛死，则此或当时谀导之作，非由本怀。聂隐娘胜妙手空空儿事即出此书（文见《广记》一百九十四），明人取以入伪作之段成式《剑侠传》，流传遂广，迄今犹为所谓文人者所乐道也。

段成式字柯古，齐州临淄人，宰相文昌子也，以荫为校书郎，累迁至吉州刺史，大中中归京，仕至太常少卿，咸通四年（八六三）六月卒，《新唐书》附见段志玄传末（余见《酉阳杂俎》及《南楚新闻》）。成式家多奇篇秘籍，博学强记，尤深于佛书，而少好畋猎，亦早有文名，词句多奥博，世所珍异，其小说有《庐陵官下记》二卷，今佚；《酉阳杂俎》二十卷凡三十篇，今具在，并有《续集》十卷：卷一篇，或录秘书，或叙异事，仙佛人鬼以至动植，弥不毕载，以类相聚，有如类书，虽源或出于张华《博物志》，而在唐时，则犹之独创之作矣。每篇各有题目，亦殊隐僻，如纪道术者曰《壶史》，钞释典者曰《贝编》，述丧葬者曰《尸窀》，志怪异者曰《诺皋记》，而抉择记叙，亦多古艳颖异，足副其目也。

夏启为东明公，文王为西明公，邵公为南明公，季札为北明公，四时主四方鬼。至忠至孝之人，命终皆为地下主者，一百四十年，乃授下仙之教，授以大道。有上圣之德，命终受三官书，为地下主者，一千年乃转三官之五帝，复一千四百年方得游行太清，为九宫之中仙。（卷二《玉格》）

始生天者五相，一光覆身而无衣，二见物生希有心，三弱颜，四疑，五怖。（卷三《贝编》）

国初僧玄奘往五印取经，西域敬之。成式见倭国僧金刚三昧，言尝至中天寺，寺中多画玄奘麻屩及匙箸，以彩云乘之，盖西域所无者，每至斋日，辄膜拜焉。（同上）

天翁姓张，名坚，字刺渴，渔阳人，少不羁，无所拘忌。常张罗得一白雀，爱而养之，梦刘天翁责怒，每欲杀之，白雀辄以报坚，坚设诸方待之，终莫能害。天翁遂下观之，坚盛设宾主，乃窃骑天翁车，乘白龙，振策登天，天翁乘余龙追之，不及。坚既到玄宫，易百官，杜塞北门，封白雀为上卿侯，改白雀之胤不产于下土。刘翁失治，徘徊五岳作灾，坚患之，以刘翁为太山太守，主生死之籍。（卷十四《诺皋记》）

大历中，有士人庄在渭南，遇疾卒于京，妻柳氏因庄居。……士人祥斋日，暮，柳氏露坐逐凉，有胡蜂绕其首面，柳氏以扇击堕地，乃胡桃也。柳氏遽取，玩之掌中；遂长，初如拳，如椀，惊顾之际，已如盘矣。曝然分为两扇，空中轮转，声如分蜂，忽合于柳氏首。柳氏碎首，齿著于树。其物因飞去，竟不知何怪也。（同上）

又有聚文身之事者曰《黥》，述养鹰之法者曰《肉攫部》，《续集》则有《贬误》以收考证，有《寺塔记》以志伽蓝，所涉既广，遂多珍异，为世爱玩，与传奇并驱争先矣。

成式能诗，幽涩繁缛如他著述，时有祁人温庭筠字飞卿，河内李商隐字义山，亦俱用是相夸，号“三十六体”。温庭筠亦有小说三卷曰《干𦠆子》，遗文见于《广记》，仅录事略，简率无可观，与其诗赋之艳丽者不类。李于小说无闻，今有《义山杂纂》一卷，《新唐志》不著录，宋陈振孙（《直斋书录解题》十一）以为商隐作，书皆集俚俗常谈鄙事，以类相从，虽止于琐缀，而颇亦穿世务之幽隐，盖不特聊资笑噱而已。

杀风景

松下喝道　看花泪下　苔上铺席　斫却垂杨

花下晒裩　游春重载　石笋系马　月下把火

步行将军　背山起楼　果园种菜　花架下养鸡鸭

恶模样

作客与人相争骂……　做客踏翻台桌……

对丈人丈母唱艳曲　嚼残鱼肉归盘

对众倒卧　横箸在羹碗上

十诫

不得饮酒至醉　不得暗黑处惊人　不得阴损于人

不得独入寡妇人房　不得开人家书　不得戏取物

不令人知　不得暗黑独自行　不得与无赖子弟往

还　不得借人物用了经旬不还(原缺一则)

中和年间有李就今字衮求,为临晋令,亦号义山,能诗,初举时恒游倡家,见孙棨《北里志》,则《杂纂》之作,或出此人,未必定属商隐,然他无显证,未能定也。后亦时有仿作者,宋有续,称王君玉,有再续,称苏东坡,明有三续,为黄允交。

第十一篇　宋之志怪及传奇文

宋既平一宇内，收诸国图籍，而降王臣佐多海内名士，或宣怨言，遂尽招之馆阁，厚其廪饩，使修书，成《太平御览》《文苑英华》各一千卷；又以野史传记小说诸家成书五百卷，目录十卷，是为《太平广记》，以太平兴国二年（九七七）三月奉诏撰集，次年八月书成表进，八月奉敕送史馆，六年正月奉旨雕印板（据《宋会要》及《进书表》），后以言者谓非后学所急，乃收版贮太清楼，故宋人反多未见。《广记》采摭宏富，用书至三百四十四种，自汉晋至五代之小说家言，本书今已散亡者，往往赖以考见，且分类纂辑，得五十五部，视每部卷帙之多寡，亦可知晋唐小说所叙，何者为多，盖不特稗说之渊海，且为文心之统计矣。今举较多之部于下，其末有杂传记九卷，则唐人传奇文也。

神仙五十五卷　女仙十五卷　异僧十二卷　报应三十三卷　征应（休咎也）十一卷　定数十五卷　梦七卷　神二十五卷　鬼四十卷　妖怪九卷　精怪六卷　再生十二卷　龙八卷　虎八卷　狐九卷

《太平广记》以李昉监修，同修者十二人，中有徐铉，有吴淑，皆尝为小说，今俱传。铉字鼎臣，扬州广陵人，南唐翰林学士，从李煜入宋，官至直学士院给事中散骑常侍，淳化二年坐累谪静难行军司马，中寒卒于贬所，年七十六(九一六至九九一)，事详《宋史·文苑传》。铉在唐时已作志怪，历二十年成《稽神录》六卷，仅一百五十事，比修《广记》，常希收采而不敢自专，使宋白问李昉，昉曰，“讵有徐率更言无稽者！”遂得见收。然其文平实简率，既失六朝志怪之古质，复无唐人传奇之缠绵，当宋之初，志怪又欲以“可信”见长，而此道于是不复振也。

> 广陵有王姥，病数日，忽谓其子曰，“我死，必生西溪浩氏为牛，子当赎之，而我腹下有‘王’字是也。”顷之遂卒，其西溪者，海陵之西地名也；其民浩氏，生牛，腹有白毛成“王”字。其子寻而得之，以束帛赎之以归。(卷二)
>
> 瓜村有渔人，妻得劳瘦疾，转相传染，死者数人。或云：取病者生钉棺中，弃之，其病可绝。顷之，其女病，即生钉棺中，流之于江，至金山，有渔人见而异之，引之至岸，开视之，见女子犹活，因取置渔舍中，多得鳗鳌鱼以食之，久之病愈，遂为渔人之妻，至今尚无恙。(卷三)

吴淑，徐铉婿也，字正仪，润州丹阳人，少而俊爽，敏于属文，在南唐举进士，以校书郎直内史，从李煜归宋，仕至职方员外郎，咸平五年卒，年五十六(九四七至一〇〇二)，亦见《宋史·文苑传》。所著《江淮异人录》三卷，今有从《永乐大典》辑成本，凡二十五人，皆传当时侠客术士及道流，行事大率诡怪。唐段成式作《酉阳杂俎》，已有《盗侠》一篇，叙怪民奇异事，然仅九人，至荟萃诸诡幻人物，著为专书者，实始于吴淑，明人钞《广记》伪作《剑侠传》又扬其波，而乘空飞剑之说日炽；至今尚不衰。

成幼文为洪州录事参军，所居临通衢而有窗。一日坐窗下，时雨霁泥泞而微有路，见一小儿卖鞋，状甚贫窭，有一恶少年与儿相遇，絓鞋堕泥中。小儿哭求其价，少年叱之不与。儿曰，"吾家且未有食，待卖鞋营食，而悉为所污。"有书生过，悯之，为偿其值。少年怒曰，"儿就我求食，汝何预焉？"因辱骂之。生甚有愠色；成嘉其义，召之与语，大奇之，因留之宿。夜共话，成暂入内，及复出，则失书生矣，外户皆闭，求之不得，少顷复至前曰，"旦来恶子，吾不能容，已断其首。"乃掷之于地。成惊曰，"此人诚忤君子，然断人之首，流血在地，岂不见累乎？"书生曰，"无苦。"乃出少药，傅于头上，捽其发摩之，皆化为水，因谓成曰，"无以奉报，愿以此术授君。"成曰，"某非方外之士，不敢奉教。"书生于是长揖而去，重门皆锁闭，而失所在。

宋代虽云崇儒，并容释道，而信仰本根，夙在巫鬼，故徐铉吴淑而后，仍多变怪谶应之谈，张君房之《乘异记》（咸平元年序），张师正之《括异志》，聂田之《祖异志》（康定元年序），秦再思之《洛中纪异》，毕仲询之《幕府燕闲录》（元丰初作），皆其类也。

迨徽宗惑于道士林灵素，笃信神仙，自号“道君”，而天下大奉道法。至于南迁，此风未改，高宗退居南内，亦爱神仙幻诞之书，时则有知兴国军历阳郭彖字次象作《睽车志》五卷，翰林学士鄱阳洪迈字景卢作《夷坚志》四百二十卷，似皆尝呈进以供上览。诸书大都偏重事状，少所铺叙，与《稽神录》略同，顾《夷坚志》独以著者之名与卷帙之多称于世。

洪迈幼而强记，博极群书，然从二兄试博学宏词科独被黜，年五十始中第，为敕令所删定官。父皓曾忤秦桧，憾并及迈，遂出添差教授福州，累迁吏部郎兼礼部；尝接伴金使，颇折之，旋为报聘使，以争朝见礼不屈，几被抑留，还朝又以使金辱命论罢，寻起知泉州，又历知吉州，赣州，婺州，建宁及绍兴府，淳熙二年以端明殿学士致仕卒，年八十（一〇九六至一一七五），谥文敏，有传在《宋史》。迈在朝敢于谠言，又广见洽闻，多所著述，考订辨证，并越常流，而《夷坚志》则为晚年遣兴之书，始刊于绍兴末，绝笔于淳熙初，十余年中，凡成甲至癸二百卷，支甲至支癸三甲至三癸各一百卷，四甲四乙各十卷，卷帙之多，几与《太平广记》等，今惟甲至丁八十卷支甲至支戊五十卷三志若干卷，又摘钞本五十卷及二十卷存。奇特之事，本缘希有见珍，而作者自序，乃甚以繁夥自憙，耄期急于成书，或以五十日作十卷，妄人因稍易旧说以投之，至有盈数卷者，亦不暇删润，径以入录（陈振孙《直斋书录解题》十一云），盖意在取盈，不能如本传所言“极鬼神事物之变”也。惟所作小序三十一篇，什九“各出新意，不相重复”，赵与旹尝撮其大略入所著《宾退录》（八），叹为“不可及”，则于此书可谓知言者已。

传奇之文，亦有作者：今讹为唐人作之《绿珠传》一卷，《杨太真外传》二卷，即宋乐史之撰也，《宋志》又有《滕王外传》《李白外传》《许迈传》各一卷，今俱不传。史字子正，抚州宜黄人，自南唐入宋为著作佐郎，出知陵州，以献赋召为三馆编修，又累献所著书共四百二十余卷，皆记叙科第孝弟神仙之事者，迁著作郎，直史馆，转太常博士，出知舒州，知黄州，又知商州，复职后再入文馆，掌西京勘磨司，赐金紫，景德四年卒，年七十八(九三〇至一〇〇七)，事详《宋史·乐黄目传》首。史又长于地理，有《太平寰宇记》二百卷，征引群书至百余种，而时杂以小说家言，至绿珠太真二传，本荟萃稗史成文，则又参以舆地志语；篇末垂诫，亦如唐人，而增其严冷，则宋人积习如是也，于《绿珠传》最明白：

……赵王伦乱常，孙秀使人求绿珠，……崇勃然曰，“他无所爱，绿珠不可得也！”秀自是谮伦族之。收兵忽至，崇谓绿珠曰，“我今为尔获罪。”绿珠泣曰，“愿效死于君前！”于是堕楼而死。崇弃东市，后人名其楼曰绿珠楼。楼在步庚里，近狄泉；泉在正城之东。绿珠有弟子宋祎，有国色，善吹笛，后入晋明帝宫中。今白州有一派水，自双角山出，合容州江，呼为绿珠江，亦犹归州有昭君村昭君场，吴有西施谷脂粉塘，盖取美人出处为名。又有绿珠井，在双角山下，故老传云，汲此井饮者，诞女必多美丽，里闾有识者以美色无益于时，因以巨石镇之，尔后有产女端妍者，而七窍四肢多不完具。异哉，山水之使然！……

……其后诗人题歌舞妓者，皆以绿珠为名。……

其故何哉？盖一婢子，不知书，而能感主恩，愤不顾身，志烈懔懔，诚足使后人仰慕歌咏也。至有享厚禄，盗高位，亡仁义之性，怀反复之情，暮四朝三，唯利是务，节操反不若一妇人，岂不愧哉？今为此传，非徒述美丽，窒祸源，且欲惩戒辜恩背义之类也。……

其后有亳州谯人秦醇字子复(一作子履)，亦撰传奇，今存四篇，见于北宋刘斧所编之《青琐高议前集》及《别集》。其文颇欲规抚唐人，然辞意皆芜劣，惟偶见一二好语，点缀其间；又大抵托之古事，不敢及近，则仍由士习拘谨之所致矣，故乐史亦如此。一曰《赵飞燕别传》，序云得之李家墙角破筐中，记赵后入宫至自缢，复以冥报化为大鼋事，文中有"兰汤滟滟，昭仪坐其中，若三尺寒泉浸明玉"语，明人遂或击节诧为真古籍，与今人为杨慎伪造之汉《杂事秘辛》所惑正同。所谓汉伶玄撰之《飞燕外传》亦此类，但文辞殊胜而已。二曰《骊山记》，三曰《温泉记》，言张俞不第还蜀，于骊山下就故老问杨妃逸事，故老为具道；他日俞再经骊山，遇杨妃遣使相召，问人间事，且赐浴，明日敕吏引还，则惊起如梦觉，乃题诗于驿，后步野外，有牧童送酬和诗，云是前日一妇人之所托也。四曰《谭意歌传》，则为当时故事：意歌本良家子，流落长沙为倡，与汝州民张正字者相悦，婚约甚坚，而正字迫于母命，竟别娶；越三年妻殁，适有客来自长沙，责正字负义，且述意歌之贤，遂迎以归。后其子成进士，意歌"终身为命妇，夫妻偕老，子孙繁茂"，盖袭蒋防之《霍小玉传》，而结以"团圆"者也。

不知何人作者有《大业拾遗记》二卷，题唐颜师古撰，亦名

《隋遗录》。跋言会昌年间得于上元瓦棺寺阁上，本名《南部烟花录》，乃《隋书》遗稿，惜多缺落，因补以传；末无名，盖与造本文者出一手。记起于炀帝将幸江都，命麻叔谋开河，次及途中诸纵恣事，复造迷楼，怠荒于内，时之人望，乃归唐公，宇文化及将谋乱，因请放官奴分直上下，诏许之，“是有焚草之变”。其叙述颇陵乱，多失实，而文笔明丽，情致亦时有绰约可观览者。

……长安贡御车女袁宝儿，年十五，腰肢纤堕，骙冶多态，帝宠爱之特厚。时洛阳进合蒂迎辇花，云得之嵩山坞中，人不知名，采者异而贡之。……帝令宝儿持之，号曰“司花女”。时虞世南草征辽指挥德音敕于帝侧，宝儿注视久之。帝谓世南曰，“昔传飞燕可掌上舞，朕常谓儒生饰于文字，岂人能若是乎？及今得宝儿，方昭前事；然多憨态，今注目于卿，卿才人，可便嘲之！”世南应诏为绝句曰，“学画鸦黄半未成，垂肩亸袖太憨生，缘憨却得君王惜：长把花枝傍辇行。”帝大悦。……

……帝昏湎滋深，往往为妖祟所惑，尝游吴公宅鸡台，恍惚间与陈后主相遇。……舞女数十许，罗侍左右，中一人迥美，帝屡目之。后主云，“殿下不识此人耶？即丽华也。每忆桃叶山前乘战舰与此子北渡，尔时丽华最恨，方倚临春阁试东郭㚟紫毫笔，书小砑红绡作答江令‘璧月’句，诗词未终，见韩擒虎跃青骢驹，拥万甲直来冲人，都不存去就，便至今日。”俄以绿文测海蠡酌红粱新酝劝帝，帝饮之甚欢，因请丽华舞“玉树后庭花”，丽华辞以抛掷岁久，自井中出来，腰肢依拒，无复往时姿态，帝再三索之，乃徐起终一曲。后主问帝，“萧妃何如此人?”帝曰：“春兰秋菊，各一时之秀也。”……

又有《开河记》一卷，叙麻叔谋奉隋炀诏开河，虐民掘墓，纳贿，食小儿，事发遂诛死；《迷楼记》一卷，叙炀帝晚年荒恣，因王义切谏，独居二日，以为不乐，复入宫，后闻童谣，自识运尽。《海山记》二卷，则始自降生，次及兴土木，见妖鬼，幸江都，询王义，以至遇害，无不具记。三书与《隋遗录》相类，而叙述加详，顾时杂俚语，文采逊矣。《海山记》已见于《青琐高议》中，自是北宋人作，余当亦同，今本有题唐韩偓撰者，明人妄增之。帝王纵恣，世人所不欲遭而所乐道，唐人喜言明皇，宋则益以隋炀，明罗贯中复撰集为《隋唐志传》，清褚人获又增改以为《隋唐演义》。

《梅妃传》一卷亦无撰人，盖见当时图画有把梅美人号梅妃者，泛言唐明皇时人，因造此传，谓为江氏名采苹，入宫因太真妒复见放，值禄山之乱，死于兵。有跋，略谓传是大中二年所写，在万卷朱遵度家，今惟叶少蕴与予得之；末不署名，盖亦即撰本文者，自云与叶梦得同时，则南渡前后之作矣。今本或题唐曹邺撰，亦明人妄增之。

第十二篇　宋之话本

宋一代文人之为志怪，既平实而乏文彩，其传奇，又多托往事而避近闻，拟古且远不逮，更无独创之可言矣。然在市井间，则别有艺文兴起。即以俚语著书，叙述故事，谓之“平话”，即今所谓“白话小说”者是也。

然用白话作书者，实不始于宋。清光绪中，敦煌千佛洞之藏经始显露，大抵运入英法，中国亦拾其余藏京师图书馆；书为宋初所藏，多佛经，而内有俗文体之故事数种，盖唐末五代人钞，如《唐太宗入冥记》《孝子董永传》《秋胡小说》则在伦敦博物馆，《伍员入吴故事》则在中国某氏，惜未能目睹，无以知其与后来小说之关系。以意度之，则俗文之兴，当由二端，一为娱心，一为劝善，而尤以劝善为大宗，故上列诸书，多关惩劝，京师图书馆所藏，亦尚有俗文《维摩》《法华》等经及《释迦八相成道记》《目连入地狱故事》也。

《唐太宗入冥记》首尾并阙，中间仅存，盖记太宗杀建成元吉，生魂被勘事者；讳其本朝之过，始盛于宋，此虽关涉太宗，故当仍为唐人之作也，文略如下：

……判官懆恶，不敢道名字。帝曰，“卿近前来。”轻道，“姓崔，名子玉。”“朕当识。”言讫，使人引皇帝至院门，使人奏曰，“伏惟陛下且立在此，容臣入报判官速来。”言讫，使来者到厅拜了，“启判官：奉大王处，太宗是生魂到，领判官推勘，见在门外，未敢引。”判官闻言，惊忙起立，……

宋有《梁公九谏》一卷（在《士礼居丛书》中），文亦朴陋如前记，书叙武后废太子为庐陵王，而欲传位于侄武三思，经狄仁杰极谏者九，武后始感悟，召还复立为太子。卷首有范仲淹《唐相梁公碑文》，乃贬守番阳时作，则书出当在明道二年（一〇三三）以后矣。

第六谏

则天睡至三更，又得一梦，梦与大罗天女对手着棋，局中有子，旋被打将，频输天女，忽然惊觉。来日受朝，问访大臣，其梦如何？狄相奏曰，“臣圆此梦，于国不祥。陛下梦与大罗天女对手着棋，局中有子，旋被打将，频输天女：盖谓局中有子，不得其位，旋被打将，失其所主。今太子庐陵王贬房州千里，是谓局中有子，不得其位，遂感此梦。臣愿东宫之位，速立庐陵王为储君，若立武三思，终当不得！”

然据现存宋人通俗小说观之，则与唐末之主劝惩者稍殊，而实出于杂剧中之“说话”。说话者，谓口说古今惊听之事，盖唐时亦已有之，段成式《酉阳杂俎》(《续集》四《贬误篇》)有云，“予太和末，因弟生日观杂戏，有市人小说，呼扁鹊作‘褊鹊’字，上声。……”李商隐《骄儿诗》(集一)亦云，“或谑张飞胡，或笑邓艾吃。”似当时已有说三国故事者，然未详。宋都汴，民物康阜，游乐之事甚多，市井间有杂伎艺，其中有“说话”，执此业者曰“说话人”。说话人又有专家，孟元老(《东京梦华录》五)尝举其目，曰小说，曰合生，曰说诨话，曰说三分，曰说《五代史》。南渡以后，此风未改，据吴自牧(《梦粱录》二十)所记载则有四科如下：

> 说话者，谓之舌辨，虽有四家数，各有门庭：
>
> 且“小说”名“银字儿”，如烟粉灵怪传奇公案扑刀杆棒发迹变态之事。……谈论古今，如水之流。
>
> “谈经”者，谓演说佛书，“说参请”者，谓宾主参禅悟道等事。……又有“说诨经”者。
>
> “讲史书”者，谓讲说《通鉴》汉唐历代书史文传兴废战争之事。
>
> “合生”，与起令随令相似，各占一事也。

灌园耐得翁(《都城纪胜》)述临安盛事，亦谓说话有四家，曰小说，曰说经说参请，曰说史，曰合生，而分小说为三类，即“一者银字儿，如烟粉灵怪传奇；说公案，皆是搏拳提刀赶棒及发迹变态之事；说铁骑儿，谓士马金鼓之事”是也。周密之书(《武林旧事》六)，叙四科又略异，曰演史，曰说经诨经，曰小说，曰说诨话，无合生；且谓小说有雄辩社(卷三)，则其时说话人不惟各守家数，且有集会以磨炼其技艺者矣。

说话之事，虽在说话人各运匠心，随时生发，而仍有底本以作凭依，是为“话本”。《梦粱录》(二十)影戏条下云，“其话本与讲史书者颇同，大抵真假相半。”又小说讲经史条下云，“盖小说者，能讲一朝一代故事，顷刻间捏合。”《都城纪胜》所说同，惟“捏合”作“提破”而已。是知讲史之体，在历叙史实而杂以虚辞，小说之体，在说一故事而立知结局，今所存《五代史平话》及《通俗小说》残本，盖即此二科话本之流，其体式正如此。

《新编五代史平话》者，讲史之一，孟元老所谓“说《五代史》”之话本，此殆近之矣。其书梁唐晋汉周每代二卷，各以诗起，次入正文，又以诗终。惟《梁史平话》始于开辟，次略叙历代兴亡之事，立论颇奇，而亦杂以诞妄之因果说。

> 龙争虎战几春秋，五代梁唐晋汉周，
> 兴废风灯明灭里，易君变国若传邮。
>
> 粤自鸿荒既判，风气始开，伏羲画八卦而文籍生，黄帝垂衣裳而天下治。……那时诸侯皆已顺从，独蚩尤共炎帝侵暴诸侯，不服王化。黄帝乃帅诸侯，兴兵动众，……遂杀死炎帝，活捉蚩尤，万国平定。这黄帝做着个厮杀的头脑，教天下后世习用干戈。……汤伐桀，武王伐纣，皆是以臣弑君，篡夺了夏殷的天下。汤武不合做了这个样子，后来周室衰微，诸侯强大，春秋之世二百四十年之间，臣弑其君的也有，子弑其父的也有。孔子圣人为见三纲沦，九法斁，秉那直笔，做一卷书，唤做《春秋》，褒奖他善的，贬罚他恶的，故孟子道是“孔

子作《春秋》而乱臣贼子惧”。只有汉高祖姓刘字季，他取秦始皇天下不用篡弑之谋，真个是：

手拿三尺龙泉剑，夺却中原四百州。

刘季杀了项羽，立着国号曰汉，只因疑忌功臣，如韩王信彭越陈豨之徒，皆不免族灭诛夷。这三个功臣抱屈衔冤，诉于天帝，天帝可怜见三个功臣无辜被戮，令他每三个托生做三个豪杰出来：韩信去曹家托生做着个曹操，彭越去孙家托生做着个孙权，陈豨去那宗室家托生做着个刘备。这三个分了他的天下，……三国各有史，道是《三国志》是也。……

于是更自晋及唐，以至黄巢变乱，朱氏立国，其下卷今阙，必当讫于梁亡矣。全书叙述，繁简颇不同，大抵史上大事，即无发挥，一涉细故，便多增饰，状以骈俪，证以诗歌，又杂诨词，以博笑噱，如说黄巢下第，与朱温等为盗，将劫侯家庄马评事时途中情景，即其例也：

……黄巢道，“若去劫他时，不消贤弟下手，咱有桑门剑一口，是天赐黄巢的，咱将剑一指，看他甚人，也抵敌不住。”道罢便去，行过一个高岭，名做悬刀峰，自行了半个日头，方得下岭。好座高岭！是：根盘地角，顶接天涯，苍苍老桧拂长空，挺挺孤松侵碧汉，山鸡共日鸡齐斗，天河与涧水接流，飞泉飘雨脚廉纤，怪石与云头相轧。怎见得高？

几年撕下一樵夫，至今未曾撕到底。

黄巢兄弟四人过了这座高岭，望见那侯家庄。好座庄舍！但见：石惹闲云，山连溪水，堤边垂柳，弄风袅袅拂溪桥，路畔闲花，映日丛丛遮野渡。那四个兄弟望见庄舍远不出五里田地，天色正晡，同入个树林中辨了，待晚西却行到那马家门首去。……

《京本通俗小说》不知本几卷，今存卷十至十六，每卷一篇，曰《碾玉观音》，曰《菩萨蛮》，曰《西山一窟鬼》，曰《志诚张主管》，曰《拗相公》，曰《错斩崔宁》，曰《冯玉梅团圆》等，每篇各具首尾，顷刻可了，与吴自牧所记正同。其取材多在近时，或采之他种说部，主在娱心，而杂以惩劝。体制则什九先以闲话或他事，后乃缀合，以入正文。如《碾玉观音》因欲叙咸安郡王游春，则辄举春词至十余首：

山色晴岚景物佳，暖烘回雁起平沙，东郊渐觉花供眼，南陌依稀草吐芽。　　堤上柳，未藏鸦，寻芳趁步到山家，陇头几树红梅落，红杏枝头未着花。

这首《鹧鸪天》说孟春景致，原来又不如仲春词做得好：

…………

这三首词，都不如王荆公看见花瓣儿片片风吹下地来，原来这春归去是东风断送的。有诗道：

春日春风有时好，春日春风有时恶，
不得春风花不开，花开又被风吹落。

苏东坡道，不是东风断送春归去，是春雨断送春归去。有诗道：

雨前初见花间蕊，雨后全无叶底花，
蜂蝶纷纷过墙去，却疑春色在邻家。

秦少游道，也不干风事，也不干雨事，是柳絮飘将春色去。有诗道：

三月柳花轻复散，飘扬淡荡送春归，
此花本是无情物，一向东飞一向西。

…………

王岩叟道，也不干风事，也不干雨事，也不干柳絮事，也不干蝴蝶事，也不干黄莺事，也不干杜鹃事，也不干燕子事，是九十日春光已过春归去。曾有诗道：

怨风怨雨两俱非，风雨不来春亦归，
腮边红褪青梅小，口角黄消乳燕飞，
蜀魄健啼花影去，吴蚕强食柘桑稀，
直恼春归无觅处，江湖辜负一蓑衣。

说话的因甚说这春归词？绍兴年间，行在有个关西延州延安府人，本身是三镇节度使咸安郡王，当时怕春归去，将带着许多钧眷游春，……

此种引首，与讲史之先叙天地开辟者略异，大抵诗词之外，亦用故实，或取相类，或取不同，而多为时事。取不同者由反入正，取相类者较有浅深，忽而相牵，转入本事，故叙述方始，而主意已明，耐得翁之所谓"提破"，吴自牧之所谓"捏合"，殆指此矣。凡其上半，谓之"得胜头回"，头回犹云前回，听说话者多军民，故冠以吉语曰得胜，非因进讲宫中，因有此名也。至于文式，则与

《五代史平话》之铺叙琐事处颇相似,然较详。《西山一窟鬼》述吴秀才一为鬼诱,至所遇无一非鬼,盖本之《鬼董》(四)之《樊生》,而描写委曲琐细,则虽明清演义亦无以过之,如其记订婚之始云:

……开学堂后,有一年之上,也罪过,那街上人家都把孩子们来与它教训,颇有些趱足。当日正在学堂里教书,只听得青布帘儿上铃声响,走将一个人入来。吴教授看那入来的人:不是别人,却是十年前搬去的邻舍王婆。原来那婆子是个"撮合山",专靠做媒为生。吴教授相揖罢,道,"多时不见。而今婆婆在那里住?"婆子道,"只道教授忘了老媳妇,如今老媳妇在钱塘门里沿城住。"教授问,"婆婆高寿?"婆子道,"老媳妇犬马之年七十有五。教授青春多少?"教授道,"小子二十有二。"婆子道,"教授方才二十有二,却像三十以上人,想教授每日价费多少心神;据我媳妇愚见,也少不得一个小娘子相伴。"教授道,"我这里也几次问人来,却没这般头脑。"婆子道,"这个'不是冤家不聚会'。好教官人得知,却有一头好亲在这里,一千贯钱房计,带一个从嫁,又好人才,却有一床乐器都会,又写得算得,又是咘嗻大官府第出身,只要嫁个读书官人。教授却是要也不?"教授听得说罢,喜从天降,笑逐颜开,道,"若还真个有这人时,可知好哩!只是这个小娘子如今在那里?"……

南宋亡，杂剧消歇，说话遂不复行，然话本盖颇有存者，后人目染，仿以为书，虽已非口谈，而犹存曩体，小说者流有《拍案惊奇》《醉醒石》之属，讲史者流有《列国演义》《隋唐演义》之属，惟世间于此二科，渐不复知所严别，遂俱以“小说”为通名。

第十三篇　宋元之拟话本

说话既盛行，则当时若干著作，自亦蒙话本之影响。北宋时，刘斧秀才杂辑古今稗说为《青琐高议》及《青琐摭遗》，文辞虽拙俗，然尚非话本，而文题之下，已各系以七言，如

《流红记》（红叶题诗娶韩氏）
《赵飞燕外传》（别传叙飞燕本末）
《韩魏公》（不罪碎盏烧须人）
《王榭》（风涛飘入乌衣国）

等，皆一题一解，甚类元人剧本结末之"题目"与"正名"，因疑汴京说话标题，体裁或亦如是，习俗浸润，乃及文章。至于全体被其变易者，则今尚有《大唐三藏法师取经记》及《大宋宣和遗事》二书流传，皆首尾与诗相始终，中间以诗词为点缀，辞句多俚，顾与话本又不同，近讲史而非口谈，似小说而无捏合。钱曾于《宣和遗事》，则并《灯花婆婆》等十五种并谓之"词话"（《也是园书目》十），以其有词有话也，然其间之《错斩崔宁》《冯玉梅团圆》

两种，亦见《京本通俗小说》中，本说话之一科，传自专家，谈吐如流，通篇相称，殊非《宣和遗事》所能企及。盖《宣和遗事》虽亦有词有说，而非全出于说话人，乃由作者掇拾故书，益以小说，补缀联属，勉成一书，故形式仅存，而精采遂逊，文辞又多非己出，不足以云创作也。《取经记》尤苟简。惟说话消亡，而话本终蜕为著作，则又赖此等为其枢纽而已。

《大唐三藏法师取经记》三卷，旧本在日本，又有一小本曰《大唐三藏取经诗话》，内容悉同，卷尾一行云“中瓦子张家印”，张家为宋时临安书铺，世因以为宋刊，然逮于元朝，张家或亦无恙，则此书或为元人撰，未可知矣。三卷分十七章，今所见小说之分章回者始此；每章必有诗，故曰诗话。首章两本俱阙，次章则记玄奘等之遇猴行者。

行程遇猴行者处第二

僧行六人，当日起行。……偶于一日午时，见一白衣秀才，从正东而来，便揖和尚，“万福万福！和尚今往何处，莫不是再往西天取经否?”法师合掌曰：“贫道奉敕，为东土众生未有佛教，是取经也。”秀才曰：“和尚生前两回去取经，中路遭难，此回若去，千死万死！”法师云：“你如何得知?”秀才曰：“我不是别人，我是花果山紫云洞八万四千铜头铁额弥猴王。我今来助和尚取经，此去百万程途，经过三十六国，多有祸难之处。”法师应曰：“果得如此，三世有缘，东土众生，获大利益。”当便改呼为猴行者。僧行七人，次日同行，左右伏事。猴行者因留诗曰：

百万程途向那边，今来佐助大师前，

一心祝愿逢真教，同往西天鸡足山。

三藏法师诗答曰：

此日前生有宿缘，今朝果遇大明仙，

前途若到妖魔处，望显神通镇佛前。

于是借行者神通，偕入大梵天王宫，法师讲经已，得赐"隐形帽一顶，金镮锡杖一条，钵盂一只，三件齐全"，复反下界，经香林寺，履大蛇岭九龙池诸危地，俱以行者法力，安稳进行；又得深沙神身化金桥，渡越大水，出鬼子母国女人国而达王母池处，法师欲桃，命猴行者往窃之。

入王母池之处第十一

……法师曰："愿今日蟠桃结实，可偷三五个吃。"猴行者曰："我因八百岁时偷吃十颗，被王母捉下，左肋判八百，右肋判三千铁棒，配在花果山紫云洞，至今肋下尚痛，我今定是不敢偷吃也。"……前去之间，忽见石壁高岑万丈，又见一石盘，阔四五里地，又有两池，方广数十里，弥弥万丈，鸦鸟不飞。七人才坐，正歇之次，举头遥望，万丈石壁之中，有数株桃树，森森耸翠，上接青天，枝叶茂浓，下浸池水。……行者曰："树上今有十余颗，为地神专在彼处守定，无路可去偷取。"师曰："你神通广大，去必无妨。"说由未了，攧下三颗蟠桃入池中去，师甚敬惶，问此落者是何物？答曰："师不要敬（惊字之略），此是蟠桃正熟，攧下水中也。"

师曰:“可去寻取来吃!”……

行者以杖击石,先后现二童子,一云三千岁,一五千岁,皆挥去。

……又敲数下,偶然一孩儿出来,问曰:“你年多少?”答曰:“七千岁。”行者放下金镮杖,叫取孩儿入手中,问和尚你吃否?和尚闻语,心敬便走。被行者手中旋数下,孩儿化成一枚乳枣。当时吞入口中,后归东土唐朝,遂吐出于西川,至今此地中生人参是也。空中见有一人,遂吟诗曰:

花果山中一子才,小年曾此作场乖,
而今耳热空中见,前次偷桃客又来。

由是竟达天竺,求得经文五千四百卷,而阙《多心经》,回至香林寺,始由定光佛见授。七人既归,则皇帝郊迎,诸州奉法,至七月十五日正午,天宫乃降采莲舡,法师乘之,向西仙去;后太宗复封猴行者为铜筋铁骨大圣云。

《大宋宣和遗事》世多以为宋人作,而文中有吕省元《宣和讲篇》及南儒《咏史诗》,省元南儒皆元代语,则其书或出于元人,抑宋人旧本,而元时又有增益,皆不可知,口吻有大类宋人者,则以钞撮旧籍而然,非著者之本语也。书分前后二集,始于称述尧舜而终以高宗之定都临安,案年演述,体裁甚似讲史。惟节录成书,未加融会,故先后文体,致为参差,灼然可见。其剽取之书当有十种。前集先言历代帝王荒淫之失者其一,盖犹宋人讲史之开篇;次述王安石变法之祸者其二,亦北宋末士论之常套;次述安石引蔡京入朝至童贯蔡攸巡边者其三,首一为语体,次二为文言而并杂以诗者;其四,则梁山泺聚义本末,首述杨志卖刀杀人,晁盖劫生日礼物,遂邀约二十人,同入太行山梁山泺落草,而宋江亦以杀阎婆惜出走,伏屋后九天玄女庙中,见官兵已退,出谢玄女。

……则见香案上一声响亮,打一看时,有一卷文书在上。宋江才展开看了,认得是个天书;又写着三十六个姓名;又题著四句道:

破国因山木,兵刀用水工,
一朝充将领,海内耸威风。

宋江读了,口中不说,心下思量:这四句分明是说了我里姓名;又把开天书一卷,仔细看觑,见有三十六将的姓名。那三十六人道个甚底?

智多星吴加亮　玉麒麟李进义　青面兽杨志　混江龙李海　九纹龙史进　入云龙公孙胜　浪里白条张顺　霹雳火秦明　活阎罗阮小七　立地太岁阮小五　短命二郎阮进　大刀关必胜　豹子头林冲　黑旋风李逵　小旋风柴进　金枪手徐宁　扑天雕李应　赤发鬼刘唐　一直撞董平　插翅虎雷横　美髯公朱同　神行太保戴宗　赛关索王雄　病尉迟孙立　小李广花荣　没羽箭张青　没遮拦穆横　浪子燕青　花和尚鲁智深　行者武松　铁鞭呼延绰　急先锋索超　拚命三郎石秀　火船工张岑　摸着云杜千　铁天王晁盖

宋江看了人名,末后有一行字写道:"天书付天罡院三十六员猛将，使呼保义宋江为帅，广行忠义，殄灭奸邪。”

于是江率朱同等九人亦赴山寨，会晁盖已死，遂被推为首领，“各人统率强人，略州劫县，放火杀人，攻夺淮阳，京西，河北三路二十四州八十余县，劫掠子女玉帛，掳掠甚众”，已而鲁智深等亦来投，遂足三十六人之数。

一日，宋江与吴加亮商量，“俺三十六员猛将，并已登数，休要忘了东岳保护之恩，须索去烧香赛还心愿则个。”择日起行，宋江题了四句放旗上道：

来时三十六，去后十八双，
若还少一个，定是不归乡！

宋江统率三十六将往朝东岳，赛取金炉心愿。朝廷不奈何，只得出榜招谕宋江等。有那元帅姓张名叔夜的，是世代将门之子，前来招诱；宋江和那三十六人归顺宋朝，各受大夫诰敕，分注诸路巡检使去也；因此三路之寇，悉得平定。后遣宋江收方腊有功，封节度使。

其五，为徽宗幸李师师家，曹辅进谏及张天觉隐去；其六，为道士林灵素进用及其死葬之异；其七，为腊月预赏元宵及元宵看灯之盛，皆平话体。其叙元宵看灯云：

宣和六年正月十四日夜，去大内门直上一条红绵

> 绳上,飞下一个仙鹤儿来,口内衔一道诏书,有一员中使接得展开,奉圣旨:宣万姓。有那快行家手中把着金字牌,喝道,"宣万姓!"少刻,京师民有似云浪,尽头上戴着玉梅,雪柳,闹蛾儿,直到鳌山下看灯。却去宣德门直上有三四个贵官,……得了圣旨,交撒下金钱银钱,与万姓抢金钱。那教坊大使袁陶曾作词,名做《撒金钱》:
>
> 频瞻礼,喜升平又逢元宵佳致。鳌山高耸翠,对端门珠玑交制,似嫦娥,降仙宫,乍临凡世。恩露匀施,凭御阑圣颜垂视。撒金钱,乱抛坠,万姓推抢没理会;告官里,这失仪,且与免罪。
>
> 是夜撒金钱后,万姓各各遍游市井,可谓是:
>
> 灯火荧煌天不夜,笙歌嘈杂地长春。

后集则始自金人来运粮,以至京城陷为第八种;又自金兵入城,帝后北行受辱,以至高宗定都临安为第九第十种,即取《南烬纪闻》《窃愤录》及《续录》而小有删节,二书今俱在,或题辛弃疾作,而宋人已以为伪书。卷末复有结论,云"世之儒者谓高宗失恢复中原之机会者有二焉:建炎之初失其机者,潜善伯彦偷安于目前误之也;绍兴之后失其机者,秦桧为虏用间误之也。失此二机,而中原之境土未复,君父之大仇未报,国家之大耻不能雪,此忠臣义士之所以扼腕,恨不食贼臣之肉而寝其皮也欤!"则亦南宋时桧党失势后士论之常套也。

第十四篇　元明传来之讲史(上)

宋之说话人，于小说及讲史皆多高手(名见《梦粱录》及《武林旧事》)，而不闻有著作；元代扰攘，文化沦丧，更无论矣。日本内阁文库藏元至治(一三二一至一三二三)间新安虞氏刊本全相(犹今所谓绣像全图)平话五种，曰《武王伐纣书》，曰《乐毅图齐七国春秋后集》，曰《秦并六国》，曰《吕后斩韩信前汉书续集》，曰《三国志》，每集各三卷(《斯文》第八编第六号，盐谷温《关于明的小说"三言"》)，今惟《三国志》有印本(盐谷博士影印本及商务印书馆翻印本)，他四种未能见。其《全相三国志平话》分为上下二栏，上栏为图，下栏述事，以桃园结义始，孔明病殁终。而开篇亦先叙汉高祖杀戮功臣，玉皇断狱，令韩信转生为曹操，彭越为刘备，英布为孙权，高祖则为献帝，立意与《五代史平话》无异。惟文笔则远不逮，词不达意，粗具梗概而已，如述"赤壁鏖兵"云：

> 却说武侯过江到夏口，曹操舡上高叫"吾死矣！"众军曰，"皆是蒋干。"众官乱刀锉蒋干为万段。曹操

上舡，荒速夺路，走出江口，见四面舡上，皆为火也。见数十只舡，上有黄盖言曰，“斩曹贼，使天下安若太山！”曹相百官，不通水战，众人发箭相射。却说曹操措手不及，四面火起，前又相射。曹操欲走，北有周瑜，南有鲁肃，西有陵统甘宁，东有张昭吴苞，四面言杀。史官曰：“倘非曹公家有五帝之分，孟德不能脱。”曹操得命，西北而走，至江岸，众人撮曹公上马。却说黄昏火发，次日斋时方出，曹操回顾，尚见夏口舡上烟焰张天，本部军无一万。曹相望西北而走，无五里，江岸有五千军，认得是常山赵云，拦住，众官一齐攻击，曹相撞阵过去。……至晚，到一大林。……曹公寻滑荣路去，行无二十里，见五百校刀手，关将拦住。曹相用美言告云长，“看操亭侯有恩。”关公曰：“军师严令。”曹公撞阵却过。说话间，面生尘雾，使曹公得脱。关公赶数里复回，东行无十五里，见玄德，军师。是走了曹贼，非关公之过也。言使人小着玄德（案此句不可解）。众问为何。武侯曰，“关将仁德之人，往日蒙曹相恩，其此而脱矣。”关公闻言，忿然上马，告主公复追之。玄德曰，“吾弟性匪石，宁奈不倦。”军师言，“诸葛赤（亦？）去，万无一失。”……（卷中十八至十九页）

观其简率之处，颇足疑为说话人所用之话本，由此推演，大加波澜，即可以愉悦听者，然页必有图，则仍亦供人阅览之书也。余四种恐亦此类。

说《三国志》者，在宋已甚盛，盖当时多英雄，武勇智术，瑰伟动人，而事状无楚汉之简，又无春秋列国之繁，故尤宜于讲说。东坡（《志林》六）谓，“王彭尝云，途巷中小儿薄劣，其家所厌苦，辄与钱，令聚坐听说古话，至说三国事，闻刘玄德败，频蹙眉，有出涕者，闻曹操败，即喜唱快。以是知君子小人之泽，百世不斩。”在瓦舍，“说三分”为说话之一专科，与“说《五代史》”并列（《东京梦华录》五）。金元杂剧亦常用三国时事，如《赤壁鏖兵》《诸葛亮秋风五丈原》《隔江斗智》《连环计》《复夺受禅台》等，而今日搬演为戏文者尤多，则为世之所乐道可知也。其在小说，乃因有罗贯中本而名益显。

贯中，名本，钱唐人（明郎瑛《七修类稿》二十三田汝成《西湖游览志余》二十五胡应麟《少室山房笔丛》四十一），或云名贯，字贯中（明王圻《续文献通考》一百七十七），或云越人，生洪武初（周亮工《书影》），盖元明间人（约一三三〇至一四〇〇）。所著小说甚夥，明时云有数十种（《志余》），今存者《三国志演义》之外，尚有《隋唐志传》《残唐五代史演义》《三遂平妖传》《水浒传》等；亦能词曲，有杂剧《龙虎风云会》（目见《元人杂剧选》）。然今所传诸小说，皆屡经后人增损，真面殆无从复见矣。

罗贯中本《三国志演义》，今得见者以明弘治甲寅（一四九四）刊本为最古，全书二十四卷，分二百四十回，题曰“晋平阳侯陈寿史传，后学罗本贯中编次”。起于汉灵帝中平元年“祭天地桃园结义”，终于晋武帝太康元年“王濬计取石头城”，凡首尾九十七年（一八四至二八〇）事实，皆排比陈寿《三国志》及裴松之注，间亦仍采平话，又加推演而作之；论断颇取陈裴及习凿齿孙盛语，且更盛引“史官”及“后人”诗。然据旧史即难于抒写，杂虚辞复易滋混淆，故明谢肇淛（《五杂俎》十五）既以为“太实则近腐”，清章学诚(《丙辰札记》)又病其“七实三虚惑乱观者”也。至于写人，亦颇有失，以致欲显刘备之长厚而似伪，状诸葛之多智而近妖；惟于关羽，特多好语，义勇之概，时时如见矣。如叙羽之出身丰采及勇力云：

……阶下一人大呼出曰，“小将愿往，斩华雄头献于帐下！”众视之：见其人身长九尺五寸，髯长一尺八寸，丹凤眼，卧蚕眉，面如重枣，声似巨钟，立于帐前。绍问何人。公孙瓒曰，“此刘玄德之弟关某也。”绍回见居何职。瓒曰，“跟随刘玄德充马弓手。”帐上袁术大喝曰，“汝欺吾众诸侯无大将耶？量一弓手，安敢乱言。与我乱棒打出！”曹操急止之曰，“公路息怒，此人既出大言，必有广学；试教出马，如其不胜，诛亦未迟。”……关某曰，“如不胜，请斩我头。”操教酾热酒一杯，与关某饮了上马。关某曰，“酒且斟下，某去便来。”出帐提刀，飞身上马。众诸侯听得寨外鼓声大震，喊声大举，如天摧地塌，岳撼山崩。众皆失惊，却欲探听。鸾铃响处，马到中军，云长提华雄之头，掷于地上；其酒尚温。……(第九回《曹操起兵伐董卓》)

又如曹操赤壁之败，孔明知操命不当尽，乃故使羽扼华容道，俾得纵之，而又故以军法相要，使立军令状而去，此叙孔明止见狡狯，而羽之气概则凛然，与元刊本平话，相去远矣：

……华容道上，三停人马，一停落后，一停填了坑堑，一停跟随曹操过险峻，路稍平妥。操回顾，止有三百余骑随后，并无衣甲袍铠整齐者。……又行不到数里，操在马上加鞭大笑。众将问丞相笑者何故。操曰，“人皆言诸葛亮周瑜足智多谋，吾笑其无能为也。今此一败，吾自是欺敌之过，若使此处伏一旅之师，吾等皆束手受缚矣。”言未毕，一声炮响，两边五百校刀手摆列，当中关云长提青龙刀，跨赤兔马，截住去路。操军见了，亡魂丧胆，面面相觑，皆不能言。操在人丛中曰，“既到此处，只得决一死战。”众将曰：“人纵然不怯，马力乏矣：战则必死。”程昱曰：“某知云长傲上而不忍下，欺强而不凌弱，人有患难，必须救之，仁义播于天下。丞相旧日有恩在彼处，何不亲自告之，必脱此难矣。”操从其说，即时纵马向前，欠身与云长曰：“将军别来无恙?”云长亦欠身答曰，“关某奉军师将令，等候丞相多时。”操曰，“曹操兵败势危，到此无路，望将军以昔日之言为重。”云长答曰，“昔日关某虽蒙丞相厚恩，某曾解白马之危以报之。今日奉命，岂敢为私乎?”操曰，“五关斩将之时，还能记否？古之人大丈夫处世，必以信义为重；将军深明《春秋》，岂不知庾公之斯追子濯孺子者乎?”云长闻之，低首良久不语。当时曹操引这件事，说犹未了，云长是个义重如山之人，又见曹军惶惶，皆欲垂泪，云长思起五关斩将放他之恩，如何不动心，于是把马头勒回，与众军曰，“四散摆开!”这个分明是放曹操的意。操见云长勒回马，便和众将一齐冲将过去，云长回身时，前面众将已自护送操过去了。云长大喝一声，众皆下马，哭拜于地，云长不忍杀之，正犹豫中，张辽纵马至，云长见了，亦动故旧之心，长叹一声，并皆放之。后来史官有诗曰：

彻胆长存义，终身思报恩，威风齐日月，名誉震乾坤，忠勇高三国，神谋陷七屯，至今千古下，军旅拜英魂。（第一百回《关云长义释曹操》）

弘治以后，刻本甚多，即以明代而论，今尚未能详其凡几种（详见《小说月报》二十卷十号郑振铎《三国志演义的演化》）。迨清康熙时，茂苑毛宗岗字序始师金人瑞改《水浒传》及《西厢记》成法，即旧本遍加改窜，自云得古本，评刻之，亦称"圣叹外书"，而一切旧本乃不复行。凡所改定，就其序例可见，约举大端，则一曰改，如旧本第百五十九回《废献帝曹丕篡汉》本言曹后助兄斥献帝，毛本则云助汉而斥丕。二曰增，如第百六十七回《先主夜走白帝城》本不涉孙夫人，毛本则云"夫人在吴闻猇亭兵败，讹传先主死于军中，遂驱兵至江边，望西遥哭，投江而死"。三曰削，如第二百五回《孔明火烧木栅寨》本有孔明烧司马懿于上方谷时，欲并烧魏延，第二百三十四回《诸葛瞻大战邓艾》有艾贻书劝降，瞻览毕狐疑，其子尚诘责之，乃决死战，而毛本皆无有。其余小节，则一者整顿回目，二者修正文辞，三者削除论赞，四者增删琐事，五者改换诗文而已。

《隋唐志传》原本未见，清康熙十四年(一六七五)长洲褚人获有改订本，易名《隋唐演义》，序有云，"《隋唐志传》创自罗氏，纂辑于林氏，可谓善矣。然始于隋宫剪彩，则前多阙略，厥后补缀唐季一二事，又零星不联属，观者犹有议焉。"其概要可识矣。

《隋唐演义》计一百回，以隋主伐陈开篇，次为周禅于隋，隋亡于唐，武后称尊，明皇幸蜀，杨妃缢于马嵬，既复两京，明皇退居西内，令道士求杨妃魂，得见张果，因知明皇杨妃为隋炀帝朱贵儿后身，而全书随毕。凡隋唐间英雄，如秦琼窦建德单雄信王伯当花木兰等事迹，皆于前七十回中穿插出之。其明皇杨妃再世姻缘故事，序言得之袁于令所藏《逸史》，喜其新异，因以入书。此他事状，则多本正史纪传，且益以唐宋杂说，如隋事则《大业拾遗记》《海山记》《迷楼记》《开河记》，唐事则《隋唐嘉话》《明皇杂录》《常侍言旨》《开天传信记》《次柳氏旧闻》《长恨歌传》《开元天宝遗事》及《梅妃传》《太真外传》等，叙述多有来历，殆不亚于《三国志演义》。惟其文笔，乃纯如明季时风，浮艳在肤，沉著不足，罗氏轨范，殆已荡然，且好嘲戏，而精神反萧索矣。今举一例：

……一日玄宗于昭庆宫闲坐，禄山侍坐于侧旁，见他腹垂过膝，因指着戏说道，“此儿腹大如抱瓮，不知其中藏的何所有?”禄山拱手对道，“此中并无他物，惟有赤心耳；臣愿尽此赤心，以事陛下。”玄宗闻禄山所言，心中甚喜。那知道：

人藏其心，不可测识。自谓赤心，心黑如墨！

玄宗之待安禄山，真如腹心；安禄山之对玄宗，却纯是贼心狼心狗心，乃真是负心丧心。有心之人，方切齿痛心，恨不得即剖其心，食其心；亏他还哄人说是赤心。可笑玄宗还不觉其狼子野心，却要信他是真心，好不痴心。闲话少说。且说当日玄宗与安禄山闲坐了半晌，回顾左右，问妃子何在，此时正当春深时候，天气向暖，贵妃方在后宫坐兰汤洗浴。宫人回报玄宗说道，“妃子洗浴方完。”玄宗微笑说道：“美人新浴，正如出水芙蓉。”令宫人即宣妃子来，不必更洗梳妆。少顷，杨妃来到。你道他新浴之后，怎生模样？有一曲《黄莺儿》说得好：

皎皎如玉，光嫩如莹，体愈香，云鬓慵整偏娇样。罗裙厌长，轻衫取凉，临风小立神骀宕。细端详：芙蓉出水，不及美人妆。（第八十三回）

《残唐五代史演义》未见，日本《内阁文库书目》云二卷六十回，题罗本撰，汤显祖批评。

《北宋三遂平妖传》原本亦不可见，较先之本为四卷二十回，序云王慎修补，记贝州王则以妖术变乱事。《宋史》（二百九十二《明镐传》）言则本涿州人，岁饥，流至恩州（唐为贝州），庆历七年僭号东平郡王，改元得圣，六十六日而平。小说即本此事，开篇为汴州胡浩得仙画，其妇焚之，灰绕于身，因孕，生女，曰永儿，有妖狐圣姑姑授以道法，遂能为纸人豆马。王则则贝州军排，后娶永儿，术人弹子和尚张鸾卜吉左黜皆来见，云则当王，会知州贪酷，遂以术运库中钱米买军倡乱。已而文彦博率师讨之，其时张鸾卜吉弹子和尚见则无道，皆先去，而文彦博军尚不能克。幸得弹子和尚化身诸葛遂智助文，镇伏邪法；马遂诈降击则裂其唇，使不能持咒；李遂又率掘子军作地道入城；乃擒则及永儿。奏功者三人皆名遂，故曰《三遂平妖传》也。

《平妖传》今通行本十八卷四十回，有楚黄张无咎序，云是龙子犹所补。其本成于明泰昌元年(一六二〇),前加十五回,记袁公受道法于九天玄女,复为弹子和尚所盗,及妖狐圣姑姑炼法事。他五回则散入旧本各回间,多补述诸怪民道术。事迹于意造而外,亦采取他杂说,附会入之。如第二十九回叙杜七圣卖符,并呈幻术,断小儿首,覆以衾即复续,而偶作大言,为弹子和尚所闻,遂摄小儿生魂,入面店覆楪子下,杜七圣咒之再三,儿竟不起。

> 杜七圣慌了,看着那看的人道,"众位看官在上,道路虽然各别,养家总是一般,只因家火相逼。适间言语不到处,望看官们恕罪则个。这番教我接了头,下来吃杯酒,四海之内,皆相识也。"杜七圣伏罪道,"是我不是了,这番接上了。"只顾口中念咒,揭起卧单看时,又接不上。杜七圣焦躁道,"你教我孩儿接不上头,我又求告你再三,认自己的不是,要你恕饶,你却直恁的无理。"便去后面笼儿内取出一个纸包儿来,就打开,撮出一颗葫芦子,去那地上,把土来掘松了,把那颗葫芦子埋在地下,口中念念有词,喷上一口水,喝声"疾!"可霎作怪:只见地下生出一条藤儿来,渐渐的长大,便生枝叶,然后开花,便见花谢,结一个小葫芦儿。一伙人见了,都喝采道,"好!"杜七圣把那葫芦儿摘下来,左手提着葫芦儿,右手拿着刀,道,"你先不近道理,收了我孩儿的魂魄,教我接不上头,你也休想在世上活了!"向着葫芦儿,拦腰一刀,剁下半个葫芦儿来。却说那和尚在楼上,拿起面来却待要吃;只见那和尚的

头从腔子上骨碌碌滚将下来。一楼上吃面的人都吃一惊,小胆的丢了面跑下楼去了,大胆的立住了脚看。只见那和尚慌忙放下碗和箸,起身去那楼板上摸,一摸摸着了头,双手捉住两只耳朵,掇那头安在腔子上,安得端正,把手去摸一摸。和尚道:“我只顾吃面,忘还了他的儿子魂魄,”伸手去揭起楪儿来。这里却好揭得起楪儿,那里杜七圣的孩儿早跳起来;看的人发声喊。杜七圣道,“我从来行这家法术,今日撞着师父了。”……(第二十九回下《杜七圣狠行续头法》)

此盖相传旧话,尉迟偓(《中朝故事》)云在唐咸通中,谢肇淛(《五杂俎》六)又以为明嘉靖隆庆间事,惟术人无姓名,僧亦死,是书略改用之。马遂击贼被杀则当时事实,宋郑獬有《马遂传》。

第十五篇　元明传来之讲史(下)

《水浒》故事亦为南宋以来流行之传说，宋江亦实有其人。《宋史》(二十二)载徽宗宣和三年“淮南盗宋江等犯淮阳军，遣将讨捕，又犯京东，江北，入楚海州界，命知州张叔夜招降之”。降后之事，则史无文，而稗史乃云“收方腊有功，封节度使”(见十三篇)。然擒方腊者盖韩世忠(《宋史》本传)，于宋江辈无与，惟《侯蒙传》(《宋史》三百五十一)又云，“宋江寇京东，蒙上书，言宋江以三十六人横行齐魏，官军数万，无敢抗者，不若赦江，使讨方腊以自赎。”似即稗史所本。顾当时虽有此议，而实未行，江等且竟见杀。洪迈《夷坚乙志》(六)言，“宣和七年，户部侍郎蔡居厚罢，知青州，以病不赴，归金陵，疽发于背，卒。未几，其所亲王生亡而复醒，见蔡受冥谴，嘱生归告其妻，云‘今只是理会郓州事’。夫人恸哭曰，‘侍郎去年帅郓时有梁山泺贼五百人受降，既而悉诛之，吾屡谏，不听也。……’”《乙志》成于乾道二年，去宣和六年不过四十余年，耳目甚近，冥谴固小说家言，杀降则不容虚造，山泺健儿终局，盖如是而已。

然宋江等啸聚梁山泺时，其势实甚盛，《宋史》(三百五十三）亦云“转略十郡，官军莫敢撄其锋”。于是自有奇闻异说，生于民间，辗转繁变，以成故事，复经好事者掇拾粉饰，而文籍以出。宋遗民龚圣与作《宋江三十六人赞》，自序已云“宋江事见于街谈巷语，不足采著，虽有高如李嵩辈传写，士大夫亦不见黜”（周密《癸辛杂识》续集上）。今高李所作虽散失，然足见宋末已有传写之书。《宣和遗事》由钞撮旧籍而成，故前集中之梁山泺聚义始末，或亦为当时所传写者之一种，其节目如下：

> 杨志等押花石纲阻雪违限　杨志途贫卖刀杀人刺配卫州　孙立等夺杨志往太行山落草　石碣村晁盖伙劫生辰纲　宋江通信晁盖等脱逃　宋江杀阎婆惜题诗于壁　宋江得天书有三十六将姓名　宋江奔梁山泺寻晁盖　宋江三十六将共反　宋江朝东岳赛还心愿　张叔夜招宋江三十六将降　宋江收方腊有功封节度使

惟《宣和遗事》所载，与龚圣与赞已颇不同：赞之三十六人中有宋江，而《遗事》在外；《遗事》之吴加亮李进义李海阮进关必胜王雄张青张岑，赞则作吴学究卢进义李俊阮小二关胜杨雄张清张横；诨名亦偶异。又元人杂剧亦屡取水浒故事为资材，宋江燕青李逵尤数见，性格每与在今本《水浒传》中者差违，但于宋江之仁义长厚无异词，而陈泰（茶陵人，元延祐乙卯进士）记所闻于篙师者，则云“宋之为人勇悍狂侠”（《所安遗集补遗·江南曲序》），与他书又正反。意者此种故事，当时载在人口者必甚多，虽或已有种种书本，而失之简略，或多舛迕，于是又复有人起而荟萃取舍之，缀为巨袟，使较有条理，可观览，是为后来之大部《水浒传》。其缀集者，或曰罗贯中（王圻田汝成郎瑛说），或曰施耐庵（胡应麟说），或曰施作罗编（李贽说），或曰施作罗续（金人瑞说）。

原本《水浒传》今不可得，周亮工（《书影》一）云“故老传闻，罗氏为《水浒传》一百回，各以妖异语引其首，嘉靖时郭武定重刻其书，削其致语，独存本传”。所削者盖即“灯花婆婆等事”（《水浒传全书》发凡），本亦宋人单篇词话（《也是园书目》十），而罗氏袭用之，其他不可考。

现存之《水浒传》则所知者有六本，而最要者四：

一曰一百十五回本《忠义水浒传》。前署“东原罗贯中编辑”，明崇祯末与《三国演义》合刻为《英雄谱》，单行本未见。其书始于洪太尉之误走妖魔，而次以百八人渐聚山泊，已而受招安，破辽，平田虎王庆方腊，于是智深坐化于六和，宋江服毒而自尽，累显灵应，终为神明。惟文词蹇拙，体制纷纭，中间诗歌，亦多鄙俗，甚似草创初就，未加润色者，虽非原本，盖近之矣。其记林冲以忤高俅断配沧州，看守大军草场，于大雪中出危屋觅酒云：

> ……却说林冲安下行李，看那四下里都崩坏了，自思曰，“这屋如何过得一冬，待雪晴了叫泥水匠来修理。”在土炕边向了一回火，觉得身上寒冷，寻思“却才老军说（五里路外有市井），何不去沽些酒来吃？”便把花枪挑了酒葫芦出来，信步投东，不上半里路，看见一所古庙，林冲拜曰，“愿神明保祐，改日来烧纸。”却又行一里，见一簇店家，林冲径到店里。店家曰，“客人

那里来?"林冲曰,"你不认得这个葫芦?"店家曰,"这是草场老军的。既是大哥来此,请坐,先待一席以作接风之礼。"林冲吃了一回,却买一腿牛肉,一葫芦酒,把花枪挑了便回,已晚,奔到草场看时,只叫得苦。原来天理昭然,庇护忠臣义士,这场大雪,救了林冲性命:那两间草厅,已被雪压倒了。……(第九回《豹子头刺陆谦富安》)

又有一百十回之《忠义水浒传》,亦《英雄谱》本,"内容与百十五回本略同"(《胡适文存》三)。别有一百二十四回之《水浒传》,文词脱略,往往难读,亦此类。

二曰一百回本《忠义水浒传》。前署"钱塘施耐庵的本,罗贯中编次"(《百川书志》六)。即明嘉靖时武定侯郭勋家所传之本,"前有汪太函序,托名天都外臣者"(《野获编》五)。今未见。别有本亦一百回,有李贽序及批点,殆即出郭氏本,而改题为"施耐庵集撰,罗贯中纂修"。然今亦难得,惟日本尚有亨保戊申(一七二八)翻刻之前十回及宝历九年(一七五九)续翻之十一至二十回,亦始于误走妖魔而继以鲁达林冲事迹,与百十五回本同;第五回于鲁达有"直教名驰塞北三千里,证果江南第一州"之语,即指六和坐化故事,则结束当亦无异。惟于文辞,乃大有增删,几乎改观,除去恶诗,增益骈语;描写亦愈入细微,如述林冲雪中行沽一节,即多于百十五回本者至一倍余:

……只说林冲就床上放了包裹被卧,就坐下生些焰火起来,屋边有一堆柴炭,拿几块来生在地炉里;仰面看那草屋时，四下里崩坏了，又被朔风吹撼摇振得动。林冲道，“这屋如何过得一冬，待雪晴了，去城中唤个泥水匠来修理。”向了一回火，觉得身上寒冷，寻思“却才老军所说五里路外有那市井，何不去沽些酒来吃？”便去包里取些碎银子，把花枪挑了酒葫芦，将火炭盖了，取毡笠子戴上，拿了钥匙出来，把草厅门拽上，出到大门首，把两扇草场门反拽上，锁了，带了钥匙，信步投东，雪地里踏着碎琼乱玉，迤逦背着北风而行，——那雪正下得紧。行不上半里多路，看见一所古庙，林冲顶礼道，“神明庇佑，改日来烧钱纸。”又行了一回，望见一簇人家，林冲住脚看时，见篱笆中挑着一个草帚儿在露天里。林冲径到店里；主人道，“客人那里来？”林冲道，“你认得这个葫芦么？”主人看了，道，“这葫芦是草料场老军的。”林冲道，“如何？便认的。”店主道，“既是草料场看守大哥，且请少坐，天气寒冷，且酌三杯权当接风。”店家切一盘熟牛肉，烫一壶热酒，请林冲。又自买了些牛肉，又吃了数杯，就又买了一葫芦酒，包了那两块牛肉，留下些碎银子，把花枪挑了酒葫芦，怀内揣了牛肉，叫声“相扰”，便出篱笆门，依旧迎着朔风回来。看那雪，到晚越下的紧了。古时有个书生，做了一个词，单题那贫苦的恨雪：

广莫严风刮地，这雪儿下的正好，扯絮挦绵，裁几片大如栲栳，见林间竹屋茅茨，争些儿被他压倒。富室豪家，却道是“压瘴犹嫌少”，向的是兽炭红炉，穿的是棉衣絮袄，手拈梅花，唱道“国家祥瑞”，不念贫民些小。高卧有幽人,吟咏多诗草。

再说林冲踏着那瑞雪,迎着北风,飞也似奔到草场门口,开了锁,入内看时,只叫得苦。原来天理昭然,佑护善人义士,因这场大雪,救了林冲的性命:那两间草厅,已被雪压倒了。……(第十回《林教头风雪山神庙》)

三曰一百二十回本《忠义水浒全书》。亦题“施耐庵集撰,罗贯中纂修”,与李贽序百回本同。首有楚人杨定见序,自云事李卓吾,因袁无涯之请而刻此传;次发凡十条;次为《宣和遗事》中之梁山泺本末及百八人籍贯出身。全书自首至受招安,事略全同百十五回本,破辽小异,且少诗词,平田虎王庆则并事略亦异,而收方腊又悉同。文词与百回本几无别,特于字句稍有更定,如百回本中“林冲道,‘如何?便认的。’”此则作“林冲道,‘原来如此。’”诗词又较多,则为刊时增入,故发凡云,“旧本去诗词之烦芜,一虑事绪之断,一虑眼路之迷,颇直截清明,第有得此以形容人态,颇挫文情者,又未可尽除,兹复为增定,或撺原本而进所有,或逆古意而益所无,惟周劝惩,兼善戏谑”也。亦有李贽评,与百回本不同,而两皆弇陋,盖即叶昼辈所伪托(详见《书影》一)。

发凡又云,“古本有罗氏致语,相传灯花婆婆等事,既不可复见,乃后人有因‘四大寇’之拘而酌损之者,有嫌一百二十回之繁而淘汰之者,皆失。郭武定本即旧本移置阎婆事,甚善,其于寇中去王田而加辽国,犹是小家照应之法,不知大手笔者正不尔尔。”是知《水浒》有古本百回,当时“既不可复见”;又有旧本,似百二十回，中有“四大寇”，盖谓王田方及宋江，即柴进见于白屏风上御书者（见百十五回本之六十七回及《水浒全书》七十二回）。郭氏本始破其拘，削王田而加辽国，成百回；《水浒全书》又增王田，仍存辽国，复为百二十回，而宋江乃始退居于四寇之外。然《宣和遗事》所谓“三路之寇”者，实指攻夺淮阳京西河北三路强人，皆宋江属，不知何人误读，遂以王庆田虎辈当之。然破辽故事虑亦非始作于明，宋代外敌凭陵，国政弛废，转思草泽，盖亦人情，故或造野语以自慰，复多异说，不能合符，于是后之小说，既以取舍不同而纷歧，所取者又以话本非一而违异，田虎王庆在百回本与百十七回本名同而文迥别，殆亦由此而已。惟其后讨平方腊，则各本悉同，因疑在郭本所据旧本之前，当又有别本，即以平方腊接招安之后，如《宣和遗事》所记者，于事理始为密合，然而证信尚缺，未能定也。

总上五本观之，知现存之《水浒传》实有两种，其一简略，其一繁缛。胡应麟（《笔丛》四十一）云，“余二十年前所见《水浒传》本尚极足寻味，十数载来，为闽中坊贾刊落，止录事实，中间游词余韵神情寄寓处一概删之，遂既不堪覆瓿，复数十年，无原本印证，此书将永废。”应麟所见本，今莫知如何，若百十五回简本，则成就殆当先于繁本，以其用字造句，与繁本每有差违，倘是删存，无烦改作也。又简本撰人，止题罗贯中，周亮工闻于故老者亦第云罗氏，比郭氏本出，始着耐庵，因疑施乃演为繁本者之托名，当是后起，非古本所有。后人见繁本题施作罗编，未及悟其依托，遂或意为敷衍，定耐庵与贯中同籍，为钱塘人（明高儒《百川书志》六），且是其师。胡应麟（《笔丛》四十一）亦信所见《水浒传》小序，谓耐庵“尝入市肆细阅故书，于敝楮中得宋张叔夜禽贼招语一通，备悉其一百八人所由起，因润饰成此编”。且云“施某事见田叔禾《西湖志余》”，而《志余》中实无有，盖误记也。近吴梅著《顾曲麈谈》，云“《幽闺记》为施君美作。君美，名惠，即作《水浒传》之耐庵居士也。”案惠亦杭州人，然其为耐庵居士，则不知本于何书，故亦未可轻信矣。

四曰七十回本《水浒传》。正传七十回楔子一回，实七十一回，有原序一篇，题“东都施耐庵撰”，为金人瑞字圣叹所传，自云得古本，止七十回，于宋江受天书之后，即以卢俊义梦全伙被缚于嵇叔夜终，而指招安以下为罗贯中续成，斥曰“恶札”。其书与百二十回本之前七十回无甚异，惟刊去骈语特多，百廿回本发凡有“旧本去诗词之繁累”语，颇似圣叹真得古本，然文中有因删去诗词，而语气遂稍参差者，则所据殆仍是百回本耳。周亮工（《书影》一）记《水浒传》云，“近金圣叹自七十回之后，断为罗所续，因极口诋罗，复伪为施序于前，此书遂为施有矣。”二人生同时，其说当可信。惟字句亦小有佳处，如第五回叙鲁智深诘责瓦官寺僧一节云：

……智深走到面前，那和尚吃了一惊，跳起身来，便道，“请师兄坐，同吃一盏。”智深提着禅杖道，“你这两个，如何把寺来废了？”那和尚便道，“师兄请坐，听小僧……”智深睁着眼道，“你说你说！”“……说：在先敝寺，十分好个去处，田庄又广，僧众极多，只被廊下那几个老和尚吃酒撒泼，将钱养女，长老禁约他们不得，又把长老排告了出去，因此把寺来都废了。……”

圣叹于“听小僧……”下注云“其语未毕”，于“……说”下又多所申释，而终以“章法奇绝从古未有”誉之，疑此等“奇绝”，正圣叹所为，其批改《西厢记》亦如此。此文在百回本，为“那和尚便道，‘师兄请坐，听小僧说。’智深睁着眼道，‘你说你说！’那和尚道，‘在先敝寺，十分好个去处，田庄广有，僧众极多……’”云云，在百十五回本，则并无智深睁眼之文，但云“那和尚曰：‘师兄听小僧说：在先敝寺，田庄广有，僧众也多……’”而已。

至于刊落之由，什九常因于世变，胡适(《文存》三)说，“圣叹生在流贼遍天下的时代，眼见张献忠李自成一班强盗流毒全国，故他觉得强盗是不能提倡的，是应该口诛笔伐的。”故至清，则世异情迁，遂复有以为“虽始行不端，而能翻然悔悟，改弦易辙，以善其修，斯其意固可嘉，而其功诚不可泯”者，截取百十五回本之六十七回至结末，称《后水浒》，一名《荡平四大寇传》，附刊七十回之后以行矣。其卷首有乾隆壬子(一七九二)赏心居士序。

清初，有《后水浒传》四十回，云是“古宋遗民著，雁宕山樵评”，盖以续百回本。其书言宋江既死，余人尚为宋御金，然无功，李俊遂率众浮海，王于暹罗，结末颇似杜光庭之《虬髯传》。古宋遗民者，本书卷首《论略》云“不知何许人，以时考之，当去施罗未远，或与之同时，不相为下，亦未可知”。然实乃陈忱之托名；忱字遐心，浙江乌程人，生平著作并佚，惟此书存，为明末遗民(《两浙輶轩录》补遗一《光绪嘉兴府志》五十三)，故虽游戏之作，亦见避地之意矣。然至道光中，有山阴俞万春作《结水浒传》七十回，结子一回，亦名《荡寇志》，则立意正相反，使山泊首领，非死即诛，专明“当年宋江并没有受招安平方腊的话，只有被张叔夜擒拿正法一句话”，以结七十回本。俞万春字仲华，别号忽来道人，尝随其父宦粤。瑶民之变，从征有功议叙，后行医于杭州，晚年乃奉道释，道光己酉（一八四九）卒。《荡寇志》之作，始于丙戌而迄于丁未，首尾凡二十二年，“未遑修饰而殁”，咸丰元年（一八五一），其子龙光始修润而刻之（本书识语）。书中造事行文，有时几欲摩前传之垒，采录景象，亦颇有施罗所未试者，在纠缠旧作之同类小说中，盖差为佼佼者矣。

此外讲史之属，为数尚多。明已有荒古虞夏（周游《开辟演义》钟惺《开辟唐虞传》及《有夏志传》），东西周（《东周列国志》《西周志》《四友传》），两汉（袁宏道评《两汉演义传》），两晋（《西晋演义》《东晋演义》），唐（熊钟谷《唐书演义》），宋（尺蠖斋评释《两宋志传》）诸史事平话，清以来亦不绝，且或总揽全史（《二十四史通俗演义》），或订补旧文（两汉两晋隋唐等），然大抵效《三国志演义》而不及，虽其上者，亦复拘牵史实，袭用陈言，故既拙于措辞，又颇惮于叙事，蔡奡《东周列国志读法》云，“若说是正经书，却毕竟是小说样子，……但要说他是小说，他却件件从经传上来。”本以美之，而讲史之病亦在此。

至于叙一时故事而特置重于一人或数人者，据《梦粱录》（二十）讲史条下云，“有王六大夫，于咸淳年间敷衍《复华篇》及《中兴名将传》，听者纷纷。”则亦当隶于讲史。《水浒传》即其一，后出者尤夥。较显者有《皇明英烈传》一名《云合奇踪》，武定侯郭勋家所传，记明开国武烈，而特扬其先祖郭英之功；后有《真英烈传》，则反其事而詈之。有《宋武穆王演义》，熊大本编，有《岳王传演义》，余应鳌编，又有《精忠全传》，邹元标编，皆记宋岳飞功绩及冤狱；后有《说岳全传》，则就其事而演之。清有

《女仙外史》,作者吕熊(刘廷玑《在园杂志》云),述青州唐赛儿之乱;有《梼杌闲评》,无作者名,记魏忠贤客氏之恶。其于武勇,则有叙唐之薛家(《征东征西全传》),宋之杨家(《杨家将全传》)及狄青辈(《五虎平西平南传》)者,文意并拙,然盛行于里巷间。其他托名故实,而借以腾谤报怨之作亦多,今不复道。

第十六篇　明之神魔小说(上)

奉道流羽客之隆重，极于宋宣和时，元虽归佛，亦甚崇道，其幻惑故遍行于人间，明初稍衰，比中叶而复极显赫，成化时有方士李孜，释继晓，正德时有色目人于永，皆以方伎杂流拜官，荣华熠耀，世所企羡，则妖妄之说自盛，而影响且及于文章。且历来三教之争，都无解决，互相容受，乃曰"同源"，所谓义利邪正善恶是非真妄诸端，皆混而又析之，统于二元，虽无专名，谓之神魔，盖可赅括矣。其在小说，则明初之《平妖传》已开其先，而继起之作尤夥。凡所敷叙，又非宋以来道士造作之谈，但为人民闾巷间意，芜杂浅陋，率无可观。然其力之及于人心者甚大，又或有文人起而结集润色之，则亦为鸿篇巨制之胚胎也。

汇此等小说成集者，今有《四游记》行于世，其书凡四种，著者三人，不知何人编定，惟观刻本之状，当在明代耳。一曰《上洞八仙传》，亦名《八仙出处东游记传》，二卷五十六回，题"兰江吴元泰著"。传言铁拐(姓李名玄)得道，度钟离权，权度吕洞宾，二人又共度韩湘曹友，张果蓝采和何仙姑则别成道，是为八仙。一日俱赴蟠桃大会，归途各履宝物渡海，有龙子爱蓝采和所踏玉版，摄而夺之，遂大战，八仙“火烧东洋”，龙王败绩，请天兵来助，亦败，后得观音和解，乃各谢去，而“天渊迴别天下太平”之候，自此始矣。书中文言俗语间出，事亦往往不相属，盖杂取民间传说作之。

二曰《五显灵官大帝华光天王传》，即《南游记》，四卷十八回，题“三台山人仰止余象斗编”。象斗为明末书贾，《三国志演义》刻本上，尚见其名。书言有妙吉祥童子以杀独火鬼忤如来，贬为马耳娘娘子，是曰三眼灵光，具五神通，报父仇，游灵虚，缘盗金枪，为帝所杀；复生炎魔天王家，是为灵耀，师事天尊，又诈取其金刀，炼为金砖以作法宝，终闹天宫，上界鼎沸；玄天上帝以水服之，使走人间，托生萧氏，是为华光，仍有神通，与神魔战，中界亦鼎沸，帝乃赦之。华光因失金砖，复欲制炼，寻求金塔，遂遇铁扇公主，擒以为妻，又降诸妖，所向无敌，以忆其母，访于地府，复因争执，大闹阴司，下界亦鼎沸。已而知生母实妖也，名吉芝陀圣母，食萧长者妻，幻作其状，而生华光，然仍食人，为佛所执，方在地狱，受恶报也，华光乃救以去。

……却说华光三下酆都，救得母亲出来，十分欢悦。那吉芝陀圣母曰，“我儿你救得我出来，道好，我要讨岐娥吃。”华光问，“岐娥是甚么子，我儿媳俱不晓得。”母曰，“岐娥不晓得，可去问千里眼顺风耳。”华光即问二人。二人曰，“那岐娥是人，他又思量吃人。”华光听罢，对娘曰，“娘，你住酆都受苦，我孩儿用尽计较，救得你出来，如何又要吃人，此事万不可为。”母曰，“我要吃！不孝子，你没有岐娥与我吃，是谁要救我出来?”华光无奈,只推曰,“容两日讨与你吃。”……

(第十七回《华光三下酆都》)

于是张榜求医,有言惟仙桃可治者,华光即幻为齐天大圣状,窃而奉之,吉芝陀乃始不思食人。然齐天被嫌,询于佛母,知是华光,则来讨,为火丹所烧,败绩;其女月孛有骷髅骨,击之敌头即痛,二日死。华光被术,将不起,火炎王光佛出而议和,月孛削骨上击痕,华光始愈,终归佛道云。

明谢肇淛(《五杂俎》十五)以华光小说比拟《西游记》,谓“皆五行生克之理,火之炽也,亦上天下地,莫之扑灭,而真武以水制之,始归正道”。又于吉芝陀出狱即思食人事,则致慨于迁善之难,因知在万历时,此书已有。沈德符论剧曲(《野获编》二十五),亦有“华光显圣则太妖诞”语,是此种故事,当时且演为剧本矣。

其三曰《北方真武玄天上帝出身志传》,即《北游记》,四卷二十四回,亦余象斗编,记真武本身及成道降妖事。上帝为玄天之说,在汉已有(《周礼·大宗伯》郑氏注),然与后来之玄帝,实又不同。此玄帝真武者,盖起于宋代羽客之言,即《元洞玉历记》(《三教搜神大全》一引)所谓元始说法于玉清,下见恶风弥塞,乃命周武伐纣以治阳,玄帝收魔以治阴,“上赐玄帝披发跣足,金甲玄袍,皂纛玄旗,统领丁甲,下降凡世,与六天魔王战于洞阴之野,是时魔王以坎离二炁,化苍龟巨蛇,变现方成,玄帝神力摄于足下,锁鬼众于酆都大洞,人民治安,宇内清肃”者是也,元尝加封,明亦崇奉。此传所言,间符旧说,但亦时窃佛传,杂以鄙言,盛夸感应,如村巫庙祝之见。初谓隋炀帝时,玉帝当宴会之际，而忽思凡，遂以三魂之一，为刘氏子，如来三清并来点化，乃隐蓬莱；又以凡心，生哥阇国，次生西霞，皆是王子，蒙天尊教，舍国出家，功行既完，上谒玉帝，封荡魔天尊，令收天将；于是复生为净洛国王子，得斗母元君点化，入武当山成道。玄帝方升天宫，忽见妖气起于中界，知即天将，扰乱人间，乃复下凡，降龟蛇怪，服赵公明，收雷神，获月孛及他神将，引以朝天。玉帝即封诸神为玄天部将，计三十六员。然扬子江有锅及竹缆二妖，独逸去不可得，真武因指一化身，复入人世，于武当山镇守之。篇末则记永乐三年玄天助国却敌事，而下有"至今二百余载"之文，颇似此书流行，当在明季，然旧刻无后一语，可知有者乃后来增订之本矣。

四曰《西游记传》，四卷四十一回，"题齐云杨志和编，天水赵景真校"，叙孙悟空得道，唐太宗入冥，玄奘应诏求经，途中遇难，终达西土，得经东归者也。太宗之梦，唐人已言，张鷟《朝野佥载》云，"太宗至夜半奄然入定，见一人云，'陛下暂合来，还即去也。'帝问'君是何人？'对曰，'臣是生人判冥事。'太宗入见判官，问六月四日事，即令还，向见者又送迎引导出。"又有俗文，亦记斯事，有残卷从敦煌千佛洞得之（详见第十二篇）。至玄奘入竺，实非应诏，事具《唐书》（百九十一《方伎传》），又有专传曰《大慈恩寺三藏法师传》，在《佛藏》中，初无诸奇诡事，而后来稗说，颇涉灵怪。《大唐三藏取经诗话》已有猴行者深沙神及诸异境；金人院本亦有《唐三藏》（陶宗仪《辍耕录》）；元杂剧有吴昌龄《唐三藏西天取经》（钟嗣成《录鬼簿》），一名《西游记》（今有日本盐谷温校印本），其中收孙悟空，加戒箍，沙僧，猪八戒，红孩儿，铁扇公主等皆已见。似取经故事，自唐末以至宋元，乃渐渐演成神异，且能有条贯，小说家因亦得取为记传也。

全书之前九回为孙悟空得仙至被降故事，言有石猴，寻得水源，众奉为王，而复出山，就师悟道，以大神通，搅乱天地，玉帝不得已，封为齐天大圣，复扰蟠桃大会，帝命灌口二郎真君讨之，遂大战，悟空为所获，其叙当时战斗变化之状云：

> ……那小猴见真君到，急急报知猴王。猴王即掣起金箍棒，步上云履。二人相见，各言姓名，遂排开阵势，来往三百余合。二人各变身万丈，战入云端，离却洞口。……大圣正在开战，忽见本山众猴惊散，抽身就走；真君大步赶上，急走急追。大圣慌忙将身一变，入水中。真君道，"这猴入水必变鱼虾，待我变作鱼鹰逐他。"大圣见真君赶来，又变一鸨鸟，飞在树上，被真君拽弓一弹，打下草坡，遍寻不见，回转天王营中去说猴王败阵等事，又赶不见踪迹。天王把照妖镜一照，急云"妖猴往你灌口去了"。真君回灌口；猴王急变做真君模样，座在中堂，被二郎用一神枪，猴王让过，变出本相，二人对较手段，意欲回转花果山，奈四面天将围住念咒。忽然真君与菩萨在云端观看，见猴王精力将疲，老君掷下金刚圈，与猴王脑上一打。猴王跌倒在地，被真君神犬咬住胸肚子，又拖跌一交，却被真君兄弟等神枪刺住，把铁索绑缚。……（第七回《真君收捉猴王》）

然斫之无伤，炼之不死，如来乃压之五行山下，令待取经人。次四回即魏征斩龙，太宗入冥，刘全进瓜，及玄奘应诏西行：为求经之所由起。十四回以下则玄奘道中收徒及遇难故事，而以见佛得经东归证果终。徒有三，曰孙行者，猪八戒，沙僧，并得龙马；灾难三十余，其大者五庄观，平顶山，火云洞，通天河，毒敌山，六耳猕猴，小雷音寺等也。凡所记述，简略者多，但亦偶杂游词，以增笑乐，如写火云洞之战云：

……那山前山后土地，皆来叩头报名，"此处叫做枯松涧，涧边有一座山洞，叫做火云洞，洞有一位魔王，是牛魔王的儿子，叫做红孩儿。他有三昧真火，甚是利害。"行者听说，叱退土神，……与八戒同进洞中去寻，……那魔王分付小妖，推出五轮小车，摆下五方，遂提枪杀出，与行者战经数合，八戒助阵，魔王走转，把鼻子一捶，鼻中冒出火来，一时五轮车子，烈火齐起。八戒道，"哥哥快走！少刻把老猪烧得囫囵，再加香料，尽他受用。"行者虽然避得火烧，却只怕烟，二人只得逃转。……(第三十二回《唐三藏收妖过黑河》)

复请观世音至，化刀为莲台，诱而执之，既降复叛，则环以五金箍，洒以甘露，乃始两手相合，归落伽山云。《西游记》杂剧中《鬼母皈依》一出，即用揭钵盂救幼子故事者，其中有云，"告世尊，肯发慈悲力。我着唐三藏西游便回，火孩儿妖怪放生了他。到前面，须得二圣郎救了你。"(卷三)而于此乃改为牛魔王子，且与参善知识之善才童子相混矣。

第十七篇　明之神魔小说（中）

又有一百回本《西游记》，盖出于四十一回本《西游记传》之后，而今特盛行，且以为元初道士邱处机作。处机固尝西行，李志常记其事为《长春真人西游记》，凡二卷，今尚存《道藏》中，惟因同名，世遂以为一书；清初刻《西游记》小说者，又取虞集撰《长春真人西游记》之序文冠其首，而不根之谈乃愈不可拔也。

然至清乾隆末，钱大昕跋《长春真人西游记》（《潜研堂文集》二十九）已云小说《西游演义》是明人作；纪昀（《如是我闻》三）更因"其中祭赛国之锦衣卫，朱紫国之司礼监，灭法国之东城兵马司，唐太宗之大学士翰林院中书科，皆同明制"，决为明人依托，惟尚不知作者为何人。而乡邦文献，尤为人所乐道，故是后山阳人如丁晏（《石亭记事续编》）阮葵生（《茶余客话》）等，已皆探索旧志，知《西游记》之作者为吴承恩矣。吴玉搢（《山阳志遗》）亦云然，而尚疑是演邱处机书，犹罗贯中之演陈寿《三国志》者，当由未见二卷本，故其说如此；又谓"或云有《后西游记》，为射阳先生撰"，则第志俗说而已。

吴承恩字汝忠，号射阳山人，性敏多慧，博极群书，复善谐剧，著杂记数种，名震一时，嘉靖甲辰岁贡生，后官长兴县丞，隆庆初归山阳，万历初卒（约一五一〇至一五八〇）。杂记之一即《西游记》（见《天启淮安府志》一六及一九《光绪淮安府志》贡举表），余未详。又能诗，其“词微而显，旨博而深”（陈文烛序语），为有明一代淮郡诗人之冠，而贫老乏嗣，遗稿多散佚，邱正纲收拾残缺为《射阳存稿》四卷《续稿》一卷，吴玉搢尽收入《山阳耆旧集》中（《山阳志遗》四）。然同治间修《山阳县志》者，于《人物志》中去其“善谐剧著杂记”语，于《艺文志》又不列《西游记》之目，于是吴氏之性行遂失真，而知《西游记》之出于吴氏者亦愈少矣。

《西游记》全书次第，与杨志和作四十一回本殆相等。前七回为孙悟空得道至被降故事，当杨本之前九回；第八回记释迦造经之事，与佛经言阿难结集不合；第九回记玄奘父母遇难及玄奘复仇之事，亦非事实，杨本皆无有，吴所加也。第十至十二回即魏征斩龙至玄奘应诏西行之事，当杨本之十至十三回；第十四回至九十九回则俱记入竺途中遇难之事，九者究也，物极于九，九九八十一，故有八十一难；而一百回以东返成真终。

惟杨志和本虽大体已立，而文词荒率，仅能成书；吴则通才，敏慧淹雅，其所取材，颇极广泛，于《西游记》中亦采《华光传》及《真武传》，于西游故事亦采《西游记杂剧》及《三藏取经诗话》（？），翻案挪移则用唐人传奇（如《异闻集》《酉阳杂俎》等），讽刺揶揄则取当时世态，加以铺张描写，几乎改观，如灌口二郎之战孙悟空，杨本仅有三百余言，而此十倍之，先记二人各现“法象”，次则大圣化雀，化“大鹚老”，化鱼，化水蛇，真君化雀鹰，化大海鹤，化鱼鹰，化灰鹤，大圣复化为鸨，真君以其贱鸟，不屑相比，即现原身，用弹丸击下之。

……那大圣趁着机会，滚下山崖，伏在那里又变，变一座土地庙儿：大张着口，似个庙门；牙齿变作门扇；舌头变做菩萨；眼睛变做窗棂；只有尾巴不好收拾，竖在后面，变做一根旗杆。真君赶到崖下，不见打倒的鸨鸟，只有一间小庙，急睁凤眼，仔细看之，见旗杆立在后面，笑道，“是这猢狲了。他今又在那里哄我。我也曾见庙宇，更不曾见一个旗杆竖在后面的。断是这畜生弄喧。他若哄我进去，他便一口咬住。我怎肯进去？等我掣拳先捣窗棂，后踢门扇。”大圣听得，……扑的一个虎跳，又冒在空中不见。真君前前后后乱赶，……起在半空，见那李天王高擎照妖镜，与哪吒住立云端。真君道，“天王，曾见那猴王么？”天王道，“不曾上来，我这里照着他哩。”真君把那赌变化，弄神通，拿群猴一事说毕，却道，“他变庙宇，正打处，就走了。”李天王闻言，又把照妖镜四方一照，呵呵的笑道，“真君，快去快去，那猴子使了个隐身法，走出营围，往你那灌江口去也。”……却说那大圣已至灌江口，摇身一变，变作二郎爷爷的模样，按下云头，径入庙里。鬼判不能相认，一个个磕头迎接。他坐在中间，点查香火：见李虎拜还的三牲，张龙许下的保福，赵甲求子的文书，钱丙告病的良愿。正看处，有人报“又一个爷爷来了”。众鬼判急急观看，无不惊心。真君却道，“有个甚么齐天大圣，才来这里否？”众鬼判道，“不曾见甚么大圣，只有一个爷爷在里面查点哩。”真君撞进门;大圣见了,现出本相道,“郎君,不消嚷,庙宇已姓孙了!”这真君即举三尖两刃神锋,劈脸就砍。那猴王使个身法,让过神锋,掣出那绣花针儿,幌一幌,碗来粗细,赶到前,对面相还。两个嚷嚷闹闹,打出庙门,半雾半云,且行且战,复打到花果山。慌得那四大天王等众堤防愈紧;这康张太尉等迎着真君,合心努力,把那美猴王围绕不题……(第六回下《小圣施威降大圣》)

然作者构思之幻,则大率在八十一难中,如金峣山之战(五十至五十二回),二心之争(五十七及五十八回),火焰山之战(五十九至六十一回),变化施为,皆极奇恣,前二事杨书已有,后一事则取杂剧《西游记》及《华光传》中之铁扇公主以配《西游记传》中仅见其名之牛魔王,俾益增其神怪艳异者也。其述牛魔王既为群神所服,令罗刹女献芭蕉扇,灭火焰山火,俾玄奘等西行情状云:

……那老牛心惊胆战,……望上便走。恰好有托塔李天王并哪吒太子领鱼肚药叉巨灵神将幔住空中。……牛王急了,依前摇身一变,还变做一只大白牛,使两只铁角去触天王,天王使刀来砍。随后孙行者又到,……道,“这厮神通不小,又变作这等身躯,却怎奈何?”太子笑道,“大圣勿疑,你看我擒他。”这太子即喝一声“变!”变得三头六臂,飞身跳在牛王背上,使斩妖剑望颈项上一挥,不觉得把个牛头斩下。天王丢刀,却才与行者相见。那牛王腔子里又钻出一个头来,口吐黑气,眼放金光。被哪吒又砍一剑,头落处,又钻出一个头来;一连砍了十数剑,随即长出十数个头。哪吒取出火轮儿,挂在老牛的角上,便吹真火,焰焰烘烘,把牛王烧得张狂哮吼,摇头摆尾。才要变化脱身,又被托塔天王将照妖镜照住本像,腾挪不动,无计逃生,只叫"莫伤我命,情愿归顺佛家也!"哪吒道,"既惜身命,快拿扇子出来!"牛王道,"扇子在我山妻处收着哩。"哪吒见说,将缚妖索子解下,……穿在鼻孔里,用手牵来,……回至芭蕉洞口。老牛叫道,"夫人,将扇子出来,救我性命!"罗刹听叫,急卸了钗环,脱了色服,挽青丝如道姑,穿缟素似比丘,双手捧那柄丈二长短的芭蕉扇子,走出门;又见金刚众圣与天王父子,慌忙跪在地下,磕头礼拜道,"望菩萨饶我夫妻之命,愿将此扇奉承孙叔叔成功去也。"……

……孙大圣执着扇子,行近山边,尽气力挥了一扇,那火焰山平平息焰,寂寂除光;又扇一扇,只闻得习习潇潇,清风微动;第三扇,满天云漠漠,细雨落霏霏。有诗为证:

火焰山遥八百程,火光大地有声名。火煎五漏丹难熟,火燎三关道不清。特借芭蕉施雨露,幸蒙天将助神功。牵牛归佛伏颠劣,水火相联性自平。(第六十一回下《孙行者三调芭蕉扇》)

又作者禀性,"复善谐剧",故虽述变幻恍忽之事,亦每杂解颐之言，使神魔皆有人情，精魅亦通世故，而玩世不恭之意寓焉（详见胡适《西游记考证》）。如记孙悟空大败于金皘洞兕怪，失金箍棒，因谒玉帝，乞发兵收剿一节云：

……当时四天师传奏灵霄，引见玉陛，行者朝上唱个大喏，道，"老官儿，累你累你。我老孙保护唐僧往西天取经，一路凶多吉少，也不消说。于今来在金皘山，金皘洞，有一兕怪，把唐僧拿在洞里，不知是要蒸，要煮，要晒。是老孙寻上他门，与他交战，那怪神通广大，把我金箍棒抢去，因此难缚妖魔。那怪说有些认得老孙，我疑是天上凶星思凡下界，为此特来启奏，伏乞天尊垂慈洞鉴，降旨查勘凶星，发兵收剿妖魔，老孙不胜战栗屏营之至。"却又打个深躬道，"以闻。"旁有葛仙翁笑道，"猴子是何前倨后恭？"行者道，"不敢不敢。不是甚前倨后恭，老孙于今是没棒弄了。"……（第五十一回上《心猿空用千般计》）

评议此书者有清人山阴悟一子陈士斌《西游真诠》（康熙丙子尤侗序），西河张书绅《西游正旨》（乾隆戊辰序）与悟元道人刘一明《西游原旨》（嘉庆十五年序），或云劝学，或云谈禅，或云讲道，皆阐明理法，文词甚繁。然作者虽儒生，此书则实出于游戏，亦非语道，故全书仅偶见五行生克之常谈，尤未学佛，故末回至有荒唐无稽之经目，特缘混同之教，流行来久，故其著作，乃亦释迦与老君同流，真性与元神杂出，使三教之徒，皆得随宜附会而已。假欲勉求大旨，则谢肇淛（《五杂组》十五）之"《西游记》

曼衍虚诞，而其纵横变化，以猿为心之神，以猪为意之驰，其始之放纵，上天下地，莫能禁制，而归于紧箍一咒，能使心猿驯伏，至死靡他，盖亦求放心之喻，非浪作也”数语，已足尽之。作者所说，亦第云“众僧们议论佛门定旨，上西天取经的缘由，……三藏箝口不言，但以手指自心，点头几度，众僧们莫解其意，……三藏道，‘心生种种魔生，心灭种种魔灭，我弟子曾在化生寺对佛说下誓愿，不由我不尽此心，这一去，定要到西天见佛求经，使我们法轮回转，皇图永固’”（十三回）而已。

《后西游记》六卷四十回，不题何人作。中谓花果山复生石猴，仍得神通，称为小圣，辅大颠和尚赐号半偈者复往西天，虔求真解。途中收猪一戒，得沙弥，且遇诸魔，屡陷危难，顾终达灵山，得解而返。其谓儒释本一，亦同《西游》，而行文造事并逊，以吴承恩诗文之清绮推之，当非所作矣。又有《续西游记》，未见，《西游补》所附杂记有云，“《续西游》摹拟逼真，失于拘滞，添出比丘灵虚，尤为蛇足”也。

第十八篇　明之神魔小说(下)

《封神传》一百回,今本不题撰人。梁章钜(《浪迹续谈》六)云,"林樾亭(案名乔荫)先生尝与余谈,《封神传》一书是前明一名宿所撰,意欲与《西游记》《水浒传》鼎立而三,因偶读《尚书·武成》篇'唯尔有神尚克相予'语,衍成此传。其封神事则隐据《六韬》(《旧唐书·礼仪志》引)《阴谋》(《太平御览》引)《史记·封禅书》《唐书·礼仪志》各书,铺张俶诡,非尽无本也。"然名宿之名未言。日本藏明刻本,乃题许仲琳编(《内阁文库图书第二部汉书目录》),今未见其序,无以确定为何时作,但张无咎作《平妖传》序,已及《封神》,是殆成于隆庆万历间(十六世纪后半)矣。书之开篇诗有云,"商周演义古今传",似志在于演史,而侈谈神怪,什九虚造,实不过假商周之争,自写幻想,较《水浒》固失之架空,方《西游》又逊其雄肆,故迄今未有以鼎足视之者也。

《史记·封禅书》云,"八神将,太公以来作之。"《六韬·金匮》中亦间记太公神术;妲己为狐精,则见于唐李瀚《蒙求》注,是商周神异之谈,由来旧矣。然"封神"亦明代巷语,见《真武传》,不必定本于《尚书》。《封神传》即始自受辛进香女娲宫,题诗黩神,神因命三妖惑纣以助周。第二至三十回则杂叙商纣暴虐,子牙隐显,西伯脱祸,武成反商,以成殷周交战之局。此后多说战争,神佛错出,助周者为阐教即道释,助殷者为截教。截教不知所谓,钱静方(《小说丛考》上)以为《周书·克殷篇》有云,"武王遂征四方,凡憝国九十有九国,馘魔亿有十万七千七百七十有九,俘人三亿万有二百三十。"(案此文在《世俘篇》,钱偶误记)魔与人分别言之,作者遂由此生发为截教。然"摩罗"梵语,周代未翻,《世俘篇》之魔字又或作磨,当是误字,所未详也。其战各逞道术,互有死伤,而截教终败。于是以纣王自焚,周武入殷,子牙归国封神,武王分封列国终。封国以报功臣,封神以妥功鬼,而人神之死,则委之于劫数。其间时出佛名,偶说名教,混合三教,略如《西游》,然其根柢,则方士之见而已。在诸战事中,惟截教之通天教主设万仙阵,阐教群仙合破之,为最烈:

> 话说老子与元始冲入万仙阵内,将通天教主裹住。金灵圣母被三大士围在当中,……用玉如意招架三大士多时,不觉把顶上金冠落在尘埃,将头发散了。这圣母披发大战,正战之间,遇着燃灯道人,祭起定海珠打来,正中顶门。可怜!正是:
>
> 封神正位为星首,北阙香烟万载存。
>
> 燃灯将定海珠把金灵圣母打死。广成子祭起诛仙剑,赤精子祭起戮仙剑,道行天尊祭起陷仙剑,玉鼎真人祭起绝仙剑,数道黑气冲空,将万仙阵罩住。凡封神台上有名者,就如砍瓜切菜一般,俱遭杀戮。子牙祭起

打神鞭，任意施为。万仙阵中，又被杨任用五火扇扇起烈火千丈，黑烟迷空。……哪吒现三首八臂，往来冲突。……通天教主见万仙受此屠戮，心中大怒，急呼曰，“长耳定光仙快取六魂幡来！”定光仙因见接引道人白莲裹体，舍利现光；又见十二代弟子玄都门人俱有璎络金灯，光华罩体，知道他们出身清正，截教毕竟差讹。他将六魂幡收起，轻轻的走出万仙阵，径往芦蓬下隐匿。正是：

根深原是西方客，躲在芦蓬献宝幡。

话说通天教主……无心恋战，……欲要退后，又恐教下门人笑话，只得勉强相持。又被老子打了一拐，通天教主着了急，祭起紫电锤来打老子。老子笑曰，“此物怎能近我？”只见顶上现出玲珑宝塔；此锤焉能下来？……只见二十八宿星官已杀得看看殆尽；止邱引见势不好了，借土遁就走。被陆压看见，惟恐追不及，急纵至空中，将葫芦揭开，放出一道白光，上有一物飞出；陆压打一躬，命“宝贝转身”，可怜邱引，头已落地。……且说接引道人在万仙阵内将乾坤袋打开，尽收那三千红气之客。有缘往极乐之乡者，俱收入此袋内。准提同孔雀明王在阵中现二十四头，十八只手，执定璎络，伞盖，花贯，鱼肠，金弓，银戟，白钺，幡，幢，加持神杵，宝锉，银瓶等物，来战通天教主。通天教主看见准提，顿起三昧真火，大骂曰，“好泼道！焉敢欺吾太甚，又来搅吾此阵也！”纵奎牛冲来，仗剑直取，准提将七宝妙树架开。正是：

西方极乐无穷法，俱是莲花一化身。（第八十四回）

《三宝太监西洋记通俗演义》亦一百回，题“二南里人编次”。前有万历丁酉（一五九七）菊秋之吉罗懋登叙，罗即撰人。书叙永乐中太监郑和王景宏服外夷三十九国，咸使朝贡事。郑和者，《明史》（三百四《宦官传》）云，“云南人，世所谓三保太监者也。永乐三年，命和及其侪王景宏等通使西洋，将士卒二万七千八百余人，多赍金帛，造大舶，……自苏州刘家河泛海至福建，复自福建五虎门扬帆，首达占城，以次遍历诸国，宣天子诏，因给赐其君长，不服则以武慑之。先后七奉使，所历凡三十余国，所取无名宝物不可胜计，而中国耗费亦不赀。自和后，凡将命海表者，莫不盛称和以夸外蕃，故俗传‘三保太监下西洋’为明初盛事云。”盖郑和之在明代，名声赫然，为世人所乐道，而嘉靖以后，倭患甚殷，民间伤今之弱，又为故事所囿，遂不思将帅而思黄门，集俚俗传闻以成此作，故自序云，“今者东事倥偬，何如西戎即序，不得比西戎即序，何可令王郑二公见”也。惟书则侈谈怪异，专尚荒唐，颇与序言之慷慨不相应，其第一至七回为碧峰长老下生，出家及降魔之事；第八至十四回为碧峰与张天师斗法之事；第十五回以下则郑和挂印，招兵西征，天师及碧峰助之，斩除妖孽，诸国入贡，郑和建祠之事也。所述战事，杂窃《西游记》《封神传》，而文词不工，更增支蔓，特颇有里巷传说，如“五鬼闹判”“五鼠闹东京”故事，皆于此可考见，则亦其所长矣。五鼠事似脱胎于《西游记》二心之争；五鬼事记外夷与明战后，国殇在冥中受谳，多获恶报，遂大哄，纵击判官，其往复辩难之词如下：

……五鬼道,“纵不是受私卖法,却是查理不清。”阎罗王道,“那一个查理不清?你说来我听着。”劈头就是姜老星说道,“小的是金莲象国一个总兵官,为国忘家,臣子之职,怎么又说道我该送罚恶分司去?以此说来,却不是错为国家出力了么?”崔判官道,“国家苦无大难,怎叫做为国家出力?”姜老星道,“南人宝船千号,战将千员,雄兵百万,势如累卵之危,还说是国家苦无大难?”崔判官道,“南人何曾灭人社稷,吞人土地,贪人财货,怎见得势如累卵之危?”姜老星道,“既是国势不危,我怎肯杀人无厌?”判官道,“南人之来,不过一纸降书,便自足矣,他何曾威逼于人,都是你们偏然强战,这不是杀人无厌么?”咬海干道,“判官大王差矣。我爪哇国五百名鱼眼军一刀两段,三千名步卒煮做一锅,这也是我们强战么?”判官道,“都是你们自取的。”圆眼帖木儿说道,“我们一个人劈作四架,这也是我们强战么?”判官道,“也是你们自取的。”盘龙三太子说道,“我举刀自刎,岂不是他的威逼么?”判官道,“也是你们自取的。”百里雁说道,“我们烧做一个柴头鬼儿,岂不是他的威逼么?”判官道,“也是你们自取的。”五个鬼一齐吆喝起来,说道,“你说甚么自取,自古道‘杀人的偿命,欠债的还钱’,他枉刀杀了我们,你怎么替他们曲断?”判官道,“我这里执法无私,怎叫做曲断?”五鬼说道,“既是执法无私,怎么不断他填还我们人命?”判官道,“不该填还你们!”五鬼说道,“但只‘不该’两个字,就是私弊。”这五个鬼人多口多,乱吆乱喝，嚷做一驮，闹做一块。判官看见他们来得凶，也没奈何，只得站起来喝声道，“哇，甚么人敢在这里胡说！我有私，我这管笔可是容私的?”五个鬼齐齐的走上前去，照手一抢，把管笔夺将下来，说道，“铁笔无私。你这蜘蛛须儿扎的笔，牙齿缝里都是私(丝)，敢说得个不容私?”……(第九十回《灵曜府五鬼闹判》)

《西游补》十六回，天目山樵序云南潜作；南潜者，乌程董说出家后之法名也。说字若雨，生于万历庚申(一六二〇)，幼即颖悟，自愿先诵《圆觉经》，次乃读四书及五经，十岁能文，十三入泮，逮见中原流寇之乱，遂绝意进取。明亡，祝发于灵岩，名曰南潜，号月函，其他别字尚甚夥，三十余年不履城市，惟友渔樵，世推为佛门尊宿，有《上堂晚参唱酬语录》(钮琇《觚賸续编》之江抱阳生《甲申朝事小记》)及《丰草庵杂著》十种诗文集若干卷。《西游补》云以入“三调芭蕉扇”之后，叙悟空化斋，为鲭鱼精所迷，渐入梦境，拟寻秦始皇借驱山铎，驱火焰山，徘徊之间，进万镜楼，乃大颠倒，或见过去，或求未来，忽化美人，忽化阎罗，得虚空主人一呼，始离梦境，知鲭鱼本与悟空同时出世，住于“幻部”，自号“青青世界”，一切境界，皆彼所造，而实无有，即“行者情”，故“悟通大道，必先空破情根，破情根必先走入情内，走入情内见得世界情根之虚，然后走出情外认得道根之实”(本书卷首《答问》)。其云鲭鱼精，云青青世界，云小月王者，即皆谓情矣。或以中有“杀青大将军”“倒置历日”诸语，因谓是鼎革之后，所寓微言，然全书实于讥弹明季世风之意多，于宗社之痛之迹少，因疑成书之日，尚当在明亡以前，故但有边事之忧，亦未入释家之奥，主眼所在，仅如时流，谓行者有三个师父，一是祖师，二是唐僧，三是穆王（岳飞）：“凑成三教全身”（第九回）而已。惟其造事遣辞，则丰赡多姿，恍忽善幻，奇突之处，时足惊人，间以徘谐，亦常俊绝，殊非同时作手所敢望也。

行者（时化为虞美人与绿珠辈宴后辞出）即时现出原身，抬头看看，原来正是女娲门前。行者大喜道，“我家的天，被小月王差一班踏空使者碎碎凿开，昨日反拖罪名在我身上。……闻得女娲久惯补天，我今日竟央女娲替我补好，方才哭上灵霄，洗个明白，这机会甚妙。”走近门边细细观看，只见两扇黑漆门紧闭，门上贴一纸头，写着“二十日到轩辕家闲话，十日乃归，有慢尊客，先此布罪”。行者看罢，回头就走，耳朵中只听得鸡唱三声，天已将明，走了数百万里，秦始皇只是不见。（第五回）

忽见一个黑人坐在高阁之上，行者笑道，“古人世界也有贼哩，满面涂了乌煤在此示众。”走了几步，又道，“不是逆贼。原来倒是张飞庙。”又想想道，“既是张飞庙，该带一顶包巾。……带了皇帝帽，又是玄色面孔，此人决是大禹玄帝。我便上前见他，讨些治妖斩魔秘诀，我也不消寻着秦始皇了。”看看走到面前，只见台下立一石竿，竿上插一首飞白旗，旗上写六个紫色字：

“先汉名士项羽。”

行者看罢，大笑一场，道，“真个是‘事未来时休去想，想来到底不如心'。老孙疑来疑去，……谁想一些不是，倒是我绿珠楼上的强遥丈夫。"当时又转一念道，"哎哟，吾老孙专为寻秦始皇，替他借个驱山铎子，所以钻入古人世界来，楚伯王在他后头，如今已见了，他却为何不见？我有一个道理：径到台上见了项羽，把始皇消息问他，倒是个着脚信。"行者即时跳起细看，只见高阁之下，……坐着一个美人，耳朵边只听得叫"虞美人虞美人"。……行者登时把身子一摇，仍前变做美人模样，竟上高阁，袖中取出一尺冰罗，不住的掩泪，单单露出半面，望着项羽，似怨似怒。项羽大惊，慌忙跪下，行者背转，项羽又飞趋跪在行者面前，叫"美人，可怜你枕席之人，聊开笑面"。行者也不做声；项羽无奈，只得陪哭。行者方才红着桃花脸儿，指着项羽道，"顽贼！你为赫赫将军，不能庇一女子，有何颜面坐此高台？"项羽只是哭，也不敢答应。行者微露不忍之态，用手扶起道，"常言道，'男儿两膝有黄金。'你今后不可乱跪！"……（第六回）

第十九篇　明之人情小说(上)

当神魔小说盛行时,记人事者亦突起,其取材犹宋市人小说之“银字儿”,大率为离合悲欢及发迹变态之事,间杂因果报应,而不甚言灵怪,又缘描摹世态,见其炎凉,故或亦谓之“世情书”也。

诸“世情书”中,《金瓶梅》最有名。初惟钞本流传,袁宏道见数卷,即以配《水浒传》为“外典”(《觞政》),故声誉顿盛;世又益以《西游记》,称三大奇书。万历庚戌(一六一〇),吴中始有刻本,计一百回,其五十三至五十七回原阙,刻时所补也(见《野获编》二十五)。作者不知何人,沈德符云是嘉靖间大名士(亦见《野获编》),世因以拟太仓王世贞,或云其门人(康熙乙亥谢颐序云)。由此复生谰言,谓世贞造作此书,乃置毒于纸,以杀其仇严世蕃,或云唐顺之者,故清康熙中彭城张竹坡评刻本,遂有《苦孝说》冠其首。

《金瓶梅》全书假《水浒传》之西门庆为线索,谓庆号四泉,清河人,“不甚读书,终日闲游浪荡”,有一妻三妾,又交“帮闲抹嘴不守本分的人”,结为十弟兄,复悦潘金莲,酖其夫武大,纳以为妾，武松来报仇，寻之不获，误杀李外傅，刺配孟州。而西门庆故无恙，于是日益放恣，通金莲婢春梅，复私李瓶儿，亦纳为妾，“又得两三场横财，家道营盛”。已而李瓶儿生子；庆则因赂蔡京得金吾卫副千户，乃愈肆，求药纵欲受赇枉法无不为。然潘金莲妒李有子，屡设计使受惊，子终以瘈疭死；李痛子亦亡。潘则力媚西门庆，庆一夕饮药逾量，亦暴死。金莲春梅复通于庆婿陈敬济，事发被斥卖，金莲遂出居王婆家待嫁，而武松适遇赦归，因见杀；春梅则卖为周守备妾，有宠，又生子，竟册为夫人。会孙雪娥以遇拐复获发官卖，春梅憾其尝“唆打陈敬济”，则买而折辱之，旋卖于酒家为娼；又称敬济为弟，罗致府中，仍与通。已而守备征宋江有功，擢济南兵马制置，敬济亦列名军门，升为参谋。后金人入寇，守备阵亡，春梅夙通其前妻之子，因亦以淫纵暴卒。比金兵将至清河，庆妻携其遗腹子孝哥欲奔济南，途遇普净和尚，引至永福寺，以因果现梦化之，孝哥遂出家，法名明悟。

作者之于世情，盖诚极洞达，凡所形容，或条畅，或曲折，或刻露而尽相，或幽伏而含讥，或一时并写两面，使之相形，变幻之情，随在显见，同时说部，无以上之，故世以为非王世贞不能作。至谓此书之作，专以写市井间淫夫荡妇，则与本文殊不符，缘西门庆故称世家，为搢绅，不惟交通权贵，即士类亦与周旋，著此一家，即骂尽诸色，盖非独描摹下流言行，加以笔伐而已。

……妇人(潘金莲)道，“怪奴才，可可儿的来，想起一件事来，我要说又忘了。”因令春梅，“你取那只鞋来与他瞧。”“你认的这鞋是谁的鞋?”西门庆道，“我不知是谁的鞋。”妇人道，“你看他还打张鸡儿哩。瞒着我黄猫黑尾,你干的好茧儿。来旺媳妇子的一只臭蹄子,宝上珠也一般收藏在藏春坞雪洞儿里拜帖匣子内,搅着些字纸和香儿,一处放着。甚么罕稀物件,也不当家化化的,怪不的那贼淫妇死了堕阿鼻地狱。"又指着秋菊骂道,"这奴才当我的鞋,又翻出来,教我打了几下。"分付春梅,"趁早与我掠出去。"春梅把鞋掠在地下,看着秋菊说道,"赏与你穿了罢。"那秋菊拾着鞋儿说道,"娘这个鞋,只好盛我一个脚指头儿罢。"那妇人骂道,"贼奴才,还叫甚么毴娘哩。他是你家主子前世的娘!不然,怎的把他的鞋这等收藏的娇贵?到明日好传代。没廉耻的货!"秋菊拿着鞋就往外走,被妇人又叫回来,分付"取刀来,等我把淫妇鞋剁作几截子,掠到茅厕里去,叫贼淫妇阴山背后永世不得超生"。因向西门庆道,"你看着越心疼,我越发偏剁个样儿你瞧。"西门庆笑道,"怪奴才,丢开手罢了,我那里有这个心。"……(第二十八回)

……掌灯时分,蔡御史便说,"深扰一日,酒告止了罢。"因起身出席。左右便欲掌灯,西门庆道,"且休掌灯。请老先生后边更衣。"于是……让至翡翠轩,……关上角门,只见两个唱的,盛妆打扮,立于阶下,向前插烛也似磕了四个头。……蔡御史看见,欲进不能,欲退不舍,便说道,"四泉,你如何这等爱厚?恐使不得。"西门庆笑道,"与昔日东山之游,又何异乎?"蔡御史道,"恐我不如安石之才,而君有王右军之高致矣。"……因进入轩内,见文物依然,因索纸笔,就欲留题相赠。西门庆即令书童将端溪砚研的墨浓浓的，拂下锦笺。这蔡御史终是状元之才，拈笔在手，文不加点，字走龙蛇，灯下一挥而就，作诗一首。……（第四十九回）

明小说之宣扬秽德者，人物每有所指，盖借文字以报夙仇，而其是非，则殊难揣测。沈德符谓《金瓶梅》亦斥时事，"蔡京父子则指分宜，林灵素则指陶仲文，朱勔则指陆炳，其它亦各有所属。"则主要如西门庆，自当别有主名，即开篇所谓"有一处人家，先前怎地富贵，到后来煞甚凄凉，权谋术智，一毫也用不着，亲友兄弟，一个也靠不着，享不过几年的荣华，倒做了许多的话靶。内中又有几个斗宠争强迎奸卖俏的，起先好不妖娆妩媚，到后来也免不得尸横灯影，血染空房"（第一回）者是矣。结末稍进，用释家言，谓西门庆遗腹子孝哥方睡在永福寺方丈，普净引其母及众往，指以禅杖，孝哥"翻过身来，却是西门庆，项带沉枷，腰系铁索。复用禅杖只一点，依旧还是孝哥儿睡在床上。……原来孝哥儿即是西门庆托生"（第一百回）。此之事状，固若玮奇，然亦第谓种业留遗，累世如一，出离之道，惟在"明悟"而已。若云孝子衔酷，用此复仇，虽奇谋至行，足为此书生色，而证佐盖阙，不能信也。

故就文辞与意象以观《金瓶梅》，则不外描写世情，尽其情伪，又缘衰世，万事不纲，爰发苦言，每极峻急，然亦时涉隐曲，猥黩者多。后或略其他文，专注此点，因予恶谥，谓之"淫书"；而在当时，实亦时尚。成化时，方士李孜僧继晓已以献房中术骤贵，至嘉靖间而陶仲文以进红铅得幸于世宗，官至特进光禄大夫柱国少师少傅少保礼部尚书恭诚伯。于是颓风渐及士流，都御史盛端明布政使参议顾可学皆以进士起家，而俱借“秋石方”致大位。瞬息显荣，世俗所企羡，侥幸者多竭智力以求奇方，世间乃渐不以纵谈闺帏方药之事为耻。风气既变，并及文林，故自方士进用以来，方药盛，妖心兴，而小说亦多神魔之谈，且每叙床笫之事也。

然《金瓶梅》作者能文，故虽间杂猥词，而其他佳处自在，至于末流，则著意所写，专在性交，又越常情，如有狂疾，惟《肉蒲团》意想颇似李渔，较为出类而已。其尤下者则意欲媟语，而未能文，乃作小书，刊布于世，中经禁断，今多不传。

万历时又有名《玉娇李》者，云亦出《金瓶梅》作者之手。袁宏道曾闻大略，谓“与前书各设报应因果，武大后世化为淫夫，上蒸下报；潘金莲亦作河间妇，终以极刑；西门庆则一騃憨男子，坐视妻妾外遇，以见轮回不爽”。后沈德符见首卷，以为“秽黩百端，背伦蔑理，……其帝则称完颜大定，而贵溪（夏言）分宜（严嵩）相构，亦暗寓焉。至嘉靖辛丑庶常诸公，则直书姓名，尤可骇怪。……然笔锋恣横酣畅，似尤胜《金瓶梅》”（皆见《野获编》二十五）。今其书已佚，虽或偶有见者，而文章事迹，皆与袁沈之言不类，盖后人影撰，非当时所见本也。

《续金瓶梅》前后集共六十四回，题“紫阳道人编”。自言东汉时辽东三韩有仙人丁令威；后五百年而临安西湖有仙人丁野鹤，临化遗言，“说‘五百年后又有一人名丁野鹤，是我后身，来此相访’。后至明末，果有东海一人，名姓相同，来此罢官而去，自称紫阳道人。”（六十二回）卷首有《太上感应篇阴阳无字解》，署“鲁诸邑丁耀亢参解”，序有云，“自奸杞焚予《天史》于南都，海桑既变，不复讲因果事，今见圣天子钦颁《感应篇》，自制御序，戒谕臣工。”则《续金瓶梅》当成于清初，而丁耀亢即其撰人矣。耀亢字西生，号野鹤，山东诸城人，弱冠为诸生，走江南与诸名士联文社，既归，郁郁不得志，作《天史》十卷。清顺治四年入京，由顺天籍拔贡，充镶白旗教习，诗名甚盛。后为容城教谕，迁惠安知县，不赴，六十后病目，自称木鸡道人，年七十二卒（约一六二〇至一六九一），所著有诗集十余卷，传奇四种（乾隆《诸城志》十三及三六）。《天史》者，类历代吉凶诸事而成，焚于南都，未详其实，《诸城志》但云“以献益都钟羽正，羽正奇之”而已。

《续金瓶梅》主意殊单简，前集谓普净是地藏菩萨化身，一日施食，以轮回大簿指点众鬼，俾知将来恶报，后悉如言。西门庆为汴京富室沈越子，名曰金哥，越之妻弟袁指挥居对门，有女常姐，则李瓶儿后身，尝在沈氏宅打秋千，为李师师所见，艳其美，矫旨取之，改名银瓶。金人陷汴，民众流离，金哥遂沦为乞丐；银瓶则为娼，通郑玉卿，后嫁为翟员外妾，又与郑偕遁至扬州，为苗青所赚，乃自经死。后集则叙东京孔千户女名梅玉者，以艳羡富贵，自甘为金人金哈木儿妾，而大妇“凶妒”，篡取虐使之，梅玉欲自裁，因梦自知是春梅后身，大妇则孙雪娥再世，遂长斋念佛，不生嗔恨，竟得脱离。至潘金莲则转生为山东黎指挥女，名金桂，夫曰刘瘸子，其前生实为陈敬济，以夙业故，体貌不全，金桂怨愤，因招妖蛊，又缘受惊，终成痼疾也。

余文俱述他人牵缠孽报，而以国家大事，穿插其间，又杂引佛典道经儒理，详加解释，动辄数百言，顾什九以《感应篇》为归宿，所谓“要说佛说道说理学，先从因果说起，因果无凭，又从《金瓶梅》说起”（第一回）也。明之“淫书”作者，本好以阐明因果自解，至于此书，则因见“只有夫妇一伦，变故极多，……造出许多冤业，世世偿还，真是爱河自溺，欲火自煎，一部《金瓶梅》说了个色字，一部《续金瓶梅》说了个空字，从色还空，即空是色，乃自果报，转入佛法”（四十三回）矣。然所谓佛法，复甚不纯，仍混儒道，与神魔小说诸作家意想无甚异，惟似较重力行，又欲无所执著，故亦颇讥当时空谈三教一致及妄分三教等差者之弊，如述李师师旧宅收没入官，立为大觉尼寺，儒道又出而纷争，即其例也：

……这里大觉寺兴隆佛事不题。后因天坛道官并阖学生员争这块地，上司断决不开，各在兀术太子营里上了一本，说道“这李师师府地宽大，僧妓杂居，单给尼姑盖寺，恐久生事端，宜作公所。其后半花园，应分割一半，作三教堂，为儒释道三教讲堂。”王爷准了，才息了三处争讼。那道官见自己不独得，又是三分四裂的，不来照管。这开封府秀才吴蹈理卜守分两个无耻生员，借此为名，也就贴了公帖，每人三钱，倒敛了三四百两分资。不日盖起三间大殿，原是释迦佛居中，老子居左，孔子居右，只因不肯倒了自家门面，便把孔夫子居中，佛老分为左右，以见贬黜异端外道的意思。把那园中台榭池塘，和那两间妆阁，当日银瓶做过卧房的，改作书房。……这些风流秀士，有趣文人，和那浮浪子弟们，也不讲禅，也不讲道，每日在三教堂饮酒赋诗，倒讲了个色字，好个快活所在。题曰三空书院，无非说三教俱空之意。……（第三十七回上《三教堂青楼成净土》）

又有《隔帘花影》四十八回，世亦以为《金瓶梅》后本，而实乃改易《续金瓶梅》中人名(如以西门庆为南宫吉之类)及回目，并删略其絮说因果语而成，书末不完，盖将续作，然未出。一名《三世报》，殆包举将来拟续之事；或并以武大被酖，亦为夙业，合数之得三世也。

第二十篇　明之人情小说(下)

《金瓶梅》《玉娇李》等既为世所艳称,学步者纷起,而一面又生异流,人物事状皆不同,惟书名尚多蹈袭,如《玉娇梨》《平山冷燕》等皆是也。至所叙述,则大率才子佳人之事,而以文雅风流缀其间,功名遇合为之主,始或乖违,终多如意,故当时或亦称为"佳话"。察其意旨,每有与唐人传奇近似者,而又不相关,盖缘所述人物,多为才人,故时代虽殊,事迹辄类,因而偶合,非必出于仿效矣。《玉娇梨》《平山冷燕》有法文译,又有名《好逑传》者则有法德文译,故在外国特有名,远过于其在中国。

《玉娇梨》今或改题《双美奇缘》,无撰人名氏。全书仅二十回,叙明正统间有太常卿白玄者,无子,晚年得一女曰红玉,甚有文才,以代父作菊花诗为客所知,御史杨廷诏因求为子杨芳妇,玄招芳至家,属妻弟翰林吴珪试之。

……吴翰林陪杨芳在轩子边立着。杨芳抬头,忽见上面横着一个扁额,题的是"弗告轩"三字。杨芳自恃认得这三个字,便只管注目而视。吴翰林见杨芳细看，便说道，“此三字乃是聘君吴与弼所书，点画遒劲，可称名笔。”杨芳要卖弄识字，因答道，“果是名笔，这轩字也还平常，这弗告二字写得入神。”却将告字读了去声，不知弗告二字，盖取《诗经》上“弗谖弗告”之义，这“告”字当读与“谷”字同音。吴翰林听了，心下明白，便模糊答应。……（第二回）

白玄遂不允。杨以为怨，乃荐玄赴乜先营中迎上皇，玄托其女于吴翰林而去。吴珪即挈红玉归金陵，偶见苏友白题壁诗，爱其才，欲以红玉嫁之。友白误相新妇，竟不从。珪怒，嘱学官革友白秀才，学官方踌躇，而白玄还朝加官归乡之报适至，即依黜之。友白被革，将入京就其叔，于道中见数少年苦吟，乃方和白红玉新柳诗；谓有能步韵者，即嫁之也。友白亦和两首，而张轨如遽窃以献白玄，玄留之为西宾。已而有苏有德者又冒为友白，请婚于白氏，席上见张，互相攻讦，俱败。友白见红玉新柳诗，慕之，遂渡江而北，欲托吴珪求婚；途次遇盗，暂舍于李氏，偶遇一少年曰卢梦梨，甚服友白之才，因以其妹之终身相托。友白遂入京以监生应试，中第二名；再访卢，则已以避祸远徙，乃大失望。不知卢实白红玉之中表，已先赴金陵依白氏也。白玄难于得婿，易姓名游山阴，于禹迹寺见一少年姓柳，才识非常，次日往访，即字以己女及甥女，归而说其故云：

……“……忽遇一个少年，姓柳，也是金陵人。他人物风流，真个是‘谢家玉树’。……我看他神清骨秀，学博才高，旦暮间便当飞腾翰苑。……意欲将红玉嫁他,又恐甥女说我偏心;欲要配了甥女,又恐红玉说我矫情。除了柳生,若要再寻一个,却万万不能。我想娥皇女英同事一舜,古圣人已有行之者;我又见你姊妹二人互相爱慕,不啻良友,我也不忍分开:故当面一口就都许他了。这件事我做得甚是快意。”……(第十九回)

而二女皆慕友白,闻之甚怏怏。已而柳至白氏,自言实苏友白,盖尔时亦变姓名游山阴也。玄亦告以真姓名,皆大惊喜出意外,遂成婚。而卢梦梨实女子,其先乃改致装自托于友白者云。

《平山冷燕》亦二十回,题云“荻岸山人编次”。清盛百二(《柚堂续笔谈》)以为嘉兴张博山十四五时作,其父执某续成之。博山名劭,清康熙时人,“少有成童之目,九龄作《梅花赋》惊其师。”(阮元《两浙輶轩录》七引李方湛语)盖早慧,故世人并以此书附著于彼,然文意陈腐,殊不类童子所为。书叙“先朝”隆盛时事,而又不云何时作,故亦莫详“先朝”为何帝也。其时钦天监正堂官奏奎壁流光,散满天下,天子则大悦,诏求真才,又适见白燕盘旋,乃命百官赋白燕诗,众谢不能,大学士山显仁乃献其女山黛之作,诗云:

夕阳凭吊素心稀,遁入梨花无是非,淡去羞从鸦借色,瘦来只许雪添肥,飞回夜黑还留影,衔尽春红不涴衣,多少朱门夸富贵,终能容我洁身归。(第一回)

天子即召见,令献箴,称旨,赐玉尺一条,“以此量天下之才”;金如意一执,“文可以指挥翰墨,武可以扞御强暴,长成择婿,有妄人强求,即以此击其首,击死勿论”;又赐御书扁额一方曰“弘文才女”。时黛方十岁;其父筑楼以贮玉尺,谓之玉尺楼,亦即为黛读书之所,于是才女之名大著,求诗文者云集矣。后黛以诗嘲一贵介子弟,被怨,托人诬以诗文皆非己出,又奉旨令文臣赴玉尺楼与黛较试,文臣不能及,诬者获罪而黛之名益扬。其时又有村女冷绛雪者,亦幼即能诗,忤山人宋信,信以计陷之,俾官买送山氏为侍婢。绛雪于道中题诗而遇洛阳才人平如衡,然指顾间又相失;既至山氏,自显其才,则大得敬爱,且亦以题诗为天子所知也。平如衡至云间访才士,得燕白颔,家世富贵而有大才,能诗。长官俱荐于朝,二人不欲以荐举出身,乃皆入都应试,且改姓名求见山黛。黛早见其讥刺诗,因与绛雪易装为青衣,试以诗,唱和再三,二人竟屈,辞去。又有张寅者,亦以求婚至山氏,受试于玉尺楼下,张不能文,大受愚弄,复因奔突登楼,几被如意击死,至拜祷始免。张乃嘱礼官奏于朝,谓黛与少年唱和调笑,有伤风化。天子即拘讯;张又告发二人实平燕托名,而适榜发,平中会元,燕会魁。于是天子大喜,谕山显仁择之为婿,遂以山黛嫁燕白颔,冷绛雪嫁平如衡。成婚之日,凡事无不美满:

> ……二女上轿,随妆侍妾足有上百,一路火炮与鼓乐喧天,彩旗共花灯夺目,真个是天子赐婚,宰相嫁女,状元探花娶妻:一时富贵,占尽人间之盛。……若非真正有才,安能如此?至今京城中俱传平山冷燕为四才子;闲窗阅史,不胜欣慕而为之立传云。(第二十回)

二书大旨，皆显扬女子，颂其异能，又颇薄制艺而尚词华，重俊髦而嗤俗士，然所谓才者，惟在能诗，所举佳篇，复多鄙倍，如乡曲学究之为；又凡求偶必经考试，成婚待于诏旨，则当时科举思想之所牢笼，倘作者无不羁之才，固不能冲决而高翥矣。

《好逑传》十八回，一名《侠义风月传》，题云"名教中人编次"。其立意亦略如前二书，惟文辞较佳，人物之性格亦稍异，所谓"既美且才，美而又侠"者也。书言有秀才铁中玉者，北直隶大名府人，

> ……生得丰姿俊秀，就像一个美人，因此里中起个诨名，叫做"铁美人"。若论他人品秀美，性格就该温存。不料他人虽生得秀美，性子就似生铁一般，十分执拗；又有几分膂力，动不动就要使气动粗；等闲也不轻易见他言笑。……更有一段好处，人若缓急求他，……慨然周济；若是谀言谄媚，指望邀惠，他却只当不曾听见：所以人都感激他，又都不敢无故亲近他。……（第一回）

其父铁英为御史，中玉虑以鲠直得祸，入都谏之。会大夬侯沙利夺韩愿妻，即施智计夺以还愿，大得义侠之称。然中玉亦惧祸，不敢留都，乃至山东游学。历城退职兵部侍郎水居一有一女曰冰心，甚美，而才识胜男子。同县有过其祖者，大学士之子，强来求婚，水居一不敢拒，然以侄女易冰心嫁之，婚后始觉，其祖大恨，计陷居一，复百方图女，而冰心皆以智免。过其祖又托县令假传朝旨逼冰心，而中玉适在历城，遇之，斥其伪，计又败。冰心

因此甚服铁中玉，当中玉暴病，乃邀寓其家护视，历五日始去。此后过其祖仍再三图娶冰心，皆不得。而中玉卒与冰心成婚，然不合卺，已而过学士托御史万谔奏二氏婚媾，先以"孤男寡女，共处一室，不无暧昧之情，今父母循私，招摇道路而纵成之，实有伤于名教"。有旨查复。后皇帝知二人虽成礼而未同居，乃召冰心令皇后验试，果为贞女，于是诬蔑者皆被诘责，而誉水铁为"真好逑中出类拔萃者"，令重结花烛，以光名教，且云"汝归宜益懋后德以彰风化"也。

又有《铁花仙史》二十六回。题"云封山人编次"。言钱唐蔡其志与好友王悦共游于祖遗之埋剑园，赏芙蓉，至花落方别。后入都又相遇，已各有儿女在襁褓，乃约为婚姻，往来愈密。王悦子曰儒珍，七岁能诗，与同窗陈秋麟皆十三四入泮，尝借寓埋剑园，邀友赏花赋诗。秋麟夜遇女子，自称符剑花，后屡至，一夕暴风雨拔去玉芙蓉，乃绝。后王氏衰落，儒珍又不第，蔡嫌其穷困，欲以女改适夏元虚，时秋麟已中解元，急谋于密友苏紫宸，托媒得之，拟临时归儒珍，而蔡女若兰竟逸去，为紫宸之叔诚斋所收养。夏元虚为世家子而无行，怒其妹瑶枝时加讥讪，因荐之应点选；瑶枝被征入都，中途舟破，亦为诚斋所救。诚斋又招儒珍为西宾，而蔡其志晚年孤寂，亦屡来迎王，养以为子，亦发解，娶诚斋之女馨如。秋麟求婚夏瑶枝，诚斋未许，一夕女自来，乃偕遁。时紫宸已平海寇，成神仙，忽遗王陈二人书，言真瑶枝故在苏氏，偕遁者实花妖，教二人以五雷法治之，妖即逸去，诚斋亦终以真瑶枝许之。一日儒珍至苏氏，忽睹若兰旧婢，甚惊；诚斋乃确知所收蔡女，故为儒珍聘妇，亦以归儒珍。后来两家夫妇皆年逾八十，以服紫宸所赠金丹，一夕无疾而终，世以为尸解云。

《铁花仙史》较后出，似欲脱旧来窠臼，故设事力求其奇。作者亦颇自负，序言有云，“传奇家摹绘才子佳人之悲欢离合，以供人娱目悦心者也。然其成书而命之名也，往往略不加意。如《平山冷燕》则皆才子佳人之姓为颜，而《玉娇梨》者又至各摘其人名之一字以传之，草率若此，非真有心唐突才子佳人，实图便于随意扭捏成书而无所难耳。此书则有特异焉者，……令人以为铁为花为仙者读之，而才子佳人之事掩映乎其间。”然文笔拙涩，事状纷繁，又混入战争及神仙妖异事，已轶出于人情小说范围之外矣。

第二十一篇　明之拟宋市人小说及后来选本

宋人说话之影响于后来者，最大莫如讲史，著作迭出，如第十四十五篇所言。明之说话人亦大率以讲史事得名，间亦说经诨经，而讲小说者殊希有。惟至明末，则宋市人小说之流复起，或存旧文，或出新制，顿又广行世间，但旧名湮昧，不复称市人小说也。

此等书之繁富者，最先有《全像古今小说》四十卷，书肆天许斋告白云，“本斋购得古今名人演义　百二十种，先以三之一为初刻”，绿天馆主人序则谓“茂苑野史家藏古今通俗小说甚富，因贾人之请，抽其可以嘉惠里耳者，凡四十种，俾为一刻”，而续刻无闻。已而有“三言”，“三言”云者，一曰《喻世明言》，二曰《警世通言》，今皆未见，仅知其序目。《明言》二十四卷，其二十一篇出《古今小说》，三篇亦见于《通言》及《醒世恒言》中，似即取《古今小说》残本作之。《通言》则四十卷，有天启甲子(一六二四)豫章无碍居士序，内收《京本通俗小说》七篇(见盐谷温《关于明的小说“三言”》及《宋明通俗小说流传表》)，因知此等汇刻，盖亦兼采故书，不尽为拟作。三即《醒世恒言》，亦四十卷，天启丁卯（一六二七）陇西可一居士序云，“六经国史而外，凡著述，旨小说也，而尚理或病于艰深，修词或伤于藻绘，则不足以触里耳而振恒心，此《醒世恒言》所以继《明言》《通言》而作也。”是知《恒言》之出，在“三言”中为最后，中有《十五贯戏言成巧祸》一事，即《京本通俗小说》卷十五之《错斩崔宁》，则此亦兼存旧作，为例盖同于《通言》矣。

松禅老人序《今古奇观》云，“墨憨斋增补《平妖》。穷工极变，不失本来。……至所纂《喻世》《醒世》《警世》‘三言’，极摹世态人情之岐，备写悲欢离合之致。”《平妖传》有张无咎序，云“盖吾友龙子犹所补也”，首叶有题名，则曰“冯犹龙先生增定”，因知“三言”亦冯犹龙作，其曰龙子犹者，即错综“犹龙”字作之。犹龙名梦龙，长洲人（《曲品》作吴县人，《顽潭诗话》作常熟人），故绿天馆主人称之曰茂苑野史，崇祯中，由贡生选授寿宁知县，于诗有《七乐斋稿》，而“善为启颜之辞，间入打油之调，不得为诗家”（朱彝尊《明诗综》七十一云）。然擅词曲，有《双雄记传奇》，又刻《墨憨斋传奇定本十种》，颇为当时所称，其中之《万事足》《风流梦》《新灌园》皆已作；亦嗜小说，既补《平妖传》，复纂“三言”，又尝劝沈德符以《金瓶梅》钞付书坊板行，然不果（《野获编》二十五）。

《京本通俗小说》所录七篇，其五为高宗时事，最远者神宗时，耳目甚近，故铺叙易于逼真。《醒世恒言》乃变其例，杂以汉事二，隋唐事十一，多取材晋唐小说（《续齐谐记》《博异志》《酉阳杂俎》《隋遗录》等），而古今风俗，迁变已多，演以虚词，转失生气。宋事十一篇颇生动，疑《错斩崔宁》而外，或尚有采自宋人话本者，然未详。明事十五篇则所写皆近闻，世态物情，不待虚构，故较高谈汉唐之作为佳。第九卷《陈多寿生死夫妻》一篇，叙朱陈二人以棋友成儿女亲家，陈氏子后病癞，朱欲悔婚，女不允，终归陈氏侍疾，阅三年，夫妇皆仰药卒。其述二人订婚及女母抱怨诸节，皆不务装点，而情态反如画：

……王三老和朱世远见那小学生行步舒徐，语音清亮，且作揖次第甚有礼数，口中夸奖不绝。王三老便问，“令郎几岁了？”陈青答应道，“是九岁。”王三老道，“想着昔年汤饼会时，宛如昨日，倏忽之间，已是九年，真个光阴似箭，争教我们不老？”又问朱世远道，“老汉记得宅上令爱也是这年生的。”朱世远道，“果然，小女多福，如今也是九岁了。”王三老道，“莫怪老汉多口，你二人做了一世的棋友，何不扳做儿女亲家。古时有个朱陈村，一村中只有二姓，世为婚姻，如今你二人之姓适然相符，应是天缘。况且好男好女，你知我见，有何不美？”朱世远已自看上了小学生，不等陈青开口，先答应道，“此事最好，只怕陈兄不愿，若肯俯就，小子再无别言。”陈青道，“既蒙朱兄不弃寒微，小子是男家，有何推托？就请三老作伐。”王三老道，“明日是重阳日，阳九不利；后日大好个日子，老夫便当登门。今日一言为定，出自二位本心；老汉只图吃几杯见成喜酒，不用谢媒。”陈青道，“我说个笑话你听：玉皇大帝要与人皇对亲，商量道，‘两亲家都是皇帝，也须得个皇帝为媒才好。’乃请灶君皇帝往下界去说亲。人皇见了灶君,大惊道,‘那个做媒的怎的这般样黑?’灶君道,‘从来媒人,那有白做的?’”王三老同朱世远都笑起来。朱陈二人又下棋至晚方散。

只因一局输赢子,定下三生男女缘。

…………

……朱世远的浑家柳氏,闻知女婿得个恁般的病症,在家里哭哭啼啼。抱怨丈夫道,“我女儿又不腌臭起来,为甚忙忙的九岁上就许了人家?如今却怎么好?索性那癞虾蟆死了,也出脱了我女儿,如今死不死,活不活,女孩儿看看年纪长成,嫁又嫁他的不得,赖又赖他的不得。终不然,看著那癞子守活孤孀不成?这都是王三那老乌龟一力窜掇,害了我女儿终身。”……朱世远原有怕婆之病,凭他夹七夹八,自骂自止,并不插言,心中纳闷。一日,柳氏偶然收拾厨柜子,看见了象棋盘和那棋子,不觉勃然发怒,又骂起丈夫来道,“你两个只为这儿著象棋上说得着,对了亲,赚了我女儿。还要留这祸胎怎的?”一头说,一头走到门前,将那象棋子乱撒在街上,棋盘也掼做几片。朱世远是本分之人,见浑家发性,拦他不住,洋洋的躲开去了,女儿多福又怕羞,不好来劝。任他絮聒个不耐烦,方才罢休。……

时又有《拍案惊奇》三十六卷,卷为一篇,凡唐六,宋六,元四,明二十,亦兼收古事,与“三言”同。首有即空观主人序云,“龙子犹氏所辑《喻世》等诸言,颇存雅道,时著良规,一破今时陋习，如宋元旧种，亦被搜括殆尽。……因取古今来杂碎事，可新听睹，佐谈谐者，演而畅之，得如干卷。”既而有《二刻》三十九卷，凡春秋一，宋十四，元三，明十六，不明者（明?）五，附《宋公明闹元宵杂剧》一卷，于崇祯壬申（一六三二）自序，略云“丁卯之秋……偶戏取古今所闻，一二奇局可纪者，演而成说，……得四十种。……其为柏梁余材，武昌剩竹，颇亦不少，意不能恝，聊复缀为四十则。……”丁卯为天启七年，即《醒世恒言》版行之际，此适出而争奇，然叙述平板，引证贫辛，不能及也。即空观主人为凌濛初别号，濛初，字初成，乌程人，著有《言诗翼》《诗逆》《国门集》，杂剧《虬髯翁》等（《明的小说“三言”》）。

《西湖二集》三十四卷附《西湖秋色》一百韵，题“武林济川子清原甫纂”。每卷一篇，亦杂演古今事，而必与西湖相关。观其书名，当有初集，然未见。前有湖海士序，称清原为周子，尝作《西湖说》，余事未详。清康熙时有太学生周清原字浣初，然为武进人（《国子监志》八十二《鹤征录》一）；乾隆时有周昱字清原，钱塘人（《两浙輶轩录》二十三），而时代不相及，皆别一人也。其书亦以他事引出本文，自名为“引子”。引子或多至三四，与他书稍不同；文亦流利，然好颂帝德，垂教训，又多愤言，则殆所谓“司命之厄我过甚而狐鼠之侮我无端”（序述清原语）之所致矣。其假唐诗人戎昱而发挥文士不得志之恨者如下：

……且说韩公部下一个官，姓戎名昱，为浙西刺史。这戎昱有潘安之貌，子建之才，下笔惊人，千言立就，自恃有才，生性极是傲睨，看人不在眼里。但那时是离乱之世，重武不重文，若是有数百斤力气，……不要说十八般武艺件件精通，就是晓得一两件的，……少不得也摸顶纱帽在头上戴戴。……马前喝道，前呼后拥，好不威风气势，耀武扬威，何消得晓得“天地玄黄”四字。那戎昱自负才华，到这时节重武之时，却不道是大市里卖平天冠兼挑虎刺，这一种生意，谁人来买，眼见得别人不作兴你了。你自负才华，却去吓谁？就是写得千百篇诗出，上不得阵，杀不得战，退不得虏，压不得贼，要他何用？戎昱负了这个诗袋子，没处发卖，却被一个妓者收得。这妓者是谁？姓金名凤，年方一十九岁，容貌无双，善于歌舞，体性幽闲，再不喜那喧哗之事，一心只爱的是那诗赋二字。他见了戎昱这个诗袋子，好生欢喜。戎昱正没处发卖，见金凤喜欢他这个诗袋子，便把这袋子抖将开来，就象个开杂货店的，件件搬出。两个甚是相得，你贪我爱，再不相舍；从此金凤更不接客。正是：

悲莫悲兮生别离，乐莫乐兮新相知。

自此戎昱政事之暇，游于西湖之上，每每与金凤盘桓行乐。……（卷九《韩晋公人奁两赠》）

《醉醒石》十五回，题“东鲁古狂生编辑”。所记惟李微化虎事在唐时，余悉明代，且及崇祯朝事，盖其时之作也。文笔颇刻露，然以过于简炼，故平话习气，时复逼人；至于垂教诫，好评议，则尤甚于《西湖二集》。宋市人小说虽亦间参训喻，然主意则在述市井间事，用以娱心；及明人拟作末流，乃诰诫连篇，喧而夺主，且多艳称荣遇，回护士人，故形式仅存而精神与宋迥异矣。

如第十四回记淮南莫翁以女嫁苏秀才，久而女嫌苏贫，自求去，再醮为酒家妇。而苏即联捷成进士，荣归过酒家前，见女当垆，下轿揖之，女貌不动而心甚苦，又不堪众人笑骂，遂自经死，即所谓大为寒士吐气者也。

……见柜边坐着一个端端正正袅袅婷婷妇人，却正是莫氏。苏进士见了道，"我且去见他一见，看他怎生待我。"叫住了轿，打著伞，穿著公服，竟到店中。那店主人正在那厢数钱，穿著两截衣服，见个官来，躲了。那莫氏见下轿，已认得是苏进士了，却也不羞不恼，打著脸。苏进士向前，恭恭敬敬的作上一揖。他道，"你做你的官，我卖我的酒。"身也不动。苏进士一笑而去。

覆水无收日，去妇无还时，
相逢但一笑，且为立迟迟。

我想莫氏之心岂能无动，但做了这绝性绝义的事，便做到满面欢容，欣然相接，讨不得个喜而复合；更做到含悲饮泣，牵衣自咎，料讨不得个怜而复收，倒不如硬著，一束两开，倒也干净。他那心里，未尝不悔当时造次，总是无可奈何：

心里悲酸暗自嗟，几回悔是昔时差，
移将上苑琳琅树，却作门前桃李花。

结末有论，以为"生前贻讥死后贻臭"，"是朱买臣妻子之后一人"。引论稍恕，科罪似在男子之"不安贫贱"者之下，然亦终不可宥云：

> 若论妇人，读文字，达道理甚少，如何能有大见解，大矜持？况且或至饥寒相逼，彼此相形，旁观嘲笑难堪，亲族炎凉难耐，抓不来榜上一个名字，洒不去身上一件蓝皮，激不起一个惯淹蹇不遭际的夫婿，尽堪痛哭，如何叫他不要怨嗟。但“饿死事小失节事大”，眼睁睁这个穷秀才尚活在，更去抱了一人，难道没有旦夕恩情？忒杀蔑去伦理！这朱买臣妻，所以贻笑千古。

《喻世》等三言在清初盖尚通行，王士祯（《香祖笔记》十）云“《警世通言》有《拗相公》一篇，述王安石罢相归金陵事，极快人意，乃因卢多逊谪岭南事而稍附益之”。其非异书可知。后乃渐晦，然其小分，则又由选本流传至今。其本曰《今古奇观》，凡四十卷四十回，序谓“三言”与《拍案惊奇》合之共二百事，观览难周，故抱瓮老人选刻为此本。据《宋明通俗小说流传表》，则取《古今小说》者十八篇，取《醒世恒言》者十一篇（第一，二，七，八，十五至十七，二十五至二十八回），取《拍案惊奇》者七篇（第九，十，十八，二十九，三十七，三十九，四十回），二刻三篇。三言二拍，印本今颇难觏，可借此窥见其大略也。至成书之顷，当在崇祯时，其与三言二拍之时代关系，盐谷温曾为之立表（《明的小说“三言”》）如下：

天启1辛西 | 4甲子	古今小说 喻世明言 警世通言		
5			
6			
7丁卯	醒世恒言	拍案惊奇(初)	
崇祯1			
2			
3			
4			
5壬申 | 17		拍案惊奇(二)	今古奇观

《今古奇闻》二十二卷，卷一事，题“东壁山房主人编次”。其所录颇陵杂，有《醒世恒言》之文四篇（《十五贯戏言成大祸》《陈多寿生死夫妻》《张淑儿巧智脱杨生》《刘小官雌雄兄弟》），别一篇为《西湖佳话》之《梅屿恨迹》，余未详所从出。文中有“发逆”字，故当为清咸丰同治时书。

《续今古奇观》三十卷，亦一卷一事，无撰人名。其书全收《今古奇观》选余之《拍案惊奇》二十九篇。而以《今古奇闻》一篇（《康友仁轻财重义得科名》）足卷数，殆不足称选本，同治七年（一八六八）江苏巡抚丁日昌尝严禁淫词小说，《拍案惊奇》亦在禁列，疑此书即书贾于禁后作之。

第二十二篇　清之拟晋唐小说及其支流

唐人小说单本，至明什九散亡；宋修《太平广记》成，又置不颁布，绝少流传，故后来偶见其本，仿以为文，世人辄大耸异，以为奇绝矣。明初，有钱唐瞿佑字宗吉，有诗名，又作小说曰《剪灯新话》，文题意境，并抚唐人，而文笔殊冗弱不相副，然以粉饰闺情，拈掇艳语，故特为时流所喜，仿效者纷起，至于禁止，其风始衰。迨嘉靖间，唐人小说乃复出，书估往往刺取《太平广记》中文，杂以他书，刻为丛集，真伪错杂，而颇盛行。文人虽素与小说无缘者，亦每为异人侠客童奴以至虎狗虫蚁作传，置之集中。盖传奇风韵，明末实弥漫天下，至易代不改也。

而专集之最有名者为蒲松龄之《聊斋志异》。松龄字留仙，号柳泉，山东淄川人，幼有轶才，老而不达，以诸生授徒于家，至康熙辛卯始成岁贡生（《聊斋志异》序跋），越四年遂卒，年七十六（一六四〇至一七一五），所著有《文集》四卷，《诗集》六卷，《聊斋志异》八卷（文集附录张元撰墓表），及《省身录》《怀刑录》《历字文》《日用俗字》《农桑经》等（李桓《耆献类征》四百三十一)。其《志异》或析为十六卷,凡四百三十一篇,年五十始写定,自有题辞,言"才非干宝,雅爱搜神,情同黄州,喜人谈鬼,闲则命笔,因以成编。久之,四方同人又以邮筒相寄,因而物以好聚,所积益夥"。是其储蓄收罗者久矣。然书中事迹,亦颇有从唐人传奇转化而出者(如《凤阳士人》《续黄粱》等),此不自白,殆抚古而又讳之也。至谓作者搜采异闻,乃设烟茗于门前,邀田夫野老,强之谈说以为粉本,则不过委巷之谈而已。

《聊斋志异》虽亦如当时同类之书,不外记神仙狐鬼精魅故事,然描写委曲,叙次井然,用传奇法,而以志怪,变幻之状,如在目前;又或易调改弦,别叙畸人异行,出于幻域,顿入人间;偶述琐闻,亦多简洁,故读者耳目,为之一新。又相传渔洋山人(王士祯)激赏其书,欲市之而不得,故声名益振,竞相传钞。然终著者之世,竟未刻,至乾隆末始刊于严州;后但明伦吕湛恩皆有注。

明末志怪群书,大抵简略,又多荒怪,诞而不情,《聊斋志异》独于详尽之外,示以平常,使花妖狐魅,多具人情,和易可亲,忘为异类,而又偶见鹘突,知复非人。如《狐谐》言博兴万福于济南娶狐女,而女雅善谈谐,倾倒一坐,后忽别去,悉如常人;《黄英》记马子才得陶氏黄英为妇,实乃菊精,居积取盈,与人无异,然其弟醉倒,忽化菊花,则变怪即骤现也。

……一日,置酒高会,万居主人位,孙与二客分左右座,下设一榻屈狐。狐辞不善酒,咸请坐谈,许之。酒数行,众掷骰为瓜蔓之令;客值瓜色,会当饮,戏以觥移上座曰,"狐娘子大清醒,暂借一觞。"狐笑曰,"我故不饮,愿陈一典以佐诸公饮。”……客皆言曰,“骂人者当罚。”狐笑曰,“我骂狐何如?”众曰,“可。”于是倾耳共听。狐曰,“昔一大臣,出使红毛国,著狐腋冠见国王,国王视而异之,问‘何皮毛,温厚乃尔?’大臣以‘狐’对。王言‘此物生平未尝得闻。狐字字画何等?’使臣书空而奏曰,‘右边是一大瓜,左边是一小犬。’”主客又复哄堂。……居数月,与万偕归。……逾年,万复事于济,狐又与俱。忽有数人来,狐从与语,备极寒暄;乃语万曰,“我本陕中人,与君有夙因,遂从尔许时,今我兄弟至,将从以归,不能周事。”留之,不可,竟去。(卷五)

……陶饮素豪,从不见其沉醉。有友人曾生,量亦无对,适过马,马使与陶较饮,二人……自辰以讫四漏,计各尽百壶,曾烂醉如泥,沉睡坐间,陶起归寝,出门践菊畦,玉山倾倒,委衣于侧,即地化为菊:高如人,花十余朵皆大于拳。马骇绝,告黄英;英急往,拔置地上,曰,“胡醉至此?”复以衣,要马俱去,戒勿视。既明而往,则陶卧畦边,马乃悟姊弟菊精也,益爱敬之。而陶自露迹,饮益放,……值花朝,曾来造访,以两仆舁药浸白酒一坛,约与共尽。……曾醉已惫,诸仆负之去。陶卧地又化为菊;马见惯不惊,如法拔之,守其旁以观其变,久之,叶益憔悴,大惧,始告黄英。英闻,骇曰,“杀吾弟矣!”奔视之,根株已枯;痛绝,掐其梗埋盆中,携入闺中,日灌溉之。马悔恨欲绝,甚恶曾。越数日,闻曾已醉死矣,盆中花渐萌,九月,既开,短干粉朵,嗅之

有酒香，名之“醉陶”，浇以酒则茂。……黄英终老，亦无他异。（卷四）

又其叙人间事，亦尚不过为形容，致失常度，如《马介甫》一篇述杨氏有悍妇，虐遇其翁，又慢客，而兄弟祗畏，至对客皆失措云：

……约半载，马忽携僮仆过杨，直杨翁在门外曝阳扪虱，疑为佣仆，通姓氏使达主人；翁被絮去，或告马，“此即其翁也。”马方惊讶，杨兄弟岸帻出迎，登堂一揖，便请朝父，万石辞以偶恙，捉坐笑语，不觉向夕。万石屡言具食，而终不见至，兄弟迭互出入，始有瘦奴持壶酒来，俄顷引尽，坐伺良久，万石频起催呼，额颊间热汗蒸腾。俄瘦奴以馔具出，脱粟失饪，殊不甘旨。食已，万石草草便去；万锺襆被来伴客寝。……（卷十）

至于每卷之末，常缀小文，则缘事极简短，不合于传奇之笔，故数行即尽，与六朝之志怪近矣。又有《聊斋志异拾遗》一卷二十七篇，出后人掇拾；而其中殊无佳构，疑本作者所自删弃，或他人拟作之。

乾隆末，钱唐袁枚撰《新齐谐》二十四卷，续十卷，初名《子不语》，后见元人说部有同名者，乃改今称；序云“妄言妄听，记而存之，非有所感也”，其文屏去雕饰，反近自然，然过于率意，亦多芜秽，自题“戏编”，得其实矣。若纯法《聊斋》者，时则有吴门沈起凤作《谐铎》十卷（乾隆五十六年序），而意过俳，文亦纤仄;满洲和邦额作《夜谭随录》十二卷(亦五十六年序),颇借材他书(如《佟觭角》《夜星子》《疡医》皆本《新齐谐》),不尽己出,词气亦时失之粗暴,然记朔方景物及市井情形者特可观。他如长白浩歌子之《萤窗异草》三编十二卷(似乾隆中作,别有四编四卷,乃书估伪造),海昌管世灏之《影谈》四卷(嘉庆六年序),平湖冯起凤之《昔柳摭谈》八卷(嘉庆中作),近至金匮邹弢之《浇愁集》八卷(光绪三年序),皆志异,亦俱不脱《聊斋》窠臼。惟黍余裔孙《六合内外琐言》二十卷(似嘉庆初作)一名《璅蛣杂记》者,故作奇崛奥衍之辞,伏藏讽喻,其体式为在先作家所未尝试,而意浅薄;据金武祥(《江阴艺文志》下)说,则江阴屠绅字贤书之所作也。绅又有《鹗亭诗话》一卷,文词较简,亦不尽记异闻,然审其风格,实亦此类。

《聊斋志异》风行逾百年,摹仿赞颂者众,顾至纪昀而有微辞。盛时彦(《姑妄听之》跋)述其语曰,"《聊斋志异》盛行一时,然才子之笔,非著书者之笔也。虞初以下天宝以上古书多佚矣;其可见完帙者,刘敬叔《异苑》陶潜《续搜神记》,小说类也,《飞燕外传》《会真记》,传记类也。《太平广记》事以类聚,故可并收;今一书而兼二体,所未解也。小说既述见闻,即属叙事,不比戏场关目,随意装点;……今燕昵之词,媟狎之态,细微曲折,摹绘如生,使出自言,似无此理,使出作者代言,则何从而闻见之,又所未解也。"盖即訾其有唐人传奇之详,又杂以六朝志怪者之简,既非自叙之文,而尽描写之致而已。昀字晓岚,直隶献县人;父容舒,官姚安知府。昀少即颖异,年二十四领顺天乡试解额,然三十一始成进士,由编修官至侍读学士,坐泄机事谪戍乌鲁木齐,越三年召还,授编修,又三年擢侍读,总纂四库全书,缩书局者十三年，一生精力，悉注于《四库提要》及《目录》中，故他撰著甚少。后累迁至礼部尚书，充经筵讲官，自是又为总宪者五，长礼部者三（李元度《国朝先正事略》二十）。乾隆五十四年，以编排秘籍至热河，“时校理久竟，特督视官吏题签庋架而已，昼长无事”，乃追录见闻，作稗说六卷，曰《滦阳消夏录》。越二年，作《如是我闻》，次年又作《槐西杂志》，次年又作《姑妄听之》，皆四卷；嘉庆三年夏复至热河，又成《滦阳续录》六卷，时年已七十五。后二年，其门人盛时彦合刊之，名《阅微草堂笔记五种》（本书）。十年正月，复调礼部，拜协办大学士，加太子少保，管国子监事；二月十四日卒于位，年八十二（一七二四至一八〇五），谥“文达”（《事略》）。

《阅微草堂笔记》虽“聊以遣日”之书，而立法甚严，举其体要，则在尚质黜华，追踪晋宋；自序云，“缅昔作者如王仲任应仲远引经据古，博辨宏通，陶渊明刘敬叔刘义庆简淡数言，自然妙远，诚不敢妄拟前修，然大旨期不乖于风教”者，即此之谓。其轨范如是，故与《聊斋》之取法传奇者途径自殊，然较以晋宋人书，则《阅微》又过偏于论议。盖不安于仅为小说，更欲有益人心，即与晋宋志怪精神，自然违隔；且末流加厉，易堕为报应因果之谈也。

惟纪昀本长文笔，多见秘书，又襟怀夷旷，故凡测鬼神之情状，发人间之幽微，托狐鬼以抒己见者，隽思妙语，时足解颐；间杂考辨，亦有灼见。叙述复雍容淡雅，天趣盎然，故后来无人能夺其席，固非仅借位高望重以传者矣。今举其较简者三则于下：

刘乙斋廷尉为御史时，尝租西河沿一宅，每夜有数人击柝，声琅琅彻晓，……视之则无形，聒耳至不得片刻睡。乙斋故强项，乃自撰一文，指陈其罪，大书粘壁以驱之，是夕遂寂。乙斋自诧不减昌黎之驱鳄也。余谓“君文章道德，似尚未敌昌黎，然性刚气盛，平生尚不作暧昧事，故敢悍然不畏鬼；又拮据迁此宅，力竭不能再徙，计无复之，惟有与鬼以死相持：此在君为‘困兽犹斗’，在鬼为‘穷寇勿追’耳。……”乙斋笑击余背曰，“魏收轻薄哉！然君知我者。”（《滦阳消夏录》六）

田白岩言，“尝与诸友扶乩，其仙自称真山民，宋末隐君子也，倡和方洽，外报某客某客来，乩忽不动。他日复降，众叩昨遽去之故，乩判曰，‘此二君者，其一世故太深，酬酢太熟，相见必有谀词数百句，云水散人拙于应对，不如避之为佳；其一心思太密，礼数太明，其与人语，恒字字推敲，责备无已，闲云野鹤岂能耐此苛求，故逋逃尤恐不速耳。’”后先姚安公闻之曰，“此仙究狷介之士，器量未宏。”（《槐西杂志》一）

李义山诗“空闻子夜鬼悲歌”，用晋时鬼歌《子夜》事也；李昌谷诗“秋坟鬼唱鲍家诗”，则以鲍参军有《蒿里行》，幻窅其词耳。然世间固往往有是事。田香沁言，“尝读书别业，一夕风静月明，闻有度昆曲者，亮折清圆，凄心动魄，谛审之，乃《牡丹亭》《叫画》一出也。忘其所以，倾听至终。忽省墙外皆断港荒陂，人迹罕至，此曲自何而来？开户视之，惟芦荻瑟瑟而已。”（《姑妄听之》三）

昀又“天性孤直,不喜以心性空谈,标榜门户”(盛序语),其处事贵宽,论人欲恕,故于宋儒之苛察,特有违言,书中有触即发,与见于《四库总目提要》中者正等。且于不情之论,世间习而不察者,亦每设疑难,揭其拘迂,此先后诸作家所未有者也,而世人不喻,哓哓然竟以劝惩之佳作誉之。

吴惠叔言,“医者某生素谨厚,一夜,有老媪持金钏一双就买堕胎药,医者大骇,峻拒之;次夕,又添持珠花两枝来,医者益骇,力挥去。越半载余,忽梦为冥司所拘,言有诉其杀人者。至,则一披发女子,项勒红巾,泣陈乞药不与状。医者曰,‘药以活人,岂敢杀人以渔利。汝自以奸败,于我何尤!’女子曰,‘我乞药时,孕未成形,倘得堕之,我可不死:是破一无知之血块,而全一待尽之命也。既不得药,不能不产,以致子遭扼杀,受诸痛苦,我亦见逼而就缢:是汝欲全一命,反戕两命矣。罪不归汝,反谁归乎?’冥官喟然曰,‘汝之所言,酌乎事势;彼之所执者则理也。宋以来固执一理而不揆事势之利害者,独此人也哉?汝且休矣!’拊几有声,医者悚然而寤。”(《如是我闻》三)

东光有王莽河,即胡苏河也,旱则涸,水则涨,每病涉焉。外舅马公周箓言,“雍正末有丐妇一手抱儿一手扶病姑涉此水,至中流,姑蹶而仆,妇弃儿于水,努力负姑出。姑大诟曰,‘我七十老妪,死何害?张氏数世待此儿延香火,尔胡弃儿以拯我?斩祖宗之祀者,尔也!’妇泣不敢语,长跪而已。越两日,姑竟以哭孙不食死;妇呜咽不成声,痴坐数日,亦立槁。……有著论者,谓儿与姑较则姑重,姑与祖宗较则祖宗重。使妇或有夫,或尚有兄弟,则弃儿是;既两世穷嫠,止一线之孤子,则姑所责者是:妇虽死,有余悔焉。姚安公曰,'讲学家责人无已时。夫急流汹涌,少纵即逝,此岂能深思长计时哉?势不两全,弃儿救姑,此天理之正而人心之所安也。使姑死而儿存,……不又有责以爱儿弃姑世耶?且儿方提抱,育不育未可知,使姑死而儿又不育,悔更何如耶?此妇所为,超出恒情已万万,不幸而其姑自殒,以死殉之,亦可哀矣。犹沾沾焉而动其喙,以为精义之学,毋乃白骨衔冤,黄泉赍恨乎?孙复作《春秋尊王发微》,二百四十年内有贬无褒;胡致堂作《读史管见》,三代以下无完人,辨则辨矣,非吾之所欲闻也。'"(《槐西杂志》二)

《滦阳消夏录》方脱稿,即为书肆刊行,旋与《聊斋志异》峙立;《如是我闻》等继之,行益广。其影响所及,则使文人拟作,虽尚有《聊斋》遗风,而摹绘之笔顿减,终乃类于宋明人谈异之书。如同时之临川乐钧《耳食录》十二卷(乾隆五十七年序)《二录》八卷(五十九年序),后出之海昌许秋垞《闻见异辞》二卷(道光二十六年序),武进汤用中《翼駉稗编》八卷(二十八年序)等,皆其类也。迨长洲王韬作《遁窟谰言》(同治元年成)《淞隐漫录》(光绪初成)《淞滨琐话》(光绪十三年序)各十二卷,天长宣鼎作《夜雨秋灯录》十六卷(光绪二十一年序),其笔致又纯为《聊斋》者流,一时传布颇广远,然所记载,则已狐鬼渐稀,而烟花粉黛之事盛矣。

体式较近于纪氏五书者,有云间许元仲《三异笔谈》四卷(道光七年序),德清俞鸿渐《印雪轩随笔》四卷(道光二十五年序),后者甚推《阅微》,而云“微嫌其中排击宋儒语过多”(卷二),则旨趣实异。光绪中,德清俞樾作《右台仙馆笔记》十六卷,止述异闻,不涉因果;又有羊朱翁(亦俞樾)作《耳邮》四卷,自署“戏编”,序谓“用意措辞,亦似有善恶报应之说,实则聊以遣日,非敢云意在劝惩”。颇似以《新齐谐》为法,而记叙简雅,乃类《阅微》,但内容殊异,鬼事不过什一而已。他如江阴金捧阊之《客窗偶笔》四卷(嘉庆元年序),福州梁恭辰之《池上草堂笔记》二十四卷(道光二十八年序),桐城许奉恩之《里乘》十卷(似亦道光中作),亦记异事,貌如志怪者流,而盛陈祸福,专主劝惩,已不足以称小说。

第二十三篇　清之讽刺小说

寓讥弹于稗史者，晋唐已有，而明为盛，尤在人情小说中。然此类小说，大抵设一庸人，极形其陋劣之态，借以衬托俊士，显其才华，故往往大不近情，其用才比于"打诨"。若较胜之作，描写时亦刻深，讥刺之切，或逾锋刃，而《西游补》之外，每似集中于一人或一家，则又疑私怀怨毒，乃逞恶言，非于世事有不平，因抽毫而抨击矣。其近于呵斥全群者，则有《钟馗捉鬼传》十回，疑尚是明人作，取诸色人，比之群鬼，一一抉剔，发其隐情，然词意浅露，已同嫚骂，所谓"婉曲"，实非所知。迨吴敬梓《儒林外史》出，乃秉持公心，指擿时弊，机锋所向，尤在士林；其文又慼而能谐，婉而多讽：于是说部中乃始有足称讽刺之书。

吴敬梓字敏轩，安徽全椒人，幼即颖异，善记诵，稍长补官学弟子员，尤精《文选》，诗赋援笔立成。然不善治生，性又豪，不数年挥旧产俱尽，时或至于绝粮，雍正乙卯，安徽巡抚赵国麟举以应博学鸿词科，不赴，移家金陵，为文坛盟主，又集同志建先贤祠于雨花山麓，祀泰伯以下二百三十人，资不足，售所居屋以成之，而家益贫。晚年自号文木老人，客扬州，尤落拓纵酒，乾隆十九年卒于客中,年五十四(一七〇一至一七五四)。所著有《诗说》七卷,《文木山房集》五卷,诗七卷,皆不甚传(详见新标点本《儒林外史》卷首)。

吴敬梓著作皆奇数,故《儒林外史》亦一例,为五十五回;其成殆在雍正末,著者方侨居于金陵也。时距明亡未百年,士流盖尚有明季遗风,制艺而外,百不经意,但为矫饰,云希圣贤。敬梓之所描写者即是此曹,既多据自所闻见,而笔又足以达之,故能烛幽索隐,物无遁形,凡官师,儒者,名士,山人,间亦有市井细民,皆现身纸上,声态并作,使彼世相,如在目前,惟全书无主干,仅驱使各种人物,行列而来,事与其来俱起,亦与其去俱讫,虽云长篇,颇同短制;但如集诸碎锦,合为帖子,虽非巨幅,而时见珍异,因亦娱心,使人刮目矣。敬梓又爱才士,"汲引如不及,独嫉'时文士'如仇,其尤工者,则尤嫉之。"(程晋芳所作传云)故书中攻难制艺及以制艺出身者亦甚烈,如令选家马二先生自述制艺之所以可贵云:

"……'举业'二字,是从古及今,人人必要做的。就如孔子生在春秋时候,那时用'言扬行举'做官,故孔子只讲得个'言寡尤,行寡悔,禄在其中':这便是孔子的举业。到汉朝,用贤良方正开科,所以公孙弘董仲舒举贤良方正:这便是汉人的举业。到唐朝,用诗赋取士;他们若讲孔孟的话,就没有官做了,所以唐人都会做几句诗:这便是唐人的举业。到宋朝,又好了,都用的是些理学的人做官,所以程朱就讲理学:这便是宋人的举业。到本朝,用文章取士,这是极好的法则。就是夫子在而今,也要念文章,做举业,断不讲那‘言寡尤,行寡悔’的话。何也?就日日讲究‘言寡尤,行寡悔’,那个给你官做?孔子的道,也就不行了。”(第十三回)

《儒林外史》所传人物,大都实有其人,而以象形谐声或瘦词隐语寓其姓名,若参以雍乾间诸家文集,往往十得八九(详见本书上元金和跋)。此马二先生字纯上,处州人,实即全椒冯粹中,为著者挚友,其言真率,又尚上知春秋汉唐,在“时文士”中实犹属诚笃博通之士,但其议论,则不特尽揭当时对于学问之见解,且洞见所谓儒者之心肝者也。至于性行,乃亦君子,例如西湖之游,虽全无会心,颇杀风景,而茫茫然大嚼而归,迂儒之本色固在:

马二先生独自一个,带了几个钱,步出钱塘门,在茶亭里吃了几碗茶,到西湖沿上牌楼跟前坐下,见那一船一船乡下妇女来烧香的,……后面都跟着自己的汉子,……上了岸,散往各庙里去了。马二先生看了一遍,不在意里。起来又走了里把多路,望着湖沿上接连着几个酒店,……马二先生没有钱买了吃,……只得走进一个面店,十六个钱吃了一碗面,肚里不饱,又走到间壁一个茶室吃了一碗茶,买了两个钱“处片”嚼嚼,到觉有些滋味。吃完了出来,……往前走,过了六桥。转个湾,便像些村庄地方。又有人家的棺材,厝基中间,走也走不清,甚是可厌。马二先生欲待回去,遇着一个走路的,问道,“前面可还有好顽的所在?”那人道，“转过去便是净慈，雷峰。怎么不好顽？”马二先生于是又往前走。……过了雷峰，远远望见高高下下许多房子盖著琉璃瓦，……马二先生走到跟前，看见一个极高的山门，一个金字直匾，上写“敕赐净慈禅寺”；山门旁边一个小门。马二先生走了进去；……那些富贵人家女客，成群结队，里里外外，来往不绝。……马二先生身子又长，戴一顶高方巾，一幅乌黑的脸，腆着个肚子，穿着一双厚底破靴，横着身子乱跑，只管在人窝子里撞。女人也不看他，他也不看女人。前前后后跑了一交，又出来坐在那茶亭内，……吃了一碗茶。柜上摆着许多碟子：饺饼，芝麻糖，粽子，烧饼，处片，黑枣，煮栗子，马二先生每样买了几个钱，不论好歹，吃了一饱。马二先生觉得倦了，直着脚跑进清波门；到了下处，关门睡了。因为多走了路，在下处睡了一天；第三日起来，要到城隍山走走。……（第十四回）

至叙范进家本寒微，以乡试中式暴发，旋丁母忧，翼翼尽礼，则无一贬词，而情伪毕露，诚微辞之妙选，亦狙击之辣手矣：

……两人（张静斋及范进）进来，先是静斋谒过，范进上来叙师生之礼。汤知县再三谦让，奉坐吃茶。同静斋叙了些阔别的话；又把范进的文章称赞了一番，问道“因何不去会试？”范进方才说道，“先母见背，遵制丁忧。”汤知县大惊，忙叫换去了吉服。拱进后堂，摆上酒来。……知县安了席坐下，用的都是银镶杯箸。

范进退前缩后的不举杯箸，知县不解其故。静斋笑道，“世先生因遵制，想是不用这个杯箸。”知县忙叫换去。换了一个磁杯，一双象牙箸来，范进又不肯举动。静斋道，“这个箸也不用。”随即换了一双白颜色竹子的来，方才罢了。知县疑惑：“他居丧如此尽礼，倘或不用荤酒，却是不曾备办。”落后看见他在燕窝碗里拣了一个大虾圆子送在嘴里，方才放心。……（第四回）

此外刻划伪妄之处尚多，掊击习俗者亦屡见。其述王玉辉之女既殉夫，玉辉大喜，而当入祠建坊之际，“转觉心伤，辞了不肯来”，后又自言“在家日日看见老妻悲恸，心中不忍”（第四十八回），则描写良心与礼教之冲突，殊极刻深（详见本书钱玄同序）；作者生清初，又束身名教之内，而能心有依违，托稗说以寄慨，殆亦深有会于此矣。以言君子，尚亦有人，杜少卿为作者自况，更有杜慎卿（其兄青然），有虞育德（吴蒙泉），有庄尚志（程绵庄），皆贞士，其盛举则极于祭先贤。迨南京名士渐已销磨，先贤祠亦荒废；而奇人幸未绝于市井，一为“会写字的”，一为“卖火纸筒子的”，一为“开茶馆的”，一为“做裁缝的”。末一尤恬淡，居三山街，曰荆元，能弹琴赋诗，缝纫之暇，往往以此自遣；间亦访其同人。

一日，荆元吃过了饭，思量没事，一径踱到清凉山来。……他有一个老朋友姓于，住在山背后。这于老者也不读书，也不做生意，……督率着他五个儿子灌园。……这日，荆元步了进来，于老者迎着道，“好些时不见老哥来,生意忙的紧?"荆元道,"正是。今日才打发清楚些。特来看看老爹。"于老者道,"恰好烹了一壶现成茶,请用一杯。"斟了送过来。荆元接了,坐着吃,道,"这茶,色香味都好。老爹却是那里取来的这样好水?"于老者道,"我们城西不比你们城南,到处井泉都是吃得的。"荆元道,"古人动说'桃源避世',我想起来,那里要甚么桃源。只如老爹这样清闲自在,住在这样'城市山林'的所在,就是现在的活神仙了。"于老者道,"只是我老拙一样事也不会做,怎的如老哥会弹一曲琴,也觉得消遣些。近来想是一发弹的好了,可好几时请教一回?"荆元道,"这也容易,老爹不嫌污耳,明日携琴来请教。"说了一会,辞别回来。次日,荆元自己抱了琴,来到园里,于老者已焚下一炉好香,在那里等候。……于老者替荆元把琴安放在石凳上,荆元席地坐下,于老者也坐在旁边。荆元慢慢的和了弦,弹起来,铿铿锵锵,声振林木。……弹了一会,忽作变徵之音,凄清宛转。于老者听到深微之处,不觉凄然泪下。自此,他两人常常往来。当下也就别过了。(第五十五回)

然独不乐与士人往还,且知士人亦不屑与友:固非"儒林"中人也。至于此后有无贤人君子得入《儒林外史》,则作者但存疑问而已。

《儒林外史》初惟传钞,后刊木于扬州,已而刻本非一。尝有人排列全书人物,作"幽榜",谓神宗以水旱偏灾,流民载道,冀"旌沉抑之人才"以祈福利，乃并赐进士及第，并遣礼官就国子监祭之；又割裂作者文集中骈语，襞积之以造诏表（金和跋云），统为一回缀于末：故一本有五十六回。又有人自作四回，事既不伦，语复猥陋，而亦杂入五十六回本中，印行于世：故一本又有六十回。

是后亦鲜有以公心讽世之书如《儒林外史》者。

第二十四篇　清之人情小说

乾隆中（一七六五年顷），有小说曰《石头记》者忽出于北京，历五六年而盛行，然皆写本，以数十金鬻于庙市。其本止八十回，开篇即叙本书之由来，谓女娲补天，独留一石未用，石甚自悼叹，俄见一僧一道，以为"形体到也是个宝物了，还只没有实在好处，须得再镌上数字，使人一见便知是奇物方妙。然后好携你到隆盛昌明之邦，诗礼簪缨之族，花柳繁华之地，温柔富贵之乡，去安身乐业"。于是袖之而去。不知更历几劫，有空空道人见此大石，上镌文词，从石之请，钞以问世。道人亦"因空见色，由色生情，传情入色，自色悟空，遂易名为情僧，改《石头记》为《情僧录》；东鲁孔梅溪则题曰《风月宝鉴》；后因曹雪芹于悼红轩中披阅十载，增删五次，纂成目录，分出章回，则题曰《金陵十二钗》，并题一绝云：'满纸荒唐言，一把辛酸泪。都云作者痴，谁解其中味？'"（戚蓼生所序八十回本之第一回）

本文所叙事则在石头城（非即金陵）之贾府，为宁国荣国二公后。宁公长孙曰敷，早死；次敬袭爵，而性好道，又让爵于子珍，弃家学仙；珍遂纵恣，有子蓉，娶秦可卿。荣公长孙曰赦，子琏，娶王熙凤；次曰政；女曰敏，适林海，中年而亡，仅遗一女曰黛玉。贾政娶于王，生子珠，早卒；次生女曰元春，后选为妃；次复得子，则衔玉而生，玉又有字，因名宝玉，人皆以为"来历不小"，而政母史太君尤钟爱之。宝玉既七八岁，聪明绝人，然性爱女子，常说，"女儿是水作的骨肉，男人是泥作的骨肉。"人于是又以为将来且为"色鬼"；贾政亦不甚爱惜，驭之极严，盖缘"不知道这人来历。……若非多读书识字，加以致知格物之功，悟道参玄之力者，不能知也"（戚本第二回贾雨村云）。而贾氏实亦"闺阁中历历有人"，主从之外，姻连亦众，如黛玉宝钗，皆来寄寓，史湘云亦时至，尼妙玉则习静于后园。右即贾氏谱大要，用虚线者其姻连，著×者夫妇，著＊者在"金陵十二钗"之数者也。

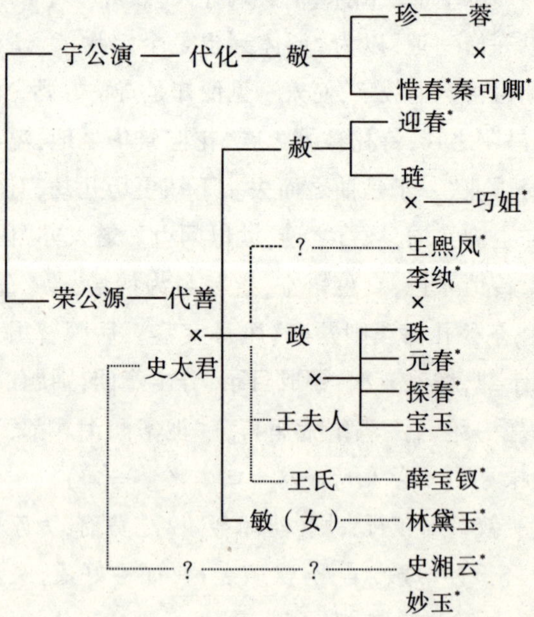

事即始于林夫人(贾敏)之死,黛玉失恃,又善病,遂来依外家,时与宝玉同年,为十一岁。已而王夫人女弟所生女亦至,即薛宝钗,较长一年,颇极端丽。宝玉纯朴,并爱二人无偏心,宝钗浑然不觉,而黛玉稍恚。一日,宝玉倦卧秦可卿室,遽梦入太虚境,遇警幻仙,阅《金陵十二钗正册》及《副册》,有图有诗,然不解。警幻命奏新制《红楼梦》十二支,其末阕为《飞鸟各投林》,词有云:

"为官的,家业凋零;富贵的,金银散尽。有恩的,死里逃生;无情的,分明报应。欠命的命已还,欠泪的泪已尽!……看破的,遁入空门;痴迷的,枉送了性命。好一似,食尽鸟投林:落了片白茫茫大地真干净!"(戚本第五回)

然宝玉又不解,更历他梦而寤。迨元春被选为妃,荣公府愈贵盛,及其归省,则辟大观园以宴之,情亲毕至,极天伦之乐。宝玉亦渐长,于外昵秦钟蒋玉函,归则周旋于姊妹中表以及侍儿如袭人晴雯平儿紫鹃辈之间,昵而敬之,恐拂其意,爱博而心劳,而忧患亦日甚矣。

这日,宝玉因见湘云渐愈,然后去看黛玉。正值黛玉才歇午觉,宝玉不敢惊动。因紫鹃正在回廊上手里做针线,便上来问他,"昨日夜里咳嗽的可好些?"紫鹃道,"好些了。"(宝玉道,"阿弥陀佛,宁可好了罢。"紫鹃笑道,"你也念起佛来,真是新闻。")宝玉笑道,"所谓‘病笃乱投医’了。”一面说，一面见他穿着弹墨绫子薄绵袄，外面只穿着青缎子夹背心，宝玉便伸手向他身上抹了一抹，说，“穿的这样单薄，还在风口里坐着。春风才至，时气最不好。你再病了，越发难了。”紫鹃便说道，“从此咱们只可说话，别动手动脚的。一年大二年小的，叫人看着不尊重；又打着那起混账行子们背地里说你。你总不留心，还只管合小时一般行为，如何使得？姑娘常常吩咐我们，不叫合你说笑。你近来瞧他，远着你，还恐远不及呢。”说着，便起身，携了针线，进别房去了。宝玉见了这般景况，心中忽觉浇了一盆冷水一般，只看着竹子发了回呆。因祝妈正来挖笋修竿，便忙忙走了出来，一时魂魄失守，心无所知，随便坐在一块石上出神，不觉滴下泪来。直呆了五六顿饭工夫，千思万想，总不知如何是好。偶值雪雁从王夫人房中取了人参来，从此经过，……便走过来，蹲下笑道，“你在这里作什么呢？”宝玉忽见了雪雁，便说道，“你又作什么来招我？你难道不是女儿？他既防嫌，总不许你们理我，你又来寻我，倘被人看见，岂不又生口舌？你快家去罢。”雪雁听了，只当他又受了黛玉的委屈，只得回至房中，黛玉未醒，将人参交与紫鹃。……雪雁道，“姑娘还没醒呢，是谁给了宝玉气受？坐在那里哭呢。”……紫鹃听说，忙放下针线，……一直来寻宝玉。走到宝玉跟前，含笑说道，“我不过说了两句话，为的是大家好。你就赌气，跑了这风地里来哭，作出病来唬我。”宝玉忙笑道，“谁赌气了？我因为听你说的有理，我想你们既这样说,自然别人也是这样说,将来渐渐的都不理我了。我所以想着自己伤心。”……(戚本第五十七回,括弧中句据程本补。)

然荣公府虽煊赫,而“生齿日繁,事务日盛,主仆上下,安富尊荣者尽多,运筹谋画者无一,其日用排场,又不能将就省俭”,故“外面的架子虽未甚倒,内囊却也尽上来了。”(第二回)颓运方至,变故渐多;宝玉在繁华丰厚中,且亦屡与“无常”觌面,先有可卿自经;秦钟夭逝;自又中父妾厌胜之术,几死;继以金钏投井;尤二姐吞金;而所爱之侍儿晴雯又被遣,随殁。悲凉之雾,遍被华林,然呼吸而领会之者,独宝玉而已。

……他便带了两个小丫头到一石后,也不怎么样,只问他二人道,“自我去了,你袭人姐姐可打发人瞧晴雯姐姐去了不曾?”这一个答道,“打发宋妈妈瞧去了。”宝玉道,“回来说什么?”小丫头道,“回来说晴雯姐姐直着脖子叫了一夜,今儿早起就闭了眼,住了口,人事不知,也出不得一声儿了,只有倒气的分儿了。”宝玉忙问道,“一夜叫的是谁?”小丫头子道,(“一夜叫的是娘。”宝玉拭泪道,“还叫谁?”小丫头说,)“没有听见叫别人。”宝玉道,“你糊涂,想必没听真。”(……因又想:)“虽然临终未见,如今且去灵前一拜,也算尽了这五六年的情肠。”……遂一径出园,往前日之处来,意为停柩在内。谁知他哥嫂见他一咽气,便回了进去,希图得几两发送例银。王夫人闻知,便赏了十两银子;

又命"即刻送到外头焚化了罢。'女儿痨'死的,断不可留!"他哥嫂听了这话,一面就雇了人来入殓,抬往城外化人厂去了。……宝玉走来扑了个空,……自立了半天,别没法儿,只得翻身进入园中,待回自房,甚觉无趣,因乃顺路来找黛玉,偏他不在房中。……又到蘅芜院中,只见寂静无人。……仍往潇湘馆来,偏黛玉尚未回来。……正在不知所以之际,忽见王夫人的丫头进来找他,说,"老爷回来了,找你呢。又得了好题目来了,快走快走!"宝玉听了,只得跟了出来。……彼时贾政正与众幕友谈论寻秋之胜;又说,"临散时忽然谈及一事,最是千古佳谈,'风流俊逸忠义慷慨'八字皆备。到是个好题目,大家都要作一首挽词。"众人听了,都忙请教是何等妙题。贾政乃说,"近日有一位恒王,出镇青州。这恒王最喜女色,且公余好武,因选了许多美女,日习武事。……其姬中有一姓林行四者,姿色既冠,且武艺更精,皆呼为林四娘,恒王最得意,遂超拔林四娘统辖诸姬,又呼为姽婳将军。"众清客都称"妙极神奇!竟以'姽婳'下加'将军'二字,更觉妩媚风流,真绝世奇文!想这恒王也是第一风流人物了。"……(戚本第七十八回,括弧中句据程本补。)

《石头记》结局,虽早隐现于宝玉幻梦中,而八十回仅露"悲音",殊难必其究竟。比乾隆五十七年(一七九二),乃有百二十回之排印本出,改名《红楼梦》,字句亦时有不同,程伟元序其前云,"……然原本目录百二十卷,……爰为竭力搜罗,自藏书家甚至故纸堆中，无不留心。数年以来，仅积有二十余卷。一日，偶于鼓担上得十余卷，遂重价购之。……然漶漫不可收拾，乃同友人细加厘剔，截长补短，钞成全部，复为镌板以公同好。《石头记》全书至是始告成矣。"友人盖谓高鹗，亦有序，末题"乾隆辛亥冬至后一日"，先于程序者一年。

后四十回虽数量止初本之半，而大故迭起，破败死亡相继，与所谓"食尽鸟飞独存白地"者颇符，惟结末又稍振。宝玉先失其通灵玉，状类失神。会贾政将赴外任，欲于宝玉娶妇后始就道，以黛玉羸弱，乃迎宝钗。姻事由王熙凤谋画，运行甚密，而卒为黛玉所知，咯血，病日甚，至宝玉成婚之日遂卒。宝玉知将婚，自以为必黛玉，欣然临席，比见新妇为宝钗，乃悲叹复病。时元妃先薨；贾赦以"交通外官倚势凌弱"革职查抄，累及荣府；史太君又寻亡；妙玉则遭盗劫，不知所终；王熙凤既失势，亦郁郁死。宝玉病亦加，一日垂绝，忽有一僧持玉来，遂苏，见僧复气绝，历噩梦而觉；乃忽改行，发愤欲振家声，次年应乡试，以第七名中式。宝钗亦有孕，而宝玉忽亡去。贾政既葬母于金陵，将归京师，雪夜泊舟毗陵驿，见一人光头赤足，披大红猩猩毡斗篷，向之下拜，审视知为宝玉。方欲就语，忽来一僧一道，挟以俱去，且不知何人作歌，云"归大荒"，追之无有，"只见白茫茫一片旷野"而已。"后人见了这本传奇，亦曾题过四句，为作者缘起之言更进一竿云：'说到酸辛事，荒唐愈可悲，由来同一梦，休笑世人痴。'"（第一百二十回）

全书所写，虽不外悲喜之情，聚散之迹，而人物事故，则摆脱旧套，与在先之人情小说甚不同。如开篇所说：

空空道人遂向石头说道，“石兄，你这一段故事，……据我看来：第一件，无朝代年纪可考；第二件，并无大贤大忠，理朝廷治风俗的善政，其中只不过几个异样女子——或情，或痴，或小才微善——亦无班姑蔡女之德能。我纵钞去，恐世人不爱看呢。”

石头笑曰，“我师何太痴也！若云无朝代可考，今我师竟假借汉唐等年纪添缀，又有何难？但我想历来野史，皆蹈一辙；莫如我不借此套，反到新鲜别致，不过只取其事体情理罢了。……历来野史，或讪谤君相，或贬人妻女，奸淫凶恶，不可胜数。……至若才子佳人等书，则又千部共出一套，且其中终不能不涉于淫滥，以致满纸‘潘安子建’，‘西子文君’；……且环婢开口，即‘者也之乎’，非文即理，故逐一看去，悉皆自相矛盾，大不近情理之说。竟不如我半世亲睹亲闻的这几个女子，虽不敢说强似前代所有书中之人，但事迹原委，亦可以消愁破闷也。……至若离合悲欢，兴衰际遇，则又追踪蹑迹，不敢稍加穿凿，徒为哄人之目，而反失其真传者。……”（戚本第一回）

盖叙述皆存本真，闻见悉所亲历，正因写实，转成新鲜。而世人忽略此言，每欲别求深义，揣测之说，久而遂多。今汰去悠谬不足辩，如谓是刺和珅（《谭瀛室笔记》）藏谶纬（《寄蜗残赘》）明易象（《金玉缘》评语）之类，而著其世所广传者于下：

一，纳兰成德家事说。自来信此者甚多。陈康祺（《燕下乡脞录》五）记姜宸英典康熙己卯顺天乡试获咎事，因及其师徐时栋(号柳泉)之说云,“小说《红楼梦》一书,即记故相明珠家事,金钗十二,皆纳兰侍御所奉为上客者也,宝钗影高澹人;妙玉即影西溟先生:‘妙’为‘少女’,‘姜’亦妇人之美称;‘如玉’‘如英’,义可通假。……”侍御谓明珠之子成德,后改名性德,字容若。张维屏(《诗人征略》)云,“贾宝玉盖即容若也;《红楼梦》所云,乃其髫龄时事。”俞樾(《小浮梅闲话》)亦谓其“中举人止十五岁,于书中所述颇合”。然其他事迹,乃皆不符;胡适作《红楼梦考证》(《文存》三),已历正其失。最有力者,一为姜宸英有《祭纳兰成德文》,相契之深,非妙玉于宝玉可比;一为成德死时年三十一,时明珠方贵盛也。

二,清世祖与董鄂妃故事说。王梦阮沈瓶庵合著之《红楼梦索隐》为此说。其提要有云,“盖尝闻之京师故老云,是书全为清世祖与董鄂妃而作,兼及当时诸名王奇女也。……”而又指董鄂妃为即秦淮旧妓嫁为冒襄妾之董小宛,清兵下江南,掠以北,有宠于清世祖,封贵妃,已而夭逝;世祖哀痛,乃遁迹五台山为僧云。孟森作《董小宛考》(《心史丛刊》三集),则历摘此说之谬,最有力者为小宛生于明天启甲子,若以顺治七年入宫,已二十八岁矣,而其时清世祖方十四岁。

三,康熙朝政治状态说。此说即发端于徐时栋,而大备于蔡元培之《石头记索隐》。开卷即云,“《石头记》者,清康熙朝政治小说也。作者持民族主义甚挚,书中本事,在吊明之亡,揭清之失,而尤于汉族名士仕清者寓痛惜之意。……”于是比拟引申,以求其合,以“红”为影“朱”字;以“石头”为指金陵;以“贾”为斥伪朝;以“金陵十二钗”为拟清初江南之名士:如林黛玉影朱彝尊,王熙凤影余国柱,史湘云影陈维崧,宝钗妙玉则从徐说,旁征博引,用力甚勤。然胡适既考得作者生平,而此说遂不立,最有力者即曹雪芹为汉军,而《石头记》实其自叙也。

然谓《红楼梦》乃作者自叙,与本书开篇契合者,其说之出实最先,而确定反最后。嘉庆初,袁枚(《随园诗话》二)已云,“康熙中,曹练亭为江宁织造,……其子雪芹撰《红楼梦》一书,备记风月繁华之盛。中有所谓大观园者,即余之随园也。”末二语盖夸,余亦有小误(如以楝为练,以孙为子),但已明言雪芹之书,所记者其闻见矣。而世间信者特少,王国维(《静庵文集》)且诘难此类,以为“所谓‘亲见亲闻’者,亦可自旁观者之口言之,未必躬为剧中之人物”也,迨胡适作考证,乃较然彰明,知曹雪芹实生于荣华,终于苓落,半生经历,绝似“石头”,著书西郊,未就而没;晚出全书,乃高鹗续成之者矣。

雪芹名霑,字芹溪,一字芹圃,正白旗汉军。祖寅,字子清,号楝亭,康熙中为江宁织造。清世祖南巡时,五次以织造署为行宫,后四次皆寅在任。然颇嗜风雅,尝刻古书十余种,为时所称;亦能文,所著有《楝亭诗钞》五卷《词钞》一卷(《四库书目》),传奇二种(《在园杂志》)。寅子頫,即雪芹父,亦为江宁织造,故雪芹生于南京。时盖康熙末。雍正六年,頫卸任,雪芹亦归北京,时约十岁。然不知何因,是后曹氏似遭巨变,家顿落,雪芹至中年,乃至贫居西郊,啜饘粥,但犹傲兀,时复纵酒赋诗,而作《石头记》盖亦此际。乾隆二十七年,子殇,雪芹伤感成疾,至除夕,卒,年四十余(一七一九?至一七六三)。其《石头记》尚未就,今所传者止八十回(详见《胡适文选》)。

言后四十回为高鹗作者,俞樾(《小浮梅闲话》)云,“《船山诗草》有《赠高兰墅鹗同年》一首云,‘艳情人自说《红楼》。’注云，‘《红楼梦》八十回以后，俱兰墅所补。’然则此书非出一手。按乡会试增五言八韵诗，始乾隆朝，而书中叙科场事已有诗，则其为高君所补可证矣。”然鹗所作序，仅言“友人程子小泉过予，以其所购全书见示，且曰，‘此仆数年铢积寸累之辛心，将付剞劂，公同好。子闲且惫矣，盍分任之。’予以是书……尚不背于名教，……遂襄其役。”盖不欲明言己出，而寮友则颇有知之者。鹗即字兰墅，镶黄旗汉军，乾隆戊申举人，乙卯进士，旋入翰林，官侍读，又尝为嘉庆辛酉顺天乡试同考官。其补《红楼梦》当在乾隆辛亥时，未成进士，“闲且惫矣”，故于雪芹萧条之感，偶或相通。然心志未灰，则与所谓“暮年之人，贫病交攻，渐渐的露出那下世光景来”（戚本第一回）者又绝异。是以续书虽亦悲凉，而贾氏终于“兰桂齐芳”，家业复起，殊不类茫茫白地，真成干净者矣。

续《红楼梦》八十回本者，尚不止一高鹗。俞平伯从戚蓼生所序之八十回本旧评中抉剔，知先有续书三十回，似叙贾氏子孙流散，宝玉贫寒不堪，“悬崖撒手”，终于为僧；然其详不可考（《红楼梦辨》下有专论）。或谓“戴君诚夫见一旧时真本，八十回之后，皆与今本不同，荣宁籍没后，皆极萧条；宝钗亦早卒，宝玉无以作家，至沦于击柝之流。史湘云则为乞丐，后乃与宝玉仍成夫妇。……闻吴润生中丞家尚藏有其本。”（蒋瑞藻《小说考证》七引《续阅微草堂笔记》）此又一本，盖亦续书。二书所补，或俱未契于作者本怀，然长夜无晨，则与前书之伏线亦不背。

此他续作，纷纭尚多，如《后红楼梦》《红楼后梦》《续红楼梦》《红楼复梦》《红楼梦补》《红楼补梦》《红楼重梦》《红楼再梦》《红楼幻梦》《红楼圆梦》《增补红楼》《鬼红楼》《红楼梦影》

等。大率承高鹗续书而更补其缺陷,结以“团圆”;甚或谓作者本以为书中无一好人,因而钻刺吹求,大加笔伐。但据本书自说,则仅乃如实抒写,绝无讥弹,独于自身,深所忏悔。此固常情所嘉,故《红楼梦》至今为人爱重,然亦常情所怪,故复有人不满,奋起而补订圆满之。此足见人之度量相去之远,亦曹雪芹之所以不可及也。仍录彼语,以结此篇:

……作者自云:因曾历过一番梦幻之后,故将真事隐去,而借“通灵”之说,撰此《石头记》一书也。……自又云:今风尘碌碌,一事无成,忽念及当日所有之女子,一一细考较去,觉其行止见识,皆出于我之上。何我堂堂须眉,诚不若彼裙钗女子?实愧则有余,悔又无益,是大无可如何之日也。当此,则自欲将已往所赖天恩祖德,锦衣纨袴之时,饫甘餍肥之日,背父兄教育之恩,负师友规训之德,以致今日一技无成,半生潦倒之罪,编述一集,以告天下人。我之罪固不免,然闺阁中本自历历有人,万不可因我之不肖,自己护短,一并使其泯灭。虽今日之茅椽蓬牖,瓦灶绳床,其晨夕风露,阶柳庭花,亦未有妨我之襟怀,束笔阁墨;虽我未学,下笔无文,又何妨用俚语村言,敷衍出一段故事来,亦可使闺阁照传,复可悦世之目,破人愁闷,不亦宜乎?……(戚本第一回)

第二十五篇　清之以小说见才学者

以小说为庋学问文章之具，与寓惩劝同意而异用者，在清盖莫先于《野叟曝言》。其书光绪初始出，序云康熙时江阴夏氏作，其人“以名诸生贡于成均，既不得志，乃应大人先生之聘，辄祭酒帷幕中，遍历燕晋秦陇。……继而假道黔蜀，自湘浮汉，溯江而归。所历既富，于是发为文章，益有奇气，……然首已斑矣。（自是）屏绝进取，壹意著书”，成《野叟曝言》二十卷，然仅以示友人，不欲问世，迨印行时，已小有缺失；一本独全，疑他人补足之。二本皆无撰人名，金武祥（《江阴艺文志》凡例）则云夏二铭作。二铭，夏敬渠之号也；光绪《江阴县志》（十七《文苑传》）云，“敬渠，字懋修，诸生；英敏绩学，通史经，旁及诸子百家礼乐兵刑天文算数之学，靡不淹贯。……生平足迹几遍海内，所交尽贤豪。著有《纲目举正》《经史余论》《全史约编》《学古编》，诗文集若干卷。”与序所言者颇合，惟列于赵曦明之后，则乾隆中盖尚存。

《野叟曝言》庞然巨帙，回数多至百五十四回，以“奋武揆文天下无双正士熔经铸史人间第一奇书”二十字编卷，即作者所以浑括其全书。至于内容，则如凡例言，凡“叙事，说理，谈经，论史，教孝，劝忠，运筹，决策，艺之兵诗医算，情之喜怒哀惧，讲道学，辟邪说，……”无所不包，而以文白为之主。白字素臣，“是铮铮铁汉，落落奇才，吟遍江山，胸罗星斗。说他不求宦达，却见理如漆雕；说他不会风流，却多情如宋玉。挥毫作赋，则颉颃相如；抵掌谈兵，则伯仲诸葛，力能扛鼎，退然如不胜衣；勇可屠龙，凛然若将陨谷。旁通历数，下视一行；闲涉岐黄，肩随仲景。以朋友为性命；奉名教若神明。真是极有血性的真儒，不识炎凉的名士。他平生有一段大本领，是止崇正学，不信异端；有一副大手眼，是解人所不能解，言人所不能言”（第一回）。然而明君在上，君子不穷，超擢飞腾，莫不如意。书名辟鬼，举手除妖，百夷慑于神威，四灵集其家囿。文功武烈，并萃一身，天子崇礼，号曰“素父”。而仍有异术，既能易形，又工内媚，姬妾罗列，生二十四男。男又大贵，且生百孙；孙又生子，复有云孙。其母水氏年百岁，既见“六世同堂”，来献寿者亦七十国；皇帝赠联，至称为“镇国卫圣仁孝慈寿宣成文母水太君”（百四十四回）。凡人臣荣显之事，为士人意想所能及者，此书几毕载矣，惟尚不敢希帝王。至于排斥异端，用力尤劲，道人释子，多被诛夷，坛场荒凉，塔寺毁废，独有“素父”一家，乃嘉祥备具，为万流宗仰而已。

《野叟曝言》云是作者“抱负不凡，未得黼黻休明，至老经猷莫展”，因而命笔，比之“野老无事，曝日清谈”（凡例云）。可知衒学寄慨，实其主因，圣而尊荣，则为抱负，与明人之神魔及佳人才子小说面目似异，根柢实同，惟以异端易魔，以圣人易才子而已。意既夸诞，文复无味，殊不足以称艺文，但欲知当时所谓

“理学家”之心理，则于中颇可考见。雍正末，江阴人杨名时为云南巡抚，其乡人拔贡生夏宗澜尝从之问《易》，以名时为李光地门人，故并宗光地而说益怪。乾隆初，名时入为礼部尚书，宗澜亦以经学荐授国子监助教，又历主他讲席，仍终身师名时（《四库书目》六及十《江阴志》十六及十七）。稍后又有诸生夏祖熊，亦“博通群经，尤笃好性命之学，患二氏说漫衍，因复考辨以归于正”（《江阴志》十七）。盖江阴自有杨名时（卒赠太子太傅谥文定）而影响颇及于其乡之士风；自有夏宗澜师杨名时而影响又颇及于夏氏之家学，大率与当时当道名公同意，崇程朱而斥陆王，以“打僧骂道”为唯一盛业，故若文白者之言行际遇，固非独作者一人之理想人物矣。文白或云即作者自寓，析“夏”字作之；又有时太师，则杨名时也，其崇仰盖承夏宗澜之绪余，然因此遂或误以《野叟曝言》为宗澜作。

欲于小说见其才藻之美者，则有屠绅《蟫史》二十卷。绅字贤书，号笏岩，亦江阴人，世业农。绅幼孤，而资质聪敏，年十三即入邑庠，二十成进士，寻授云南师宗县知县，迁寻甸州知州，五校乡闱，颇称得士，后为广州同知。嘉庆六年以候补在北京，暴疾卒于客舍，年五十八（一七四四至一八〇一）。绅豪放嫉俗，生平慕汤显祖之为人，而作吏颇酷，又好内，姬侍众多（已上俱见《鹗亭诗话》附录）；为文则务为古涩艳异，晦其义旨，志怪有《六合内外琐言》，杂说有《鹗亭诗话》（见第二十二篇），皆如此。《蟫史》为长篇，署“磊砢山房原本”，金武祥（《粟香随笔》二）云是绅作。书中有桑蠋生，盖作者自寓，其言有云，“予，甲子生也。”与绅生年正同。开篇又云，“在昔吴侬官于粤岭，行年大衍有奇，海隅之行，若有所得，辄就见闻传闻之异辞，汇为一编。”且假傅鼐扦苗之事(在乾隆六十年)为主干,则始作当在嘉庆初,不数年而毕;有五年四月小停道人序。次年,则绅死矣。

《蟫史》首即言闽人桑蠋生海行,舟败堕水,流至甲子石之外澳,为捕鱼人所救,引以见甘鼎。鼎官指挥,方奉檄筑城防寇,求地形家,见生大喜,如其图依甲子石为垣,遂成神奇之城,敌不能瞰。又于地穴中得三箧书,其一凡二十卷,‘题曰‘彻土作稼之文,归墟野凫氏画’。又一箧为天人图,题曰‘眼藏须弥僧道作’。又一箧为方书,题曰‘六子携持极老人口授’。蠋生谓指挥曰,‘此书明明授我主宾矣。何言之?彻土,桑也;作稼,甘也。’……营龛于秘室,置之;行则藏枕中;有所求发明,则拜而同启视;两人大悦。”(第一回)已而有邝天龙者为乱,自署广州王,其党娄万赤有异术,则翊辅之。甘鼎进讨;有龙女来助,擒天龙,而万赤逸去。鼎以功晋位镇抚,仍随石珏协剿海寇,又破交人;万赤在交址,则仍不能得。旋擢兵马总帅,赴楚蜀黔广备九股苗,遂与诸苗战,多历奇险,然皆胜,其一事云:

……须臾,苗卒大呼曰,“汉将不敢见阵耶?”季孙引五百人,翼而进。两旗忽下,地中飞出滴血鸡六,向汉将啼;又六犬皆火色,亦嚎声如豺。军士面灰死,木立,仅倚其械。矩儿飞椎凿六犬脑,皆裂。木兰袖蛇医,引之啄一鸡,张喙死;五鸡连栖而不鸣。惟见瓦片所图鸡犬形,狼藉于地,实非有二物也。……复至金大都督营中,则癞牛病马各六,均有皮无毛;士卒为角触足踏者皆死,一牛龁金大都督之足,已齿陷于骨;矩儿挥两戚落牛首,齿仍不脱;木兰急遣虎头神凿去其齿,足骨亦折焉，令左右舁归大营。牛马奔突无所制，木兰以鲤鳞帕撒之，一鳞露一剑，并斫一十牛马。其物各吐火四五尺，鳞剑为之焦灼，火大延烧，牛马皆叫嚣自得。见猕猴掷身入，举手作霹雳声，暴雨灭火，平地起水丈余，牛马俱浸死。木兰喜曰，“吾固知乐王子能传灭火真人衣钵矣。”水退，见牛马皆无有，乃砌壁之破瓮朱书牛马字：是为鼍妖之“穷神尽化”云。……（卷九）

娄万赤亦在苗中，知交址将有事，潜归。甘鼎至广州，与抚军区星进击交址。区用犷儿策，疾薄宜京，斩关而入，擒其王，交民悉降；甘则由水道进，列营于江桥北。

……娄万赤与其师李长脚斗法于江桥南。……李长脚变金井给万赤，即坠入，忽有铁树挺出，井阑撑欲破。犷儿引庆喜至，出白罗巾掷树巅，砉然有声，铁树不复见，李长脚复其形，觅万赤，卧桥畔沙石间。遂袖出白壶子一器，持向万赤顶骨咒曰：……咒毕，举手振一雷。万赤精气已铄，跃入江中，将随波出海。木兰呼鳞介士百人追之飘浮，所在必见吆喝，乃变为璅蛣。乘海蟹空腹，入之，以为“藏身之固”矣，交址人善捞蟹者，得是物如箕，大喜，刳蟹将取其腹腴，一虫随手出，倏坠地化为人形，俄顷长大，固俨然盲僧焉，询之不复语。有屠者携刀来视，咄咄曰，“蟹腹自有‘仙人’，一名‘和尚’，要是谑语；断无别肠容此妖物，不诛戮之，吾南交祸未已也。”挥刀斫其首。时甘君已入城，与区

> 抚军议班师矣;常越所部卒持盲僧首以献,转告两元戎。桑长史进曰,“斯必万赤头也。记天人第二图为大蟹浮海中,篆云‘横行自毙’。某当初疑万赤先亡,乃今始验。”适李长脚入辞,视其头笑曰,“此贼以水火阴阳,为害中国,不死于黄钺而死于屠刀,固犬豕之流耳。仙骨何有哉?……”……(卷二十)

自是交址平。桑蠋生还闽;甘鼎亦弃官去,言将度庾岭云。

《蟫史》神态,仿佛甚奇,然探其本根,则实未离于神魔小说;其缀以亵语,固由作者禀性,而一面亦尚承明代“世情书”之流风。特缘勉造硬语,力拟古书,成诘屈之文,遂得掩凡近之意。洪亮吉(《北江诗话》)评其诗云,“如栽盆红药,蓄沼文鱼。”汪瑔序其《鹗亭诗话》云,“貌渊奥而实平易,……然笔致遒峭可喜。”即谓虽华艳而乏天趣,徒奇崛而无深意也。《蟫史》亦然,惟以其文体为他人所未试,足称独步而已。

以排偶之文试为小说者,则有陈球之《燕山外史》八卷。球字蕴斋,秀水诸生,家贫,以卖画自给,工骈俪,喜传奇,因有此作(《光绪嘉兴府志》五十二)。自谓“史体从无以四六为文,自我作古,极知僭妄,……第行于稗乘,当希末减”。盖未见张鷟《游仙窟》(见第八篇),遂自以为独创矣。其本成于嘉庆中(约一八一〇),专主词华,略以寄慨,故即取明冯梦桢所撰《窦生传》为骨干,加以敷衍,演为三万一千余言。传略谓永乐时有窦绳祖,本燕人,就学于嘉兴,悦贫女李爱姑,迎以同居;久之,父迫令就婚淄川宦族,遂绝去。爱姑复为金陵鹾商所绐,辗转落妓家,得侠士马遴之助,终复归窦,而大妇甚妒,虐遇之,生不能堪,偕爱姑遁去，会有唐赛儿之乱，又相失。比生复归，则资产已空，妇亦求去，孑然止存一身，而爱姑忽至，自言当日匿尼庵中，今遂返矣。是年窦生及第，累官至山东巡抚；迎爱姑入署如命妇。未几生男，求乳媪，有应者，则前大妇也，再嫁后夫死子殇，遂困顿为贱役，而生仍优容之。然妇又设计害马遴，生亦牵连得罪；顾终竟昭雪复官，后与爱姑皆仙去。其事殊庸陋，如一切佳人才子小说常套，而作者奋然有取，则殆缘转折尚多，足以示行文手腕而已，然语必四六，随处拘牵，状物叙情，俱失生气，姑勿论六朝俪语，即较之张鷟之作，虽无其俳谐，而亦逊其生动也。仍录其叙窦生为父促归，爱姑怅怅失所之辞，以备一格：

……其父内存爱犊之思，外作搏牛之势，投鼠奚遑忌器，打鸭未免惊鸳；放苙之豚，追来入苙，丧家之犬，叱去还家。疾驱而身弱如羊，遂作补牢之计，严锢而人防似虎，终无出柙之时；所虞龙性难驯，拴于铁柱，还恐猿心易动，辱以蒲鞭。由是姑也蔷薇架畔，青黛将颦，薜荔墙边，红花欲悴，托意丁香枝上，其意谁知，寄情豆蔻梢头，此情自喻。而乃莲心独苦，竹沥将枯，却嫌柳絮何情，漫漫似雪，转恨海棠无力，密密垂丝。才过迎春，又经半夏，采葑采葛，只自空期，投李投桃，俱为陈迹，依稀梦里，徒栽侍女之花，抑郁胸前，空带宜男之草。未能蠲忿，安得忘忧？鼓残瑟上桐丝，奚时续断，剖破楼头菱影，何日当归？岂知去者益远，望乃徒劳，昔虽音问久疏，犹同乡井，后竟梦魂永隔，忽阻山川。室迩人遐，每切三秋之感，星移物换，仅深两地之思。

……(卷二)

至光绪初(一八七九),有永嘉傅声谷注释之,然于本文反有删削。

雍乾以来,江南人士惕于文字之祸,因避史事不道,折而考证经子以至小学,若艺术之微,亦所不废;惟语必征实,忌为空谈,博识之风,于是亦盛。逮风气既成,则学者之面目亦自具,小说乃“道听途说者之所造”,史以为“无可观”,故亦不屑道也;然尚有一李汝珍之作《镜花缘》。汝珍字松石,直隶大兴人,少而颖异,不乐为时文,乾隆四十七年随其兄之海州任,因师事凌廷堪,论文之暇,兼及音韵,自云“受益极多”,时年约二十。其生平交游,颇多研治声韵之士;汝珍亦特长于韵学,旁及杂艺,如壬遁星卜象纬,以至书法弈道多通。顾不得志,盖以诸生终老海州,晚年穷愁,则作小说以自遣,历十余年始成,道光八年遂有刻本。不数年,汝珍亦卒,年六十余(约一七六三至一八三〇)。于音韵之著述有《音鉴》,主实用,重今音,而敢于变古(以上详见新标点本《镜花缘》卷首胡适《引论》)。盖惟精声韵之学而仍敢于变古,乃能居学者之列,博识多通而仍敢于为小说也;惟于小说又复论学说艺,数典谈经,连篇累牍而不能自已,则博识多通又害之。

《镜花缘》凡一百回,大略叙武后于寒中欲赏花,诏百花齐放;花神不敢抗命,从之,然又获天谴,谪于人间,为百女子。时有秀才唐敖,应试中探花,而言官举劾,谓与叛人徐敬业辈有旧,复被黜,因慨然有出尘之想,附其妇弟林之洋商舶遨游海外,跋涉异域,时遇畸人,又多睹奇俗怪物,幸食仙草,“入圣超凡”,遂入山不复返。其女小山又附舶寻父，仍历诸异境，且经众险，终不遇；但从山中一樵父得父书，名之曰闺臣，约其“中过才女”后可相见；更进，则见荒冢，曰镜花冢；更进，则入水月村；更进，则见泣红亭，其中有碑，上镌百人名姓，首史幽探，终毕全贞，而唐闺臣在第十一。人名之后有总论，其文有云：

> 泣红亭主人曰：以史幽探哀萃芳冠首者，盖主人自言穷探野史，尝有所见，惜湮没无闻，而哀群芳之不传，因笔志之。……结以花再芳毕全贞者，盖以群芳沦落，几至澌灭无闻，今赖斯而不朽，非若花之重芳乎？所列百人，莫非琼林琪树，合璧骈珠，故以全贞毕焉。（第四十八回）

闺臣不得已，遂归；值武后开科试才女，得与试，且亦入选，名次如碣文。于是同榜者百人大会于宗伯府，又连日宴集，弹琴赋诗，围棋讲射，蹴鞠斗草，行令论文，评韵谱，解《毛诗》，尽觞咏之乐。已而有两女子来，自云考列四等才女，而实风姨月姊化身，旋复以文字结嫌，弄风惊其坐众。魁星则现形助诸女；麻姑亦化为道姑，来和解之，于是即席诵诗，皆包含坐中诸人身世，自过去及现在，以至将来，间有哀音，听者黯淡，然不久意解，欢笑如初。末则文芸起兵谋匡复，才女或亦在军，有死者；而武家军终败。于是中宗复位，仍尊太后武氏为则天大圣皇帝。未几，则天下诏，谓来岁仍开女试，并命前科众才女重赴“红文宴”，而《镜花缘》随毕。然以上仅全局之半，作者自云欲知“镜中全影，且待后缘”，则当有续书，然竟未作。

作者命笔之由,即见于《泣红亭记》,盖于诸女,悲其销沉,爰托稗官,以传芳烈。书中关于女子之论亦多,故胡适以为"是一部讨论妇女问题的小说,他对于这个问题的答案,是男女应该受平等的待遇,平等的教育,平等的选举制度"(详见本书《引论》四)。其于社会制度,亦有不平,每设事端,以寓理想;惜为时势所限,仍多迂拘,例如君子国民情,甚受作者叹羡,然因让而争,矫伪已甚,生息此土,则亦劳矣,不如作诙谐观,反有启颜之效也。

> ……说话间,来到闹市,只见一隶卒在那里买物,手中拿着货物道,"老兄如此高货,却讨恁般贱价,教小弟买去,如何能安?务求将价加增,方好遵教。若再过谦,那是有意不肯赏光交易了。"……只听卖货人答道,"既承照顾,敢不仰体。但适才妄讨大价,已觉厚颜;不意老兄反说货高价贱,岂不更教小弟惭愧?况敝货并非'言无二价',其中颇有虚头。俗云'漫天要价,就地还钱'。今老兄不但不减,反要加增,如此克己,只好请到别家交易,小弟实难遵命。"唐敖道,"'漫天要价,就地还钱',原是买物之人向来俗谈;至'并非言无二价,其中颇有虚头',亦是买者之话。不意今皆出于卖者之口,倒也有趣。"只听隶卒又说道,"老兄以高货讨贱价,反说小弟'克己',岂不失了忠恕之道?凡事总要彼此无欺,方为公允。试问'那个腹中无算盘',小弟又安能受人之愚哩?"谈之许久,卖货人执意不增。隶卒赌气,照数付价,拿了一半货物,刚要举步。

> 卖货人那里肯依，只说“价多货少”，拦住不放。路旁走过两个老翁，作好作歹，从公评定，令隶卒照价拿了八折货物，这才交易而去。……唐敖道，“如此看来，这几个交易光景，岂非‘好让不争’的一幅行乐图么？我们还打听甚么？且到前面再去畅游。如此美地，领略领略风景，广广见识，也是好的。”……（第十一回《观雅化闲游君子邦》）

又其罗列古典才艺，亦殊繁多，所叙唐氏父女之游行，才女百人之聚宴，几占全书什七，无不广据旧文（略见钱静方《小说丛考》上），历陈众艺，一时之事，或亘数回。而作者则甚自喜，假林之洋之打诨，自论其书云，“这部‘少子’，乃圣朝太平之世出的；是俺天朝读书人做的。这人就是老子的后裔。老子做的是《道德经》，讲的都是元虚奥妙。他这‘少子’虽以游戏为事，却暗寓劝善之意，不外风人之旨。上面载着诸子百家，人物花鸟，书画琴棋，医卜星相，音韵算法，无一不备。还有各样灯谜，诸般酒令，以及双陆马吊，射鹄蹴毬，斗草投壶，各种百戏之类。件件都可解得睡魔，也可令人喷饭。”（二十三回）盖以为学术之汇流，文艺之列肆，然亦与《万宝全书》为邻比矣。惟经作者匠心，剪裁运用，故亦颇有虽为古典所拘，而尚能绰约有风致者，略引如下：

> ……多九公道，“林兄如饿，恰好此地有个充饥之物。”随向碧草丛中摘了几枝青草。……林之洋接过，只见这草宛如韭菜，内有嫩茎，开着几朵青花，即放入

口内，不觉点头道，“这草一股清香，倒也好吃。请问九公，他叫甚么名号？……”唐敖道，“小弟闻得海外鹊山有青草，花如韭，名‘祝余’，可以疗饥。大约就是此物了。”多九公连连点头。于是又朝前走。……只见唐敖忽然路旁折了一枝青草，其叶如松，青翠异常，叶上生着一子，大如芥子，把子取下，手执青草道，“舅兄才吃祝余，小弟只好以此奉陪了。”说罢，吃入腹内。又把那个芥子放在掌中，吹气一口，登时从那子中生出一枝青草来，也如松叶，约长一尺，再吹一口，又长一尺，一连吹气三口，共有三尺之长，放在口边，随又吃了。林之洋笑道，“妹夫要这样很嚼，只怕这里青草都被你吃尽哩。这芥子忽变青草，这是甚故？”多九公道，“此是‘蹑空草’，又名‘掌中芥’。取子放在掌中，一吹长一尺，再吹又长一尺，至三尺止。人若吃了，能立空中，所以叫做蹑空草。”林之洋道，“有这好处，俺也吃他几枝，久后回家，倘房上有贼，俺蹑空追他，岂不省事。”于是各处寻了多时，并无踪影。多九公道，“林兄不必找了。此草不吹不生。这空山中有谁吹气栽他？刚才唐兄吃的，大约此子因鸟雀啄食，受了呼吸之气，因此落地而生，并非常见之物，你却从何寻找？老夫在海外多年，今日也是初次才见。若非唐兄吹他，老夫还不知就是蹑空草哩。”……（第九回）

第二十六篇　清之狭邪小说

唐人登科之后，多作冶游，习俗相沿，以为佳话，故伎家故事，文人间亦著之篇章，今尚存者有崔令钦《教坊记》及孙棨《北里志》。自明及清，作者尤夥，明梅鼎祚之《青泥莲花记》，清余怀之《板桥杂记》尤有名。是后则扬州，吴门，珠江，上海诸艳迹，皆有录载；且伎人小传，亦渐侵入志异书类中，然大率杂事琐闻，并无条贯，不过偶弄笔墨，聊遣绮怀而已。若以狭邪中人物事故为全书主干，且组织成长篇至数十回者，盖始见于《品花宝鉴》，惟所记则为伶人。

明代虽有教坊，而禁士大夫涉足，亦不得挟妓，然独未云禁招优。达官名士以规避禁令，每呼伶人侑酒，使歌舞谈笑；有文名者又揄扬赞叹，往往如狂酲，其流行于是日盛。清初，伶人之焰始稍衰，后复炽，渐乃愈益猥劣，称为“像姑”，流品比于娼女矣。《品花宝鉴》者，刻于咸丰二年（一八五二），即以叙乾隆以来北京优伶为专职，而记载之内，时杂猥辞，自谓伶人有邪正，狎客亦有雅俗，并陈妍媸，固犹劝惩之意，其说与明人之凡为“世情书”者略同。至于叙事行文，则似欲以缠绵见长，风雅为主，而描摹儿女之书，昔又多有，遂复不能摆脱旧套，虽所谓上品，即作者之理想人物如梅子玉杜琴言辈，亦不外伶如佳人，客为才子，温情软语，累牍不休，独有佳人非女，则他书所未写者耳。其叙“名旦”杜琴言往梅子玉家问病时情状云：

却说琴言到梅宅之时，心中十分害怕，满拟此番必有一场羞辱。及至见过颜夫人之后，不但不加呵责，倒有怜恤之心，又命他去安慰子玉，却也意想不到，心中一喜一悲。但不知子玉病体轻重，如何慰之？只好遵夫人之命，老着脸走到子玉房里。见帘帏不卷，几案生尘，一张小楠木床挂了轻绡帐。云儿先把帐子掀开，叫声“少爷，琴言来看你了”。子玉正在梦中，模模糊糊应了两声。琴言就坐在床沿，见那子玉面庞黄瘦，憔悴不堪。琴言凑在枕边，低低叫了一声，不绝泪涌下来，滴在子玉的脸上。只见子玉忽然呵呵一笑道：

“七月七日长生殿，夜半无人私语时。”

子玉吟了之后，又接连笑了两笑。琴言见他梦魔如此，十分难忍，在子玉身上掀了两掀，因想夫人在外，不好高叫，改口叫声“少爷”。子玉犹在梦中想念，候到七月七日，到素兰处，会了琴言，三人又好诉衷谈心，这是子玉刻刻不忘，所以念出这两句唐曲来。魂梦既酣，一时难醒，又见他大笑一会，又吟道：

“我道是黄泉碧落两难寻，……”

歌罢，翻身向内睡着。琴言看他昏到如此，泪越多了，只好呆怔怔看着，不好再叫。……（第二十九回）

《品花宝鉴》中人物，大抵实有，就其姓名性行，推之可知。惟梅杜二人皆假设，字以“玉”与“言”者，即“寓言”之谓，盖著者以为高绝，世已无人足供影射者矣。书中有高品，则所以自况，实为常州人陈森书（作者手稿之《梅花梦传奇》上，自署毘陵陈森，则“书”字或误衍），号少逸，道光中寓居北京，出入菊部中，因拾闻见事为书三十回，然又中辍，出京漫游，己酉（一八四九）自广西复至京，始足成后半，共六十回，好事者竞相传钞，越三年而有刻本（杨懋建《梦华琐簿》）。

至作者理想之结局，则具于末一回，为名士与名旦会于九香园，画伶人小像为花神，诸名士为赞；诸伶又书诸名士长生禄位，各为赞，皆刻石供养九香楼下。时诸伶已脱梨园，乃“当着众名士之前”，熔化钗钿，焚弃衣裙，将烬时，“忽然一阵香风，将那灰烬吹上半空，飘飘点点，映着一轮红日，像无数的花朵与蝴蝶飞舞，金迷纸醉，香气扑鼻，越旋越高，到了半天，成了万点金光，一闪不见”云。

其后有《花月痕》十六卷五十二回，题“眠鹤主人编次”，咸丰戊午年（一八五八）序，而光绪中始流行。其书虽不全写狭邪，顾与伎人特有关涉，隐现全书中，配以名士，亦如佳人才子小说定式。略谓韦痴珠韩荷生皆伟才硕学，游幕并州，极相善，亦同游曲中，又各有相眷妓，韦者曰秋痕，韩者曰采秋。韦风流文采，倾动一时，而不遇，困顿羁旅中；秋痕虽倾心，亦终不得嫁韦。已而韦妻先殁，韦亦寻亡，秋痕殉焉。韩则先为达官幕中上客，参机要，旋以平寇功，由举人保升兵科给事中，复因战绩，累迁至封侯。采秋久归韩，亦得一品夫人封典。班师受封之后，“高宴三日，自大将军以至走卒，无不雀忭。”（第五十回）而韦乃仅一子零丁，扶棺南下而已。其布局盖在使升沉相形，行文亦惟以缠绵为主，但时复有悲凉哀怨之笔，交错其间，欲于欢笑之时，并见黯然之色，而诗词简启，充塞书中，文饰既繁，情致转晦。符兆纶评之云，“词赋名家，却非说部当行，其淋漓尽致处，亦是从词赋中发泄出来，哀感顽艳。……”虽稍谀，然亦中其失。至结末叙韩荷生战绩，忽杂妖异之事，则如情话未央，突来鬼语，尤为通篇芜累矣。

……采秋道，“……妙玉称个‘槛外人’，宝玉称个‘槛内人’；妙玉住的是栊翠庵，宝玉住的是怡红院。……书中先说妙玉怎样清洁，宝玉常常自认浊物。不见将来清者转浊，浊者极清？”痴珠叹一口气，高吟道，“‘一失足成千古恨，再回头已百年身。’”随说道，“……就书中‘贾雨村言’例之：薛者，设也；黛者，代也。设此人代宝玉以写生，故‘宝玉’二字，宝字上属于钗，就是宝钗；玉字下系于黛，就是黛玉。钗黛直是个‘子虚乌有’，算不得什么。倒是妙玉，真是做宝玉的反面镜子，故名之为妙。一僧一尼，暗暗影射，你道是不是呢？”采秋答应。……痴珠随说道，“‘色即是空，空即是色。’”便敲着案子朗吟道：

“银字筝调心字香，英雄底事不柔肠？我来一切观空处，也要天花作道场。采莲曲里猜莲子，丛桂开时又见君，何必摇鞭背花去，十年心已定香熏。”

荷生不待痴珠吟完，便哈哈大笑道，“算了，喝酒罢。”说笑一回，天就亮了。痴珠用过早点，坐着采秋的车先去了。午间，得荷生柬帖云：

“顷晤秋痕，泪随语下，可怜之至。弟再四慰解，令作缓图。临行，嘱弟转致阁下云，‘好自静养。耿耿此心，必有以相报也。’知关锦念，率此布闻。并呈小诗四章，求和。”

诗是七绝四首。……痴珠阅毕，便次韵和云：

“无端花事太凌迟，残蕊伤心剩折枝，我欲替他求净境，转嫌风恶不全吹。蹉跎恨在夕阳边，湖海浮沉二十年，骆马杨枝都去也，……”

正往下写，秃头回道，“菜市街李家着人来请，说是刘姑娘病得不好。”痴珠惊讶，便坐车赴秋心院来。秋痕头上包着绉帕，趺坐床上，身边放着数本书，凝眸若有所思，突见痴珠，便含笑低声说道，“我料得你挨不上十天。其实何苦呢？”痴珠说道，“他们说你病着，叫我怎忍不来呢？”秋痕叹道，“你如今一请就来，往后又是纠缠不清。”痴珠笑道，“往后再商量罢。”自此，痴珠又照旧往来了。是夜，痴珠续成和韵诗，末一章有“博得蛾眉甘一死，果然知己属倾城”之句，至今犹诵人口。……（第二十五回）

长乐谢章铤《赌棋山庄诗集》有《题魏子安所著书后》五绝三首，一为《石经考》，一为《陔南山馆诗话》，一即《花月痕》（蒋瑞藻《小说考证》八引《雷颠笔记》），因知此书为魏子安作。子安名秀仁，福建侯官人，少负文名，而年二十余始入泮，即连举丙午（一八四六）乡试，然屡应进士试不第，乃游山西陕西四川，终为成都芙蓉书院院长，因乱逃归，卒，年五十六（一八一九至一八七四），著作满家，而世独传其《花月痕》（《赌棋山庄文集》五）。秀仁寓山西时，为太原知府保眠琴教子，所入颇丰，且多暇，而苦无聊，乃作小说，以韦痴珠自况，保偶见之，大喜，力奖其成，遂为巨帙云（谢章铤《课余续录》一）。然所托似不止此，卷首有太原歌妓《刘栩凤传》，谓“倾心于逋客，欲委身焉”，以索值昂中止，将抑郁憔悴死矣。则秋痕盖即此人影子，而逋客实魏。韦韩，又逋客之影子也，设穷达两途，各拟想其所能至，穷或类韦，达当如韩，故虽自寓一己，亦遂离而二之矣。

全书以伎女为主题者，有《青楼梦》六十四回，题“釐峰慕真山人著”，序则云俞吟香。吟香名达，江苏长洲人，中年颇作冶游，后欲出离，而世事牵缠，又不能遽去，光绪十年（一八八四）以风疾卒，所著尚有《醉红轩笔话》《花间棒》《吴中考古录》及《闲鸥集》等（邹弢《三借庐笔谈》四）。《青楼梦》成于光绪四年，则取吴中倡女，以发挥其“游花国，护美人，采芹香，掇巍科，任政事，报亲恩，全友谊，敦琴瑟，抚子女，睦亲邻，谢繁华，求慕道”（第一回）之大理想，所写非实，从可知矣。略谓金挹香字企真，苏州府长洲县人，幼即工文，长更慧美，然不娶，谓欲得“有情人”，而“当世滔滔，斯人谁与？竟使一介寒儒，怀才不遇，公卿大夫竟无一识我之人，反不若青楼女子，竟有慧眼识英雄于未遇时也”（本书《题纲》）。故挹香游狭邪，特受伎人爱重，指挥如意，犹南面王。例如：

……（挹香与二友及十二妓女）至轩中，三人重复观玩，见其中修饰，别有巧思。轩外名花绮丽，草木精

神。正中摆了筵席,月素定了位次,三人居中,众美人亦序次而坐:

第一位鸳鸯馆主人褚爱芳　第二位烟柳山人王湘云　第三位铁笛仙袁巧云　第四位爱雏女史朱素卿　第五位惜花春起早使者陆丽春　第六位探梅女士郑素卿　第七位浣花仙史陆文卿……第十一位梅雪争先客何月娟

末位护芳楼主人自己坐了;两旁四对侍儿斟酒。众美人传杯弄盏,极尽绸缪。挹香向慧琼道,"今日如此盛会,宜举一觞令,庶不负此良辰。"月素道,"君言诚是,即请赐令。"挹香说道,"请主人自己开令。"月素道,"岂有此理,还请你来。"挹香被推不过,只得说道,"有占了。"众美人道,"令官必须先饮门面杯起令,才是。"于是十二位美人俱各斟酒一杯,奉与挹香;挹香一饮而尽,乃启口道,"酒令胜于军令,违者罚酒三巨觥!"众美人唯唯听命。……(第五回)

挹香亦深于情,侍疾服劳不厌,如:

……一日,挹香至留香阁,爱卿适发胃气,饮食不进。挹香十分不舍,忽想着过青田著有《医门宝》四卷,尚在馆中书架内,其中胃气丹方颇多,遂到馆取而复至,查到"香郁散"最宜,令侍儿配了回来,亲侍药炉茶灶;又解了几天馆,朝夕在留香阁陪伴。爱卿更加感激,乃口占一绝,以报挹香。……(第二十一回)

后乃终“掇巍科”，纳五妓，一妻四妾。又为养亲计，捐职仕余杭，即迁知府，则“任政事”矣。已而父母皆在府衙中跨鹤仙去；挹香亦悟道，将入山，

> ……心中思想道，“我欲勘破红尘，不能明告他们知道，只得一个私自瞒了他们，踱了出去的了。”次日写了三封信，寄与拜林梦仙仲英，无非与他们留书志别的事情，又嘱拜林早日代吟梅完其姻事。过了几天，挹香又带了几十两银子，自己去置办了道袍道服草帽凉鞋，寄在人家，重归家里。又到梅花馆来，恰巧五美俱在，挹香见他们不识不知，仍旧笑嘻嘻在着那里，觉心中还有些对他们不起的念头。想了一回，叹道，“既解情关，有何恋恋！”……（第六十回）

遂去，羽化于天台山，又归家，悉度其妻妾，于是“金氏门中两代白日升天”（第六十一回）。其子则早抡元；旧友亦因挹香汲引，皆仙去；而曩昔所识三十六伎；亦一一“归班”，缘此辈“多是散花苑主坐下司花的仙女，因为偶触思凡之念，所以谪降红尘，如今尘缘已满，应该重入仙班”（第六十四回）也。

《红楼梦》方板行，续作及翻案者即奋起，各竭智巧，使之团圆，久之，乃渐兴尽，盖至道光末而始不甚作此等书。然其余波，则所被尚广远，惟常人之家，人数鲜少，事故无多，纵有波澜，亦不适于《红楼梦》笔意，故遂一变，即由叙男女杂沓之狭邪以发泄之。如上述三书，虽意度有高下，文笔有妍媸，而皆摹绘柔情，敷陈艳迹，精神所在，实无不同，特以谈钗黛而生厌，因改求佳人

于倡优，知大观园者已多，则别辟情场于北里而已。然自《海上花列传》出，乃始实写妓家，暴其奸谲，谓“以过来人现身说法”，欲使阅者“按迹寻踪，心通其意，见当前之媚于西子，即可知背后之泼于夜叉，见今日之密于糟糠，即可卜他年之毒于蛇蝎”（第一回）。则开宗明义，已异前人，而《红楼梦》在狭邪小说之泽，亦自此而斩也。

《海上花列传》今有六十四回，题“云间花也怜侬著”，或谓其人即松江韩子云，善弈棋，嗜鸦片，旅居上海甚久，曾充报馆编辑，所得笔墨之资，悉挥霍于花丛中，阅历既深，遂洞悉此中伎俩（《小说考证》八引《谈瀛室笔记》）；而未详其名，自署云间，则华亭人也。其书出于光绪十八年（一八九二），每七日印二回，遍鬻于市，颇风行。大略以赵朴斋为全书线索，言赵年十七，以访母舅洪善卿至上海，遂游青楼，少不更事，沉溺至大困顿，旋被洪送令还。而赵又潜返，愈益沦落，至“拉洋车”。书至此为第二十八回，忽不复印。作者虽目光始终不离于赵，顾事迹则仅此，惟因赵又牵连租界商人及浪游子弟，杂述其沉湎征逐之状，并及烟花，自“长三”至“花烟间”具有；略如《儒林外史》，若断若续，缀为长篇。其訾倡女之无深情，虽责善于非所，而记载如实，绝少夸张，则固能自践其“写照传神，属辞比事，点缀渲染，跃跃如生”（第一回）之约者矣。如述赵朴斋初至上海，与张小村同赴“花烟间”时情状云：

……王阿二一见小村，便搡上去嚷道，“耐好啊！骗我，阿是？耐说转去两三个月哓，直到仔故歇坎坎来。阿是两三个月嘎？只怕有两三年哉！……”小村忙陪笑央告道，"耐覅动气，我搭耐说。"便凑着王阿二耳朵边，轻轻的说话。说不到四句，王阿二忽跳起来，沉下脸道，"耐倒乖杀哚。耐想拿件湿布衫拨来别人着仔，耐末脱体哉，阿是？"小村发急道，"勿是呀，耐也等我说完仔了嘿。"王阿二便又爬在小村怀里去听，也不知咕咕唧唧说些甚么，只见小村说着，又努嘴，王阿二即回头把赵朴斋瞟了一眼，接着小村又说了几句。王阿二道，"耐末那价呢？"小村道，"我是原照旧碗。"王阿二方才罢了；立起身来，剔亮了灯台；问朴斋尊姓；又自头至足，细细打量。朴斋别转脸去，装做看单条。只见一个半老娘姨，一手提水铫子，一手托两盒烟膏，……蹭上楼来，……把烟盒放在烟盘里，点了烟灯，冲了茶碗，仍提铫子下楼自去。王阿二靠在小村身旁烧起烟来，见朴斋独自坐着，便说，"榻床浪来觯觯嘿。"朴斋巴不得一声，随向烟榻下手躺下，看着王阿二烧好一口烟，装在枪上，授于小村，飕飗飗直吸到底。……至第三口，小村说，"覅吃哉。"王阿二调过枪来，授与朴斋。朴斋吸不惯，不到半口，斗门噎住。……王阿二将签子打通烟眼，替他把火。朴斋趁势捏他手腕，王阿二夺过手，把朴斋腿膀尽力摔了一把，摔得朴斋又瘦又痛又爽快。朴斋吸完烟，却偷眼去看小村，见小村闭着眼，朦朦胧胧，似睡非睡光景，朴斋低声叫"小村哥"。连叫两声，小村只摇手，不答应。王阿二道，"烟迷呀，随俚去罢。"朴斋便不叫了。……（第二回）

至光绪二十年,则第一至六十回俱出,进叙洪善卿于无意中见赵拉车,即寄书于姊,述其状。洪氏无计;惟其女曰二宝者颇能,乃与母赴上海来访,得之,而又皆留连不遽返。洪善卿力劝令归,不听,乃绝去。三人资斧渐尽,驯至不能归,二宝遂为倡,名甚噪。已而遇史三公子,云是巨富,极爱二宝,迎之至别墅消夏,谓将娶以为妻,特须返南京略一屏当,始来迓,遂别。二宝由是谢绝他客,且贷金盛制衣饰,备作嫁资,而史三公子竟不至。使朴斋往南京询得消息,则云公子新订婚,方赴扬州亲迎去矣。二宝闻信昏绝,救之始苏,而负债至三四千金,非重理旧业不能偿,于是复揽客,见噩梦而书止。自跋谓将续作,然不成。后半于所谓海上名流之雅集,记叙特详,但稍失实;至描写他人之征逐,挥霍,及互相欺谩之状,乃不稍逊于前三十回。有述赖公子赏女优一节,甚得当时世态:

……文君改装登场,一个门客凑趣,先喊声"好!"不料接接连连,你也喊好,我也喊好,一片声嚷得天崩地塌,海搅江翻。……只有赖公子捧腹大笑,极其得意。唱过半出,就令当差的放赏。那当差的将一卷洋钱散放在巴斗内,呈赖公子过目,望台上只一撒,但闻索郎一声响,便见许多晶莹煜耀的东西,满台乱滚;台下这些帮闲门客又齐声一号。文君揣知赖公子其欲逐逐,心上一急,倒急出个计较来,当场依然用心的唱,唱罢落场,……含笑入席。不提防赖公子一手将文君拦入怀中;文君慌的推开立起,佯作怒色,却又爬在赖公子肩膀,悄悄的附耳说了几句,赖公子连连点头道,

"晓得哉。"……(第四十四回)

书中人物,亦多实有,而悉隐其真姓名,惟不为赵朴斋讳。相传赵本作者挚友,时济以金,久而厌绝,韩遂撰此书以谤之,印卖至第二十八回,赵急致重赂,始辍笔,而书已风行;已而赵死,乃续作贸利,且放笔至写其妹为倡云。然二宝沦落,实作者豫定之局,故当开篇赵朴斋初见洪善卿时,即叙洪问"耐有个令妹,……阿曾受茶?"答则曰:"匆曾。今年也十五岁哉。"已为后文伏线也。光绪末至宣统初,上海此类小说之出尤多,往往数回辄中止,殆得赂矣;而无所营求,仅欲摘发伎家罪恶之书亦兴起,惟大都巧为罗织,故作已甚之辞,冀震耸世间耳目,终未有如《海上花列传》之平淡而近自然者。

第二十七篇　清之侠义小说及公案

明季以来，世目《三国》《水浒》《西游》《金瓶梅》为“四大奇书”，居说部上首，比清乾隆中，《红楼梦》盛行，遂夺《三国》之席，而尤见称于文人。惟细民所嗜，则仍在《三国》《水浒》。时势屡更，人情日异于昔，久亦稍厌，渐生别流，虽故发源于前数书，而精神或至正反，大旨在揄扬勇侠，赞美粗豪，然又必不背于忠义。其所以然者，即一缘文人或有憾于《红楼》，其代表为《儿女英雄传》；一缘民心已不通于《水浒》，其代表为《三侠五义》。

《儿女英雄传评话》本五十三回，今残存四十回，题“燕北闲人著”。马从善序云出文康手，盖定稿于道光中。文康，费莫氏，字铁仙，满洲镶红旗人，大学士勒保次孙也，“以资为理藩院郎中，出为郡守，洊擢观察，丁忧旋里，特起为驻藏大臣，以疾不果行，卒于家。”家本贵盛，而诸子不肖，遂中落且至困惫。文康晚年块处一室，笔墨仅存，因著此书以自遣。升降盛衰，俱所亲历，“故于世运之变迁，人情之反复，三致意焉。”（并序语）荣华已落，怆然有怀，命笔留辞，其情况盖与曹雪芹颇类。惟彼为写实，为自叙，此为理想，为叙他，加以经历复殊，而成就遂迥异矣。

书首有雍正甲寅观鉴我斋序，谓为“格致之书”，反《西游》等之“怪力乱神”而正之；次乾隆甲寅东海吾了翁识，谓得于春明市上，不知作者何人，研读数四，“更于没字处求之”，始知言皆有物，因补其阙失，弁以数言云云：皆作者假托。开篇则谓“这部评话……初名《金玉缘》；因所传的是首善京都一桩公案，又名《日下新书》。篇中立旨立言，虽然无当于文，却还一洗秽语淫词，不乖于正，因又名《正法眼藏五十三参》，初非释家言也。后来东海吾了翁重订，题曰《儿女英雄传评话》。……”(首回)多立异名，摇曳见态，亦仍为《红楼梦》家数也。

所谓“京都一桩公案”者，为有侠女曰何玉凤，本出名门，而智慧骁勇绝世，其父先为人所害，因奉母避居山林，欲伺间报仇。其怨家曰纪献唐，有大勋劳于国，势甚盛。何玉凤急切不得当，变姓名曰十三妹，往来市井间，颇拓弛玩世；偶于旅次见孝子安骥困厄，救之，以是相识，后渐稔。已而纪献唐为朝廷所诛，何虽未手刃其仇而父仇则已报，欲出家，然卒为劝沮者所动，嫁安骥。骥又有妻曰张金凤，亦尝为玉凤所拯，乃相睦如姊妹，后各有孕，故此书初名《金玉缘》。

书中人物亦常取同时人为蓝本；或取前人，如纪献唐，蒋瑞藻(《小说考证》八)云，“吾之意，以为纪者，年也；献者，《曲礼》云，‘犬名羹献’；唐为帝尧年号：合之则年羹尧也。……其事迹与本传所记悉合。”安骥殆以自寓，或者有慨于子而反写之。十三妹未详，当纯出作者意造，缘欲使英雄儿女之概，备于一身，遂致性格失常，言动绝异，矫揉之态，触目皆是矣。如叙安骥初遇何于旅舍，虑其入室，呼人抬石杜门，众不能动，而何反为之运以入，即其例也：

……那女子又说道，“弄这块石头，何至于闹的这等马仰人翻的呀?”张三手里拿着镢头，看了一眼，接口说，“怎么‘马仰人翻’呢？瞧这家伙，不这么弄，问得动他吗？打谅顽儿呢。”那女子走到跟前，把那块石头端相了端相，……约莫也有个二百四五十斤重，原是一个碾粮食的碌碡；上面靠边，却有个凿通了的关眼儿。……他先挽了挽袖子，……把那石头撂倒在平地上，用右手推着一转，找着那个关眼儿，伸进两个指头去勾住了，往上只一悠，就把那二百多斤的石头碌碡，单撒手儿提了起来。向着张三李四说道，“你们两个也别闲着，把这石头上的土给我拂落净了。”两个屁滚尿流，答应了一声，连忙用手拂落了一阵，说，“得了。”那女子才回过头来，满面含春的向安公子道，“尊客，这石头放在那里?”安公子羞得面红过耳，眼观鼻鼻观心的答应了一声，说，“有劳，就放在屋里罢。”那女子听了，便一手提着石头，款动一双小脚儿，上了台阶儿，那只手撩起了布帘，跨进门去，轻轻的把那块石头放在屋里南墙根儿底下；回转头来，气不喘，面不红，心不跳。众人伸头探脑的向屋里看了，无不咤异。……(第四回)

结末言安骥以探花及第，复由国子监祭酒简放乌里雅苏台参赞大臣，未赴，又“改为学政，陛辞后即行赴任，办了些疑难大案，政声载道，位极人臣，不能尽述”。因此复有人作续书三十二回，文意并拙，且未完，云有二续，序题“不计年月无名氏”盖光绪二十年顷北京书估之所造也。

《三侠五义》出于光绪五年(一八七九),原名《忠烈侠义传》,百二十回,首署“石玉昆述”,而序则云问竹主人原藏,入迷道人编订,皆不详为何如人。凡此流著作,虽意在叙勇侠之士,游行村市,安良除暴,为国立功,而必以一名臣大吏为中枢,以总领一切豪俊,其在《三侠五义》者曰包拯。拯字希仁,以进士官至礼部侍郎,其间尝除天章阁待制,又除龙图阁学士,权知开封府,立朝刚毅,关节不到,世人比之阎罗,有传在《宋史》(三百十六)。而民间所传,则行事率怪异,元人杂剧中已有包公“断立太后”及“审乌盆鬼”诸异说;明人又作短书十卷曰《龙图公案》,亦名《包公案》,记拯借私访梦兆鬼语等以断奇案六十三事,然文意甚拙,盖仅识文字者所为。后又演为大部,仍称《龙图公案》,则组织加密,首尾通连,即为《三侠五义》蓝本矣。

《三侠五义》开篇,即叙宋真宗未有子,而刘李二妃俱娠,约立举子者为正宫。刘乃与宫监郭槐密谋,俟李生子,即易以剥皮之狸猫,谓生怪物。太子则付宫人寇珠,命缢而弃诸水,寇珠不忍,窃授陈林,匿八大王所,云是第三子,始得长育。刘又谗李妃去之,忠宦多死。真宗无子,既崩,八王第三子乃入承大统,即仁宗也。书由是即进叙包拯降生,惟以前案为下文伏线而已。复次,则述拯婚宦及断案事迹,往往取他人故事,并附著之。比知开封,乃于民间遇李妃,发“狸猫换子”旧案,时仁宗始知李为真母,迎以归。拯又以忠诚之行,感化豪客,如三侠,即南侠展昭,北侠欧阳春,双侠丁兆兰,丁兆蕙,以及五鼠,为钻天鼠卢方,彻地鼠韩彰,穿山鼠徐庆,翻江鼠蒋平,锦毛鼠白玉堂等,率为盗侠,纵横江湖间,或则偶入京师,戏盗御物,人亦莫能制,顾皆先后倾心，投诚受职，协诛强暴，人民大安。后襄阳王赵珏谋反，匿其党之盟书于冲霄楼，五鼠从巡按颜查散探访，而白玉堂遽独往盗之，遂坠铜网阵而死；书至此亦完。其中人物之见于史者，惟包拯八王等数人；故事亦多非实有，五鼠虽明人之《龙图公案》及《西洋记》皆载及，而并云物怪，与此之为义士者不同，宗藩谋反，仁宗时实未有，此殆因明宸濠事而影响附会之矣。至于构设事端，颇伤稚弱，而独于写草野豪杰，辄奕奕有神，间或衬以世态，杂以诙谐，亦每令莽夫分外生色。值世间方饱于妖异之说，脂粉之谈，而此遂以粗豪脱略见长，于说部中露头角也。

> ……马汉道，“喝酒是小事，但不知锦毛鼠是怎么个人？”……展爷便将陷空岛的众人说出，又将绰号儿说与众人听了。公孙先生在旁，听得明白，猛然省悟道，“此人来找大哥，却是要与大哥合气的。”展爷道，“他与我素无仇隙，与我合什么气呢？”公孙策道，“大哥，你自想想，他们五人号称‘五鼠’，你却号称‘御猫’，焉有猫儿不捕鼠之理？这明是嗔大哥号称御猫之故，所以知道他要与大哥合气。”展爷道，“贤弟所说，似乎有理。但我这‘御猫’，乃圣上所赐，非是劣兄有意称‘猫’，要欺压朋友。他若真个为此事而来，劣兄甘拜下风，从此后不称御猫，也未为不可。”众人尚未答言，惟赵虎正在豪饮之间，……却有些不服气，拿着酒杯，立起身来道，“大哥，你老素昔胆量过人，今日何自馁如此？这‘御猫’二字，乃圣上所赐，如何改得？倘若是那个甚么白糖咧，黑糖咧，他不来便罢，他若来

时，我烧一壶开开的水，把他冲着喝了，也去去我的滞气。”展爷连忙摆手说，“四弟悄言。岂不闻‘窗外有耳’？”刚说至此，只听得拍的一声，从外面飞进一物，不偏不歪，正打在赵虎擎的那个酒杯之上，只听当啷啷一声，将酒杯打了个粉碎。赵爷唬了一跳，众人无不惊骇。只见展爷早已出席，将槅扇虚掩，回身复又将灯吹灭，便把外衣脱下，里面却是早已结束停当的。暗暗将宝剑拿在手中，却把槅扇假做一开，只听拍的一声，又是一物打在槅扇上。展爷这才把槅扇一开，随着劲一伏身蹿将出去。只觉得迎面一股寒风，嗖的就是一刀，展爷将剑扁着，往上一迎，随招随架，用目在星光之下仔细观瞧，见来人穿着簇青的夜行衣靠，脚步伶俐：依稀是前在苗家集见的那人。二人也不言语，惟听刀剑之声，叮当乱响。展爷不过招架，并不还手，见他刀刀逼紧，门路精奇，南侠暗暗喝采；又想道，“这朋友好不知进退。我让着你，不肯伤你。又何必赶尽杀绝？难道我还怕你不成？”暗道，“也叫他知道知道。”便把宝剑一横，等刀临近，用个“鹤唳长空势”，用力往上一削。只听得噌的一声，那人的刀已分为两段，不敢进步，只见他将身一纵，已上了墙头。展爷一跃身，也跟上去。……（第三十九回）

当俞樾寓吴下时，潘祖荫归自北京，出示此本，初以为寻常俗书耳，及阅毕，乃叹其“事迹新奇，笔意酣恣，描写既细入毫芒，点染又曲中筋节，正如柳麻子说‘武松打店’，初到店内无人,蓦地一吼,店中空缸空甏,皆瓮瓮有声:闲中着色,精神百倍”(俞序语)。而颇病开篇“狸猫换太子”之不经,乃别撰第一回,“援据史传,订正俗说。”又以书中南侠北侠双侠,其数已四,非三能包,加小侠艾虎,则又成五,“而黑妖狐智化者,小侠之师也,小诸葛沈仲元者,第一百回中盛称其从游戏中生出侠义来,然则此两人非侠而何?”因复改名《七侠五义》,于光绪己丑(一八八九)序而传之,乃与初本并行,在江浙特盛。

其年五月,复有《小五义》出于北京,十月,又出《续小五义》,皆一百二十四回。序谓与《三侠五义》皆石玉昆原稿,得之其徒。“本三千多篇,分上中下三部,总名《忠烈侠义传》,原无大小之说,因上部三侠五义为创始之人,故谓之大五义,中下二部五义即其后人出世,故谓之小五义。”《小五义》虽续上部,而又自白玉堂盗盟单起,略当上部之百一回;全书则以襄阳王谋反,义侠之士竞谋探其隐事为线索。是时白玉堂早被害,余亦渐衰老,而后辈继起,并有父风。卢方之子珍,韩彰之子天锦,徐庆之子良,白玉堂之侄芸生,旨意外凑聚于客舍,益以小侠艾虎,遂结为兄弟。诸人奔走道路,颇诛豪强,终集武昌,拟共破铜网阵,未陷而书毕。《续小五义》即接叙前案,铜网先破,叛王遂逃,而诸侠仍在江湖间诛锄盗贼。已而襄阳王成擒,天子论功,侠义之士皆受封赏,于是全书完。序虽云二书皆石玉昆旧本,而较之上部,则中部荒率殊甚,入下又稍细,因疑草创或出一人,润色则由众手,其伎俩有工拙,故正续遂差异也。

且说徐庆天然的性气一冲的性情,永不思前想后,一时不顺,他就变脸,把桌子一扳,哗喇一声,碗盏皆碎。钟雄是泥人，还有个土性情，拿住了你们，好眼相看，摆酒款待，你倒如此，难怪他怒发。指着三爷道，“你这是怎样了？”三爷说，“这是好的哪。”寨主说，“不好便当怎样？”三爷说，“打你！”话言未了，就是一拳。钟雄就用指尖往三爷肋下一点。“哎哟！”噗咚！三爷就躺于地下。焉知晓钟寨主用的是“十二支讲关法”，又叫“闭血法”，俗语就叫“点穴”。三爷心里明白，不能动转。钟雄拿脚一踢，吩咐绑起来。三爷周身这才活动，又教人捆上了五花大绑。展南侠自己把二臂往后一背，说，“你们把我捆上！”众人有些不肯，又不能不捆。钟雄传令，推在丹凤桥枭首。内中有人嚷道，“刀下留人！”……(《小五义》第十七回)

且说黑妖狐智化与小诸葛沈仲元二人暗地商议，独出己见，要去上王府盗取盟单。……(智化)爬伏在悬龛之上，晃千里火照明：下面是一个方匣子，……上头有一个长方的硬木匣子，两边有个如意金环。伸手揪住两个金环，往怀中一带，只听上面嗑叹一声，下来了一口月牙式铡刀。智化把眼睛一闭，也不敢往前蹿，也不敢往后缩，正在腰脊骨中当啷的一声，智化以为是腰断两截，慢慢睁开眼睛一看，却不觉着疼痛，就是不能动转。列公，这是什么缘故？皆因他是月牙式样；若要是铡草的铡刀，那可就把人铡为两段。此刀当中有一个过陇儿，也不至于甚大；又对着智爷的腰细；又对着解了百宝囊，底下没有东西垫着；又有背后背着这一口刀，连皮鞘带刀尖，正把腰脊骨护住。……总而言

之：智化命不该绝。可把沈仲元吓了个胆裂魂飞。……（《续小五义》第一回）

大小五义之书既尽出，乃即见《正续小五义全传》刊行，凡十五卷六十回，前有光绪壬辰（一八九二）绣谷居士序。其本即取《小五义》及续书，合为一部，去其复重，又汰其铺叙，省略成十三卷五十二回。末二卷八回则谓襄阳王将就擒，而又逸去，至红罗山，举兵复战，乃始败亡，是二书之所无，实为蛇足。行文叙事，亦虽简明有加，而原有之游词余韵，刊落甚多，故神采则转逊矣。

包拯颜查散而外，以他人为全书枢轴者，在先亦已尝有。道光十八年（一八三八），有《施公案》八卷九十七回，一名《百断奇观》，记康熙时施仕纶（当作世纶）为泰州知州至漕运总督时行事，文意俱拙，略如明人之《包公案》，而稍加曲折，一案或亘数回；且断案之外，又有遇险，已为侠义小说先导。至光绪十七年（一八九一），则有《彭公案》二十四卷一百回，为贪梦道人作，述彭朋（当作鹏）于康熙中为三河县知县，洊擢河南巡抚，回京出查大同要案等故事，亦不外贤臣微行，豪杰盗宝之类，而字句拙劣，几不成文。

其他类似《三侠五义》之书尚甚夥，通行者有《永庆升平》九十七回，为潞河郭广瑞录哈辅源演说，叙康熙帝变装私访，及除邪教，平逆匪诸案；寻有续一百回，亦贪梦道人作。又有《圣朝鼎盛万年青》八集，共七十六回，无撰人名，则记康熙帝以大政付刘墉陈宏谋，自游江南，历遇奸徒骫法，英杰效忠之事。余如《英雄大八义》《英雄小八义》《七剑十三侠》《七剑十八义》等，其类尚多,大率出光绪二十年顷。后又有《刘公案》(刘墉),《李公案》(李丙寅当作秉衡);而《施公案》亦续至十集,《彭公案》续至十七集;《七侠五义》则续至二十四集,千篇一律,语多不通,甚至一人之性格,亦先后顿异,盖历经众手,共成恶书,漫不加察,遂多矛盾矣。

《三侠五义》及其续书,绘声状物,甚有平话习气,《儿女英雄传》亦然。郭广瑞序《永庆升平》云,“余少游四海,常听评词演《永庆升平》一书,……国初以来,有此实事流传,咸丰年间有姜振名先生,乃评谈今古之人,尝演说此书,未能有人刊刻,传流于世。余长听哈辅源先生演说,熟记在心,闲暇之时,录成四卷。……”《小五义》序亦谓与《三侠五义》皆石玉昆原稿,得之其徒,则石玉昆殆亦咸丰时说话人,与姜振名各专一种故事。文康习闻说书,拟其口吻,于是《儿女英雄传》遂亦特有“演说”流风。是侠义小说之在清,正接宋人话本正脉,固平民文学之历七百余年而再兴者也。惟后来仅有拟作及续书,且多滥恶,而此道又衰落。

清初,流寇悉平,遗民未忘旧君,遂渐念草泽英雄之为明宣力者,故陈忱作《后水浒传》,则使李俊去国而王于暹罗(见第十五篇)。历康熙至乾隆百三十余年,威力广被,人民慑服,即士人亦无贰心,故道光时俞万春作《结水浒传》,则使一百八人无一幸免(亦见第十五篇),然此尚为僚佐之见也。《三侠五义》为市井细民写心,乃似较有《水浒》余韵,然亦仅其外貌,而非精神。时去明亡已久远,说书之地又为北京,其先又屡平内乱,游民辄以从军得功名,归耀其乡里,亦甚动野人歆羡,故凡侠义小说中之英雄,在民间每极粗豪,大有绿林结习,而终必为一大僚隶卒，供使令奔走以为宠荣，此盖非心悦诚服，乐为臣仆之时不办也。然当时于此等书，则以为“善人必获福报，恶人总有祸临，邪者定遭凶殃，正者终逢吉庇，报应分明，昭彰不爽，使读者有拍案称快之乐，无废书长叹之时……”(《三侠五义》及《永庆升平》序)云。

而其时欧人之力又侵入中国。

第二十八篇　清末之谴责小说

光绪庚子(一九〇〇)后,谴责小说之出特盛。盖嘉庆以来,虽屡平内乱(白莲教,太平天国,捻,回),亦屡挫于外敌(英,法,日本),细民暗昧,尚啜茗听平逆武功,有识者则已翻然思改革,凭敌忾之心,呼维新与爱国,而于“富强”尤致意焉。戊戌变政既不成,越二年即庚子岁而有义和团之变,群乃知政府不足与图治,顿有掊击之意矣。其在小说,则揭发伏藏,显其弊恶,而于时政,严加纠弹,或更扩充,并及风俗。虽命意在于匡世,似与讽刺小说同伦,而辞气浮露,笔无藏锋,甚且过甚其辞,以合时人嗜好,则其度量技术之相去亦远矣,故别谓之谴责小说。其作者,则南亭亭长与我佛山人名最著。

南亭亭长为李宝嘉,字伯元,江苏武进人,少擅制艺及诗赋,以第一名入学,累举不第,乃赴上海办《指南报》,旋辍,别办《游戏报》,为俳谐嘲骂之文,后以“铺底”售之商人,又别办《海上繁华报》,记注倡优起居,并载诗词小说,殊盛行。所著有《庚子国变弹词》若干卷,《海天鸿雪记》六本,《李莲英》一本,《繁华梦》《活地狱》各若干本。又有专意斥责时弊者曰《文明小史》,分刊于《绣像小说》中，尤有名。时正庚子，政令倒行，海内失望，多欲索祸患之由，责其罪人以自快，宝嘉亦应商人之托，撰《官场现形记》，拟为十编，编十二回，自光绪二十七至二十九年中成三编，后二年又成二编，三十二年三月以瘵卒，年四十（一八六七至一九〇六），书遂不完；亦无子，伶人孙菊仙为理其丧，酬《繁华报》之揄扬也。尝被荐应经济特科，不赴，时以为高；又工篆刻，有《芋香印谱》行于世（见周桂笙《新庵笔记》三，李祖杰致胡适书及顾颉刚《读书杂记》等）。

《官场现形记》已成者六十回，为前半部，第三编印行时（一九〇三）有自序，略谓“亦尝见夫官矣，送迎之外无治绩，供张之外无材能，忍饥渴，冒寒暑，行香则天明而往，禀见则日昃而归，卒不知其何所为而来，亦卒不知其何所为而去。”岁或有凶灾，行振恤，又“皆得援救助之例，邀奖励之恩，而所谓官者，乃日出而未有穷期”。及朝廷议汰除，则“上下蒙蔽，一如故旧，尤其甚者，假手宵小，授意私人，因苞苴而通融，缘贿赂而解释：是欲除弊而转滋之弊也”。于是群官搜括，小民困穷，民不敢言，官乃愈肆，“南亭亭长有东方之谐谑，与淳于之滑稽，又熟知夫官之龌龊卑鄙之要凡，昏聩糊涂之大旨”，爰“以含蓄蕴酿存其忠厚，以酣畅淋漓阐其隐微，……穷年累月，殚精竭诚，成书一帙，名曰《官场现形记》。……凡神禹所不能铸之于鼎，温峤所不能烛之以犀者，无不毕备也”。故凡所叙述，皆迎合，钻营，朦混，罗掘，倾轧等故事，兼及士人之热心于作吏，及官吏闺中之隐情。头绪既繁，脚色复夥，其记事遂率与一人俱起，亦即与其人俱讫，若断若续，与《儒林外史》略同。然臆说颇多，难云实录，无自序所谓“含蓄蕴酿”之实，殊不足望文木老人后尘。况所搜罗，又仅“话柄”,联缀此等,以成类书;官场伎俩,本小异大同,汇为长编,即千篇一律。特缘时势要求,得此为快,故《官场现形记》乃骤享大名;而袭用“现形”名目,描写他事,如商界学界女界者亦接踵也。今录南亭亭长之作八百余言为例,并以概余子:

……却说贾大少爷,……看看已到了引见之期,头天赴部演礼,一切照例仪注,不庸细述。这天贾大少爷起了一个半夜,坐车进城,……一直等到八点钟,才有带领引见的司官老爷把他带了进去,不知走到一个甚么殿上,司官把袖一摔,他们一班几个人在台阶上一溜跪下,离着上头约摸有二丈远,晓得坐在上头的就是“当今”了。……他是道班,又是明保的人员,当天就有旨,叫他第二天预备召见。……贾大少爷虽是世家子弟,然而今番乃是第一遭见皇上,虽然请教过多少人,究竟放心不下。当时引见了下来,先看见华中堂。华中堂是收过他一万银子古董的,见了面问长问短,甚是关切。后来贾大少爷请教他道,“明日朝见,门生的父亲是现任臬司,门生见了上头,要碰头不要碰头?”华中堂没有听见上文,只听得“碰头”二字,连连回答道,“多碰头,少说话:是做官的秘诀。”贾大少爷忙分辨道,“门生说的是上头问着门生的父亲,自然要碰头;倘不问,也要碰头不要碰头?”华中堂道,“上头不问你,你千万不要多说话;应该碰头的地方,又万万不要忘记不碰,就是不该碰,你多磕头,总没有处分的。”一席话说得贾大少爷格外糊涂,意思还要问,中堂已起身送客了。贾大少爷只好出来,心想华中堂事情忙,不便烦他,不如去找黄大军机,……或者肯赐教一二。谁知见了面,贾大少爷把话才说完,黄大人先问"你见过中堂没有?他怎么说的?"贾大少爷照述一遍,黄大人道,"华中堂阅历深,他叫你多碰头少说话,老成人之见,这是一点儿不错的。"……贾大少爷无法,只得又去找徐大军机。这位徐大人,上了年纪,两耳重听,就是有时候听得两句,也装作不知。他平生最讲究养心之学,有两个诀窍:一个是"不动心",一个是"不操心"。……后来他这个诀窍被同寅中都看穿了,大家就送他一个外号,叫他做"琉璃蛋"。……这日贾大少爷……去求教他,见面之后,寒暄了几句,便题到此事。徐大人道,"本来多碰头是顶好的事。就是不碰头,也使得。你还是应得碰头的时候,你碰头;不必碰的时候,还是不必碰的为妙。"贾大少爷又把华黄二位的话述了一遍,徐大人道,"他两位说的话都不错。你便照他二位的话,看事行事,最妥。"说了半天,仍旧说不出一毫道理,只得又退了下来。后来一直找到一位小军机,也是他老人家的好友,才把仪注说清。第二天召见上去,居然没有出岔子。……(第二十六回)

我佛山人为吴沃尧,字茧人,后改趼人,广东南海人也,居佛山镇,故自称"我佛山人"。年二十余至上海,常为日报撰文,皆小品;光绪二十八年新会梁启超印行《新小说》于日本之横滨,月一册,次年(一九〇三),沃尧乃始学为长篇,即以寄之,先后凡数种，曰《电术奇谈》，曰《九命奇冤》，曰《二十年目睹之怪现状》，名于是日盛，而末一种尤为世间所称。后客山东，游日本，皆不得意，终复居上海；三十二年，为《月月小说》主笔，撰《劫余灰》《发财秘诀》《上海游骖录》；又为《指南报》作《新石头记》。又一年，则主持广志小学校，甚尽力于学务，所作遂不多。宣统纪元，始成《近十年之怪现状》二十回，二年九月遽卒，年四十五（一八六六至一九一〇）。别有《恨海》《胡宝玉》二种，先皆单行；又尝应商人之托，以三百金为撰《还我灵魂记》颂其药，一时颇被訾议，而文亦不传（见《新庵笔记》三，《近十年之怪现状》自序，《我佛山人笔记》汪维甫序）。短文非所长，后因名重，亦有人缀集为《趼廛笔记》《趼人十三种》《我佛山人笔记四种》《我佛山人滑稽谈》《我佛山人札记小说》等。

《二十年目睹之怪现状》本连载于《新小说》中，后亦与《新小说》俱辍，光绪三十三年乃有单行本甲至丁四卷，宣统元年又出戊至辛四卷，共一百八回。全书以自号“九死一生”者为线索，历记二十年中所遇，所见，所闻天地间惊听之事，缀为一书，始自童年，末无结束，杂集“话柄”，与《官场现形记》同。而作者经历较多，故所叙之族类亦较夥，官师士商，皆著于录，搜罗当时传说而外，亦贩旧作（如《钟馗捉鬼传》之类），以为新闻。自云“只因我出来应世的二十年中，回头想来，所遇见的只有三种东西：第一种是蛇虫鼠蚁；第二种是豺狼虎豹；第三种是魑魅魍魉。”（第一回）则通本所述，不离此类人物之言行可知也。相传吴沃尧性强毅，不欲下于人，遂坎坷没世，故其言殊慨然。惜描写失之张皇，时或伤于溢恶，言违真实，则感人之力顿微，终不过连篇“话柄”，仅足供闲散者谈笑之资而已。其叙北京同寓人符弥轩之虐待其祖云：

……到了晚上，各人都已安歇，我在枕上隐隐听得一阵喧嚷的声音出在东院里。……嚷了一阵，又静了一阵，静了一阵，又嚷一阵，虽是听不出所说的话来，却只觉得耳根不清净，睡不安稳。……直等到自鸣钟报了三点之后，方才朦胧睡去；等到一觉醒来，已是九点多钟了。连忙起来，穿好衣服，走出客堂，只见吴亮臣李在兹和两个学徒，一个厨子，两个打杂，围在一起窃窃私议。我忙问是甚么事。……亮臣正要开言，在兹道，"叫王三说罢，省了我们费嘴。"打杂王三便道，"是东院符老爷家的事。昨天晚上半夜里我起来解手，听见东院里有人吵嘴，……就摸到后院里，……往里面偷看：原来符老爷和符太太对坐在上面，那一个到我们家里讨饭的老头儿坐在下面，两口子正骂那老头子呢。那老头子低着头哭，只不做声。符太太骂得最出奇，说道，'一个人活到五六十岁，就应该死的了，从来没见过八十多岁人还活着的。'符老爷道，'活着倒也罢了。无论是粥是饭，有得吃吃点，安分守己也罢了；今天嫌粥了，明天嫌饭了，你可知道要吃的好，喝的好，穿的好，是要自己本事挣来的呢。'那老头子道，'可怜我并不求好吃好喝，只求一点儿咸菜罢了。'符老爷听了，便直跳起来，说道，'今日要咸菜，明日便要咸肉，后日便要鸡鹅鱼鸭，再过些时，便燕窝鱼翅都要起来了。我是个没补缺的穷官儿，供应不起！'说到那里，拍桌子打板凳的大骂。……骂够了一回，老妈子开上酒菜来，摆在当中一张独脚圆桌上。符老爷两口子对坐着喝酒，却是有说有笑的。那老头子坐在底下，只管抽抽咽咽的哭。符老爷喝两杯，骂两句；符太太只管拿骨头来逗叭儿狗顽。那老头子哭丧着脸，不知说了一句甚么话，符老爷登时大发雷霆起来，把那独脚桌子一掀，訇訇一声，桌上的东西翻了个满地，大声喝道，'你便吃去！'那老头子也太不要脸，认真就爬在地下拾来吃。符老爷忽的站了起来，提起坐的凳子，对准了那老头子摔去。幸亏站着的老妈子抢着过来接了一接，虽然接不住，却挡去势子不少。那凳子虽然还摔在那老头子的头上，却只摔破了一点头皮。倘不是那一挡，只怕脑子也磕出来了。"我听了这一番话，不觉吓了一身大汗，默默自己打主意。到了吃饭时，我便叫李在兹赶紧去找房子，我们要搬家了。……（第七十四回）

吴沃尧之所撰著，惟《恨海》《劫余灰》，及演述译本之《电术奇谈》等三种，自云是写情小说，其他悉此类，而谴责之度稍不同。至于本旨，则缘借笔墨为生，故如周桂笙（《新庵笔记》三）言，亦"因人，因地，因时，各有变态"，但其大要，则在"主张恢复旧道德"（见《新庵译屑》评语）云。

又有《老残游记》二十章，题"洪都百炼生"著，实刘鹗之作也，有光绪丙午（一九〇六）之秋于海上所作序；或云本未完，末数回乃其子续作之。鹗字铁云，江苏丹徒人，少精算学，能读书，而放旷不守绳墨，后忽自悔，闭户岁余，乃行医于上海，旋又弃而学贾，尽丧其资。光绪十四年河决郑州，鹗以同知投效于吴大澂，治河有功，声誉大起，渐至以知府用。在北京二年，上书请敷铁道；又主张开山西矿，既成，世俗交谪，称为“汉奸”。庚子之乱，鹗以贱值购太仓储粟于欧人，或云实以振饥困者，全活甚众；后数年，政府即以私售仓粟罪之，流新疆死（约一八五〇至一九一〇，详见罗振玉《五十日梦痕录》）。其书即借铁英号老残者之游行，而历记其言论闻见，叙景状物，时有可观，作者信仰，并见于内，而攻击官吏之处亦多。其记刚弼误认魏氏父女为谋毙一家十三命重犯，魏氏仆行贿求免，而刚弼即以此证实之，则摘发所谓清官者之可恨，或尤甚于赃官，言人所未尝言，虽作者亦甚自憙，以为“赃官可恨，人人知之，清官尤可恨，人多不知。盖赃官自知有病，不敢公然为非；清官则自以为不要钱，何所不可？刚愎自用，小则杀人，大则误国，吾人亲目所见，不知凡几矣。试观徐桐李秉衡，其显然者也。……历来小说，皆揭赃官之恶。有揭清官之恶者，自《老残游记》始”也。

……那衙役们早将魏家父女带到，却都是死了一半的样子。两人跪到堂上，刚弼便从怀里摸出那个一千两银票并那五千五百两凭据，……叫差役送与他父女们看，他父女回说“不懂，这是甚么缘故？”……刚弼哈哈大笑道，“你不知道，等我来告诉你，你就知道了。昨儿有个胡举人来拜我，先送一千两银子，道，你们这案，叫我设法儿开脱；又说，如果开脱，银子再要多些也肯。……我再详细告诉你，倘若人命不是你谋害的，你家为甚么肯拿几千两银子出来打点呢？这是第一据。

……倘人不是你害的，我告诉他，‘照五百两一条命计算，也应该六千五百两。’你那管事的就应该说，‘人命实不是我家害的，如蒙委员代为昭雪，七千八千俱可，六千五百两的数目却不敢答应。’怎么他毫无疑义，就照五百两一条命算帐呢？这是第二据。我劝你们，早迟总得招认，免得饶上许多刑具的苦楚。”那父女两个连连叩头说，“青天大老爷。实在是冤枉。”刚弼把桌子一拍，大怒道，“我这样开导，你们还是不招？再替我夹拶起来！”底下差役炸雷似的答应了一声“嗄！”……正要动刑。刚弼又道，“慢着。行刑的差役上来，我对你说。……你们伎俩，我全知道。你们看那案子是不要紧的呢，你们得了钱，用刑就轻；让犯人不甚吃苦。你们看那案情重大，是翻不过来的了，你们得了钱，就猛一紧，把犯人当堂治死，成全他个整尸首，本官又有个严刑毙命的处分。我是全晓得的。今日替我先拶贾魏氏，只不许拶得他发昏，但看神色不好就松刑，等他回过气来再拶。预备十天工夫，无论你甚么好汉，也不怕你不招！”……（第十六章）

《孽海花》以光绪三十三年载于《小说林》，称“历史小说”，署“爱自由者发起，东亚病夫编述”。相传实常熟举人曾朴字孟朴者所为。第一回犹楔子，有六十回全目，自金沟抡元起，即用为线索，杂叙清季三十年间遗闻逸事；后似欲以豫想之革命收场，而忽中止，旋合辑为书十卷，仅二十回。金沟谓吴县洪钧，尝典试江西，丁忧归，过上海，纳名妓傅彩云为妾，后使英，携以俱去，称夫人，颇多话柄。比洪殁于北京，傅复赴上海为妓，称曹梦兰，又至天津，称赛金花，庚子之乱，为联军统帅所暱，势甚张。书于洪傅特多恶谑，并写当时达官名士模样，亦极淋漓，而时复张大其词，如凡谴责小说通病；惟结构工巧，文采斐然，则其所长也。书中人物，几无不有所影射；使撰人诚如所传，则改称李纯客者实其师李慈铭字莼客（见曾之撰《越缦堂骈体文集序》），亲炙者久，描写当能近实，而形容时复过度，亦失自然，盖尚增饰而贱白描，当日之作风固如此矣。即引为例：

……却说小燕便服轻车，叫车夫径到城南保安寺街而来。那时秋高气爽，尘软蹄轻，不一会，已到了门口。把车停在门前两棵大榆树阴下。家人方要通报，小燕摇手说“不必”，自己轻跳下车。正跨进门，瞥见门上新贴一副淡红朱砂笺的门对，写得英秀瘦削，历落倾斜的两行字，道：

保安寺街藏书十万卷

户部员外补阙一千年

小燕一笑。进门一个影壁；绕影壁而东，朝北三间倒厅；沿倒厅廊下一直进去，一个秋叶式的洞门；洞门里面，方方一个小院落。庭前一架紫藤，绿叶森森，满院种着木芙蓉，红艳娇酣，正是开花时候。三间静室，垂着湘帘，悄无人声。那当儿恰好一阵微风，小燕觉得在帘缝里透出一股药烟，清香沁鼻。掀帘进去，却见一个椎结小童，正拿着把破蒲扇，在中堂东壁边煮药哩。见小燕进来，正要起立。只听房里高吟道，“淡墨罗巾灯畔字,小风铃佩梦中人。”小燕一脚跨进去,笑道,“‘梦中人’是谁呢?”一面说,一面看,只见纯客穿着件半旧熟罗半截衫,踏着草鞋,本来好好儿,一手捋着短须,坐在一张旧竹榻上看书。看见小燕进来,连忙和身倒下,伏在一部破书上发喘,颤声道,“呀,怎么小翁来,老夫病体竟不能起迓,怎好怎好?”小燕道,“纯老清恙,几时起的?怎么兄弟连影儿也不知?”纯客道,“就是诸公定议替老夫做寿那天起的。可见老夫福薄,不克当诸公盛意。云卧园一集,只怕今天去不成了。”小燕道,“风寒小疾,服药后当可小痊。还望先生速驾,以慰诸君渴望。”小燕说话时,却把眼偷瞧,只见榻上枕边拖出一幅长笺,满纸都是些抬头。那抬头却奇怪,不是“阁下”“台端”,也非“长者”“左右”,一迭连三,全是“妄人”两字。小燕觉得诧异,想要留心看他一两行,忽听秋叶门外有两个人,一路谈话,一路蹑手蹑脚的进来。那时纯客正要开口,只听竹帘子拍的一声。正是:十丈红尘埋侠骨,一帘秋色养诗魂。不知来者何人,且听下回分解。(第十九回)

《孽海花》亦有他人续书(《碧血幕》《续孽海花》),皆不称。

此外以抉摘社会弊恶自命,撰作此类小说者尚多,顾什九学步前数书,而甚不逮,徒作谯呵之文,转无感人之力,旋生旋灭,亦多不完。其下者乃至丑诋私敌,等于谤书;又或有嫚骂之志而无抒写之才,则遂堕落而为“黑幕小说”。

后　记

右《中国小说史略》二十八篇，其第一至第十五篇以去年十月中印讫。已而于朱彝尊《明诗综》卷八十知雁宕山樵陈忱字遐心，胡适为《后水浒传序》考得其事尤众；于谢无量《平民文学之两大文豪》第一编知《说唐传》旧本题“庐陵罗本撰”，《粉妆楼》相传亦罗贯中作，惜得见在后，不及增修。其第十六篇以下草稿则久置案头，时有更定，然识力俭隘，观览又不周洽，不特于明清小说阙略尚多，即近时作者如魏子安、韩子云辈之名，亦缘他事相牵，未遑博访。况小说初刻，多有序跋，可借知成书年代及其撰人，而旧本希觏，仅获新书，贾人草率，于本文之外大率刊落，用以编录，亦复依据寡薄，时虑讹谬，惟更历岁月，或能小小妥帖耳。而时会交迫，当复印行，乃任其不备，辄付排印。顾畴昔所怀，将以助听者之聆察、释写生之烦劳之志愿，则于是乎毕矣。一千九百二十四年三月三日校竟记。

中国小说的历史的变迁[①]

我所讲的是中国小说的历史的变迁。许多历史家说,人类的历史是进化的,那么,中国当然不会在例外。但看中国进化的情形,却有两种很特别的现象:一种是新的来了好久之后而旧的又回复过来,即是反复;一种是新的来了好久之后而旧的并不废去,即是羼杂。然而就并不进化么?那也不然,只是比较的慢,使我们性急的人,有一日三秋之感罢了。文艺,文艺之一的小说,自然也如此。例如虽至今日,而许多作品里面,唐宋的,甚而至于原始人民的思想手段的糟粕都还在。今天所讲,就想不理会这些糟粕——虽然它还很受社会欢迎——而从倒行的杂乱的作品里寻出一条进行的线索来,一共分为六讲。

①本篇系鲁迅1924年7月在西安讲学时的记录稿,经本人修订后,收入西北大学出版部1925年3月印行的《国立西北大学、陕西教育厅合办暑期学校讲演集》(二)。

第一讲　从神话到神仙传

考小说之名，最古是见于庄子所说的“饰小说以干县令”。“县”是高，言高名；“令”是美，言美誉。但这是指他所谓琐屑之言，不关道术的而说，和后来所谓的小说并不同。因为如孔子，杨子，墨子各家的学员，从庄子看来，都可以谓之小说；反之，别家对庄子，也可称他的著作为小说。至于《汉书·艺文志》上说：“小说者，街谈巷语之说也。”这才近似现在的所谓小说了，但也不过古时稗官采集一般小民所谈的小话，借以考察国之民情，风俗而已；并无现在所谓小说之价值。

小说是如何起源的呢？据《汉书·艺文志》上说：“小说家者流，盖出于稗官。”稗官采集小说的有无，是另一问题；即使真有，也不过是小说书之起源，不是小说之起源。至于现在一班研究文学史者，却多认小说起源于神话。因为原始民族，穴居野处，见天地万物，变化不常——如风，雨，地震等——有非人力所可捉摸抵抗，很为惊怪，以为必有个主宰万物者在，因之拟名为神；并想像神的生活，动作，如中国有盘古氏开天辟地之说，这便成功了“神话”。从神话演进，故事渐近于人性，出现的大抵是“半神”，如说古来建大功的英雄，其才能在凡人以上，由于天授的就是。例如简狄吞燕卵而生商，尧时“十日并出”，尧使羿射之的话，都是和凡人不同的。这些口传，今人谓之“传说”。由此再演进，则正事归为史；逸史即变为小说了。

我想，在文艺作品发生的次序中，恐怕是诗歌在先，小说在后的。诗歌起于劳动和宗教。其一，因劳动时，一面工作，一面唱歌,可以忘却劳苦,所以从单纯的呼叫发展开去,直到发挥自己的心意和感情,并偕有自然的韵调;其二,是因为原始民族对于神明,渐因畏惧而生敬仰,于是歌颂其威灵,赞叹其功烈,也就成了诗歌的起源。至于小说,我以为倒是起于休息的。人在劳动时,既用歌吟以自娱,借它忘却劳苦了,则到休息时,亦必要寻一种事情以消遣闲暇。这种事情,就是彼此谈论故事,而这谈论故事,正就是小说的起源。——所以诗歌是韵文,从劳动时发生的;小说是散文,从休息时发生的。

但在古代,不问小说或诗歌,其要素总离不开神话。印度,埃及,希腊都如此,中国亦然。只是中国并无含有神话的大著作;其零星的神话,现在也还没有集录为专书的。我们要寻求,只可从古书上得到一点,而这种古书最重要的,便推《山海经》。不过这书也是无系统的,其中最要的,和后来有关系的记述,有西王母的故事,现在举一条出来:

> "玉山,是西王母所居也。西王母其状如人,豹尾虎齿而善啸,蓬发戴胜,是司天之厉及五残。"

如此之类还不少。这个古典,一直流行到唐朝,才被骊山老母夺了位置去。此外还有一种《穆天子传》,讲的是周穆王驾八骏西征的故事,是汲郡古冢中杂书之一篇。——总之中国古代的神话材料很少,所有者,只是些断片的,没有长篇的,而且似乎也并非后来散亡,是本来的少有。我们在此要推求其原因,我以为最要的有两种:

一、太劳苦　因为中华民族先居在黄河流域,自然界底情形并不佳,为谋生起见,生活非常勤苦,因之重实际,轻玄想,故神话就不能发达以及流传下来。劳动虽说是发生文艺的一个源头,但也有条件:就是要不过度。劳逸均适,或者小觉劳苦,才能发生种种的诗歌,略有余暇,就讲小说。假使劳动太多,休息时少,没有恢复疲劳的余裕,则眠食尚且不暇,更不必提什么文艺了。

二、易于忘却　因为中国古时天神,地祇,人,鬼,往往殽杂,则原始的信仰存于传说者,日出不穷,于是旧者僵死,后人无从而知。如神荼,郁垒,为古之大神,传说上是手执一种苇索,以缚虎,且御凶魅的,所以古代将他们当作门神。但到后来又将门神改为秦琼、尉迟敬德,并引说种种事实,以为佐证,于是后人单知道秦琼和尉迟敬德为门神,而不复知神荼,郁垒,更不消说造作他们的故事了。此外这样的还很不少。

中国的神话既没有什么长篇的,现在我们就再来看《汉书·艺文志》上所载的小说:《汉书·艺文志》上所载的许多小说目录,现在一样都没有了,但只有些遗文,还可以看见。如《大戴礼·保傅篇》中所引《青史子》说:

> "古者年八岁而出就外舍,学小艺焉,履小节焉;束发而就大学,学大艺焉,履大节焉。居则习礼文,行则鸣佩玉,升车则闻和鸾之声,是以非僻之心无自入也。……"

《青史子》这种话,就是古代的小说;但就我们看去,同《礼记》所说是一样的,不知何以当作小说?或者因其中还有许多思想和儒家的不同之故吧。至于现在所有的所谓汉代小说，却有称东方朔所做的两种：一、《神异经》；二、《十洲记》。班固做的，也有两种：一、《汉武故事》；二、《汉武帝内传》。此外还有郭宪做的《洞冥记》，刘歆做的《西京杂记》。《神异经》的文章，是仿《山海经》的，其中所说的多怪诞之事。现在举一条出来：

> “西南荒山中出讹兽，其状若菟，人面能言，常欺人，言东而西，言恶而善。其肉美，食之，言不真矣。”（《西南荒经》）

《十洲记》是记汉武帝闻十洲于西王母之事，也仿《山海经》的，不过比较《神异经》稍微庄重些。《汉武故事》和《汉武帝内传》，都是记武帝初生以至崩葬的事情。《洞冥记》是说神仙道术及远方怪异的事情。《西京杂记》则杂记人间琐事。然而《神异经》《十洲记》，为《汉书·艺文志》上所不载，可知不是东方朔做的，乃是后人假造的。《汉武故事》，《汉武帝内传》则与班固别的文章，笔调不类，且中间夹杂佛家语，——彼时佛教尚不盛行，且汉人从来不喜说佛语——可知也是假的。至于《洞冥记》《西京杂记》又已经为人考出是六朝人做的。——所以上举的六种小说，全是假的。惟此外有刘向的《列仙传》是真的。晋的葛洪又作《神仙传》，唐宋更多，于后来的思想及小说，很有影响。但刘向的《列仙传》，在当时并非有意作小说，乃是当作真实事情做的，不过我们以现在的眼光看去，只可作小说观而已。《列仙传》《神仙传》中片段的神话，到现在还多拿它做儿童读物的材料。现在常有一问题发生：即此种神话，可否拿它做儿童的读物？我们顺便也说一说。在反对一方面的人说：以这种神话教儿童，只能养成迷信，是非常有害的；而赞成一方面的人说：以这种神话教儿童，正合儿童的天性，很感趣味，没有什么害处的。在我以为这要看社会上教育的状况怎样，如果儿童能继续更受良好的教育，则将来一学科学，自然会明白，不至迷信，所以当然没有害的；但如果儿童不能继续受稍深的教育，学识不再进步，则在幼小时所教的神话，将永信以为真，所以也许是有害的。

第二讲　六朝时之志怪与志人

上次讲过：一、神话是文艺的萌芽。二、中国的神话很少。三、所有的神话，没有长篇的。四、《汉书·艺文志》上载的小说都不存在了。五、现存汉人的小说，多是假的。现在我们再看六朝时的小说怎样？中国本来信鬼神的，而鬼神与人乃是隔离的，因欲人与鬼神交通，于是乎就有巫出来。巫到后来分为两派：一为方士；一仍为巫。巫多说鬼，方士多谈炼金及求仙，秦汉以来，其风日盛，到六朝并没有息，所以志怪之书特多，像《博物志》上说：

> "燕太子丹质于秦，……欲归，请于秦王。王不听，谬言曰，'令乌头白，马生角，乃可。'丹仰而叹，乌即头白，俯而嗟，马生角。秦王不得已而遣之……"
> （卷八《史补》）

这全是怪诞之说，是受了方士思想的影响。再如刘敬叔的《异苑》上说：

“义熙中，东海徐氏婢兰忽患羸黄，而拂拭异常，共伺察之，见扫帚从壁角来趋婢床，乃取而焚之，嫂即平复。”(卷八)

这可见六朝人视一切东西，都可成妖怪，这正就是巫底思想，即所谓“万有神教”。此种思想，到了现在，依然留存，像：常见在树上挂着“有求必应”的匾，便足以证明社会上还将树木当神，正如六朝人一样的迷信。其实这种思想，本来是无论何国，古时候都有的，不过后来渐渐地没有罢了。但中国还很盛。

六朝志怪的小说，除上举《博物志》《异苑》而外，还有干宝的《搜神记》，陶潜的《搜神后记》。但《搜神记》多已佚失，现在所存的，乃是明人辑各书引用的话，再加别的志怪书而成，是一部半真半假的书籍。至于《搜神后记》，亦记灵异变化之事，但陶潜旷达，未必作此，大约也是别人的托名。

此外还有一种助六朝人志怪思想发达的，便是印度思想之输入。因为晋，宋，齐，梁四朝，佛教大行，当时所译的佛经很多，而同时鬼神奇异之谈也杂出，所以当时合中，印两国底鬼怪到小说里，使它更加发达起来，如阳羡鹅笼的故事，就是：

“阳羡许彦于绥安山行，遇一书生，……卧路侧，云脚痛，求寄鹅笼中。彦以为戏言，书生便入笼，……宛然与双鹅并坐，鹅亦不惊。彦负笼而去，都不觉重。前行息树下，书生乃出笼谓彦曰：‘欲为君薄设。’彦曰：'善。'乃口中吐出一铜奁子，中具肴馔。……酒数行，谓彦曰：'向将一妇人自随，今欲暂邀之。'……又于口中吐一女子，……共坐宴。俄而书生醉卧，此女谓彦曰：'……向亦窃得一男子同行，……暂唤之……'……女子于口中吐出一男子……"

此种思想，不是中国所故有的，乃完全受了印度思想的影响。就此也可知六朝的志怪小说，和印度怎样相关的大概了。但须知六朝人之志怪，却大抵一如今日之记新闻，在当时并非有意做小说。

六朝时志怪的小说，既如上述，现在我们再讲志人的小说。六朝志人的小说，也非常简单，同志怪的差不多，这有宋刘义庆做的《世说新语》，可以做代表。现在待我举出一两条来看：

"阮光禄在剡，曾有好车，借者无不皆给。有人葬母，意欲借而不敢言。阮后闻之，叹曰：'吾有车而使人不敢借，何以车为？'遂焚之。"（卷上《德行篇》）

"刘伶恒纵酒放达，或脱衣裸形在屋中。人见讥之，伶曰：'我以天地为栋宇，屋室为幝衣，诸君何为入我幝中？'"（卷下《任诞篇》）

这就是所谓晋人底风度。以我们现在的眼光看去，阮光禄之烧车，刘伶之放达，是觉得有些奇怪的，但在晋人却并不以为奇怪，因为那时所贵的是奇特的举动和玄妙的清谈。这种清谈，本从汉之清议而来。汉末政治黑暗，一般名士议论政事，其初在社会上很有势力，后来遭执政者之嫉视，渐渐被害，如孔融，祢衡等都被曹操设法害死，所以到了晋代底名士，就不敢再议论政事，而一变为专谈玄理；清议而不谈政事，这就成了所谓清谈了。但这种清谈的名士，当时在社会上却仍旧很有势力，若不能玄谈的，好似不够名士底资格；而《世说》这部书，差不多就可以看做一部名士底教科书。

前乎《世说》尚有《语林》，《郭子》，不过现在都没有了。而《世说》乃是纂辑自后汉至东晋底旧文而成的。后来有刘孝标给《世说》作注，注中所引的古书多至四百余种，而今又不多存在了；所以后人对于《世说》看得更贵重，到现在还很通行。

此外还有一种魏邯郸淳做的《笑林》，也比《世说》早。它的文章，较《世说》质朴些，现在也没有了，不过在唐宋人的类书上所引的遗文，还可以看见一点，我现在把它也举一条出来：

> “甲父母在，出学三年而归，舅氏问其学何所得，并序别父久。乃答曰：‘渭阳之思，过于秦康。’（秦康父母已死）既而父数之，‘尔学奚益。’答曰：‘少失过庭之训，故学无益。’”（《广记》二百六十二）

就此可知《笑林》中所说，大概不外俳谐之谈。

上举《笑林》，《世说》两种书，到后来都没有什么发达，因为只有模仿，没有发展。如社会上最通行的《笑林广记》，当然是《笑林》的支派，但是《笑林》所说的多是知识上的滑稽；而到了《笑林广记》，则落于形体上的滑稽，专以鄙言就形体上谑人，涉于轻薄，所以滑稽的趣味，就降低多了。至于《世说》，后来模仿的更多，从刘孝标的《续世说》——见《唐志》——一直到清之王晫所做的《今世说》，现在易宗夔所做的《新世说》等，都是仿《世说》的书。但是晋朝和现代社会底情状，完全不同，到今日还模仿那时底小说，是很可笑的。因为我们知道从汉末到六朝为篡夺时代，四海骚然，人多抱厌世主义；加以佛道二教盛行一时，皆讲超脱现世，晋人先受其影响，于是有一派人去修仙，想飞升，所以喜服药；有一派人欲永游醉乡，不问世事，所以好饮酒。服药者——晋人所服之药，我们知道的有五石散，是用五种石料做的，其性燥烈——身上常发炎，适于穿旧衣——因新衣容易擦坏皮肤——又常不洗，虱子生得极多，所以说："扪虱而谈。"饮酒者，放浪形骸之外，醉生梦死。——这就是晋时社会底情状。而生在现代底人，生活情形完全不同了，却要去模仿那时社会背景所产生的小说，岂非笑话？

我在上面说过：六朝人并非有意作小说，因为他们看鬼事和人事，是一样的，统当作事实；所以《旧唐书》《艺文志》，把那种志怪的书，并不放在小说里，而归入历史的传记一类，一直到了宋欧阳修才把它归到小说里。可是志人底一部，在六朝时看得比志怪底一部更重要，因为这和成名很有关系；像当时乡间学者想要成名，他们必须去找名士，这在晋朝，就得去拜访王导，谢安一流人物，正所谓"一登龙门，则身价十倍"。但要和这流名士谈话，必须要能够合他们的脾胃，而要合他们的脾胃，则非看《世说》《语林》这一类的书不可。例如：当时阮宣子见太尉王夷甫，夷甫问老庄之异同，宣子答说："将毋同。"夷甫就非常佩服他，给他官做，即世所谓"三语掾"。但"将毋同"三字，究竟怎样讲？有人说是"殆不同"的意思；有人说是"岂不同"的意思——

总之是一种两可、飘渺恍惚之谈罢了。要学这一种飘渺之谈，就非看《世说》不可。

第三讲 唐之传奇文

小说到了唐时，却起了一个大变迁。我前次说过：六朝时之志怪与志人底文章，都很简短，而且当作记事实；及到唐时，则为有意识的作小说，这在小说史上可算是一大进步。而且文章很长，并能描写得曲折，和前之简古的文体，大不相同了，这在文体上也算是一大进步。但那时作古文底人，见了很不满意，叫它做“传奇体”。“传奇”二字，当时实是訾贬的意思，并非现代人意中的所谓“传奇”。可是这种传奇小说，现在多没有了，只有宋初底《太平广记》——这书可算是小说的大类书，是搜集六朝以至宋初底小说而成的——我们于其中还可以看见唐时传奇小说底大概：唐之初年，有王度做的《古镜记》，是自述得一神镜底异事，文章虽很长，但仅缀许多异事而成，还不脱六朝志怪底流风。此外又有无名氏做的《白猿传》，说的是梁将欧阳纥至长乐，深入溪洞，其妻为白猿掠去，后来得救回去，生一子，“厥状肖焉”。纥后为陈武帝所杀，他的儿子欧阳询，在唐初很有名望，而貌像猕猴，忌者因作此传；后来假小说以攻击人的风气，可见那时也就流行了。

到了武则天时，有张鷟做的《游仙窟》，是自叙他从长安走河湟去，在路上天晚，投宿一家，这家有两个女人，叫十娘，五嫂，和他饮酒作乐等情。事实不很繁复，而是用骈体文做的。这种以骈体做小说，是从前所没有的，所以也可以算一种特别的作品。到后来清之陈球所做的《燕山外史》,是骈体的,而作者自以为用骈体做小说是由他别开生面的,殊不知实已开端于张鷟了。但《游仙窟》中国久已佚失;惟在日本,现尚留存,因为张鷟在当时很有文名,外国人到中国来,每以重金买他的文章,这或者还是那时带去的一种。其实他的文章很是佻巧,也不见得好,不过笔调活泼些罢了。

唐至开元,天宝以后,作者蔚起,和以前大不同了。从前看不起小说的,此时也来做小说了,这是和当时底环境有关系的,因为唐时考试的时候,甚重所谓"行卷";就是举子初到京,先把自己得意的诗钞成卷子,拿去拜谒当时的名人,若得称赞,则"声价十倍",后来便有及第的希望,所以行卷在当时看得很重要。到开元,天宝以后,渐渐对于诗,有些厌气了,于是就有人把小说也放在行卷里去,而且竟也可以得名。所以从前不满意小说的,到此时也多做起小说来,因之传奇小说,就盛极一时了。大历中,先有沈既济做的《枕中记》——这书在社会上很普通,差不多没有人不知道的——内容大略说:有个卢生,行邯郸道中,自叹失意,乃遇吕翁,给他一个枕头,生睡去,就梦娶清河崔氏;——清河崔属大姓;所以得娶清河崔氏,也是极荣耀的。——并由举进士,一直升官到尚书兼御史大夫。后为时宰所忌,害他贬到端州。过数年,又追他为中书令,封燕国公。后来衰老有病,呻吟床次,至气断而死。梦中死去,他便醒来,却尚不到煮熟一锅饭的时候。——这是劝人不要躁进,把功名富贵,看淡些的意思。到后来明人汤显祖做的《邯郸记》,清人蒲松龄所做《聊斋》中的《续黄粱》,都是本这《枕中记》的。

此外还有一个名人叫陈鸿的,他和他的朋友白居易经过安史之乱以后，杨贵妃死了，美人已入黄土，凭吊古事，不胜伤情，于是白居易作了《长恨歌》；而他便作了《长恨歌传》。此传影响到后来，有清人洪昇所做的《长生殿》传奇，是根据它的。当时还有一个著名的，是白居易之弟白行简，做了一篇《李娃传》，说的是：荥阳巨族之子，到长安来，溺于声色，贫病困顿，竟流落为挽郎。——挽郎是人家出殡时，挽棺材者，并须唱挽歌。——后为李娃所救，并勉他读书，遂得擢第，官至参军。行简的文章本好，叙李娃的情节，又很是缠绵可观。此篇对于后来的小说，也很有影响，如元人的《曲江池》，明人薛近兖的《绣襦记》，都是以它为本的。

再唐人底小说，不甚讲鬼怪，间或有之，也不过点缀点缀而已。但也有一部分短篇集，仍多讲鬼怪的事情，这还是受了六朝人底影响，如牛僧孺的《玄怪录》，段成式的《酉阳杂俎》，李复言的《续玄怪录》，张读的《宣室志》，苏鹗的《杜阳杂编》，裴铏的《传奇》等，都是的。然而毕竟是唐人做的，所以较六朝人做的曲折美妙得多了。

唐之传奇作者，除上述以外，于后来影响最大而特可注意者，又有二人：其一著作不多，而影响很大，又很著名者，便是元微之；其一著作多，影响也很大，而后来不甚著名者，便是李公佐。现在我把他两人分开来说一说：

一、元微之的著作　元微之名稹，是诗人，与白居易齐名。他作的小说，只有一篇《莺莺传》，是讲张生与莺莺之事，这大概大家都是知道的，我可不必细说。微之的诗文，本是非常有名的，但这篇传奇，却并不怎样杰出，况且其篇末叙张生之弃绝莺莺，又说什么“……德不足以胜妖，是用忍情”。文过饰非，差不多是一篇辩解文字。可是后来许多曲子，却都由此而出，如金人董解元的《弦索西厢》，——现在的《西厢》，是扮演；而此则弹唱——元人王实甫的《西厢记》，关汉卿的《续西厢记》，明人李日华的《南西厢记》，陆采的《南西厢记》，……，非常之多，全导源于这一篇《莺莺传》。但和《莺莺传》原本所叙的事情，又略有不同，就是：叙张生和莺莺到后来终于团圆了。这因为中国人底心理，是很喜欢团圆的，所以必至于如此，大概人生现实底缺陷，中国人也很知道，但不愿意说出来；因为一说出来，就要发生"怎样补救这缺点"的问题，或者免不了要烦闷，要改良，事情就麻烦了。而中国人不大喜欢麻烦和烦闷，现在倘在小说里叙了人生底缺陷，便要使读者感着不快。所以凡是历史上不团圆的，在小说里往往给他团圆；没有报应的，给他报应，互相骗骗。——这实在是关于国民性底问题。

二、李公佐的著作　李公佐向来很少人知道，他做的小说很多，现在只存有四种：（一）《南柯太守传》：此传最有名，是叙东平淳于棼的宅南，有一棵大槐树，有一天棼因醉卧东庑下，梦见两个穿紫色衣服的人，来请他到了大槐安国，招了驸马，出为南柯太守；因有政绩，又累升大官。后领兵与檀萝国战争，被打败，而公主又死了，于是仍送他回来。及醒来则刹那之梦，如度一世；而去看大槐树，则有一蚂蚁洞，蚂蚁正出入乱走着，所谓大槐安国，南柯郡，就在此地。这篇立意，和《枕中记》差不多，但其结穴，余韵悠然，非《枕中记》所能及。后来明人汤显祖作《南柯记》，也就是从这传演出来的。（二）《谢小娥传》：此篇叙谢小娥的父亲，和她的丈夫，皆往来江湖间，做买卖，为盗所杀。小娥梦父告以仇人为"車中猴東門草"；又梦夫告以仇人为"禾中走一日夫”;人多不能解,后来李公佐乃为之解说:“車中猴,東門草”是“申蘭”二字;“禾中走,一日夫”是“申春”二字。后果然因之得盗。这虽是解谜获贼,无大理致,但其思想影响于后来之小说者甚大:如李复言演其文入《续玄怪录》,题曰《妙寂尼》,明人则本之作平话。他若《包公案》中所叙,亦多有类此者。(三)《李汤》:此篇叙的是楚州刺史李汤,闻渔人见龟山下,水中有大铁锁,以人,牛之力拉出,则风涛大作;并有一像猿猴之怪兽,雪牙金爪,闯上岸来,观者奔走,怪兽仍拉铁锁入水,不再出来。李公佐为之解说:怪兽是淮涡水神无支祁。“力逾九象,搏击腾踔疾奔,轻利倏忽。”大禹使庚辰制之,颈锁大索,徙到淮阴的龟山下,使淮水得以安流。这篇影响也很大,我以为《西游记》中的孙悟空正类无支祁。但北大教授胡适之先生则以为是由印度传来的;俄国人钢和泰教授也曾说印度也有这样的故事。可是由我看去:1.作《西游记》的人,并未看过佛经;2.中国所译的印度经论中,没有和这相类的话;3.作者——吴承恩——熟于唐人小说,《西游记》中受唐人小说的影响的地方很不少。所以我还以为孙悟空是袭取无支祁的。但胡适之先生仿佛并以为李公佐就受了印度传说的影响,这是我现在还不能说然否的话。(四)《庐江冯媪》:此篇叙事很简单,文章也不大好,我们现在可以不讲它。

唐人小说中的事情,后来都移到曲子里。如“红线”,“红拂”,“虬髯”……,皆出于唐之传奇,因此间接传遍了社会,现在的人还知道。至于传奇本身,则到唐亡就随之而绝了。

第四讲　宋人之“说话”及其影响

上次讲过：传奇小说，到唐亡时就绝了。至宋朝，虽然也有作传奇的，但就大不相同。因为唐人大抵描写时事；而宋人则极多讲古事。唐人小说少教训；而宋则多教训。大概唐时讲话自由些，虽写时事，不至于得祸；而宋时则讳忌渐多，所以文人便设法回避，去讲古事。加以宋时理学极盛一时，因之把小说也多理学化了，以为小说非含有教训，便不足道。但文艺之所以为文艺，并不贵在教训，若把小说变成修身教科书，还说什么文艺。宋人虽然还作传奇，而我说传奇是绝了，也就是这意思。然宋之士大夫，对于小说之功劳，乃在编《太平广记》一书。此书是搜集自汉至宋初的琐语小说，共五百卷，亦可谓集小说之大成。不过这也并非他们自动的，乃是政府召集他们做的。因为在宋初，天下统一，国内太平，因招海内名士，厚其廪饩，使他们修书，当时成就了《文苑英华》《太平御览》和《太平广记》。此在政府的目的，不过利用这事业，收养名人，以图减其对于政治上之反动而已，固未尝有意于文艺；但在无意中，却替我们留下了古小说的林薮来。至于创作一方面，则宋之士大夫实在并没有什么贡献。但其时社会上却另有一种平民底小说，代之而兴了。这类作品，不但体裁不同，文章上也起了改革，用的是白话，所以实在是小说史上的一大变迁。因为当时一般士大夫，虽然都讲理学，鄙视小说，而一般人民，是仍要娱乐的；平民的小说之起来，正是无足怪讶的事。

宋建都于汴，民物康阜，游乐之事，因之很多，市井间有种杂剧,这种杂剧中包有所谓"说话"。"说话"分四科:一、讲史;二、说经诨经;三、小说;四、合生。"讲史"是讲历史上底事情,及名人传记等;就是后来历史小说之起源。"说经诨经",是以俗话演说佛经的。"小说"是简短的说话。"合生",是先念含混的两句诗,随后再念几句,才能懂得意思,大概是讽刺时人的。这四科后来于小说有关系的,只是"讲史"和"小说"。那时操这种职业的人,叫做"说话人";而且他们也有组织的团体,叫做"雄辩社"。他们也编有一种书,以作说话时之凭依,发挥,这书名叫"话本"。南宋初年,这种话本还流行,到宋亡,而元人入中国时,则杂剧消歇,话本也不通行了。至明朝,虽也还有说话人,——如柳敬亭就是当时很有名的说话人——但已不是宋人底面目;而且他们已不属于杂剧,也没有什么组织了。到现在,我们几乎已经不能知道宋时的话本究竟怎样。——幸而现在翻刻了几种书,可以当作标本看。

一种是《五代史平话》,是可以作讲史看的。讲史的体例,大概是从开天辟地讲起,一直到了要讲的朝代。《五代史平话》也是如此;它的文章,是各以诗起,次入正文,又以诗结,总是一段一段的有诗为证。但其病在于虚事铺排多,而于史事发挥少。至于诗,我以为大约是受了唐人底影响:因为唐时很重诗,能诗者就是清品;而说话人想仰攀他们,所以话本中每多诗词,而且一直到现在许多人所做的小说中也还没有改。再若后来历史小说中每回的结尾上,总有"不知后事如何?且听下回分解"的话,我以为大概也起于说话人,因为说话必希望人们下次再来听,所以必得用一个惊心动魄的未了事拉住他们。至于现在的章回小说还来模仿它,那可只是一个遗迹罢了,正如我们腹中的盲肠一样,毫无用处。一种是《京本通俗小说》,已经不全了,还存十多篇。在“说话”中之所谓小说,并不像现在所谓的广义的小说,乃是讲的很短,而且多用时事的。起首先说一个冒头,或用诗词,或仍用故事,名叫“得胜头回”——“头回”是前回之意;“得胜”是吉利语。——以后才入本文,但也并不冗长,长短和冒头差不多,在短时间内就完结。可见宋代说话中的所谓小说,即是“短篇小说”的意思,《京本通俗小说》虽不全,却足够可以看见那类小说底大概了。

除上述两种之外,还有一种《大宋宣和遗事》,首尾皆有诗,中间杂些俚句,近于“讲史”而非口谈;好似“小说”而不简洁;惟其中已叙及梁山泊的事情,就是《水浒》之先声,是大可注意的事。还有现在新发现的一部书,叫《大唐三藏法师取经诗话》,——此书中国早没有了,是从日本拿回来的——这所谓“诗话”,又不是现在人所说的诗话,乃是有诗,有话;换句话说:也是注重“有诗为证”的一类小说的别名。这《大唐三藏法师取经诗话》,虽然是《西游记》的先声,但又颇不同:例如“盗人参果”一事,在《西游记》上是孙悟空要盗,而唐僧不许;在《取经诗话》里是仙桃,孙悟空不盗,而唐僧使命去盗。——这与其说时代,倒不如说是作者思想之不同处。因为《西游记》之作者是士大夫,而《取经诗话》之作者是市人。士大夫论人极严,以为唐僧岂应盗人参果,所以必须将这事推到猴子身上去;而市人评论人则较为宽恕,以为唐僧盗几个区区仙桃有何要紧,便不再经心作意地替他隐瞒,竟放笔写上去了。

总之,宋人之“说话”的影响是非常之大,后来的小说,十分之九是本于话本的。如,一、后之小说如《今古奇观》等片段的叙述，即仿宋之“小说”。二、后之章回小说如《三国志演义》等长篇的叙述，皆本于“讲史”。其中讲史之影响更大，并且从明清到现在，“二十四史”都演完了。作家之中，又出了一个著名人物，就是罗贯中。

罗贯中名本，钱唐人，大约生活在元末明初。他做的小说很多，可惜现在只剩了四种。而此四种又多经后人乱改，已非本来面目了。——因为中国人向来以小说为无足轻重，不似经书，所以多喜欢随便改动它——至于贯中生平之事迹，我们现在也无从而知；有的说他因为做了水浒，他的子孙三代都是哑巴，那可也是一种谣言。贯中的四种小说，就是：一、《三国演义》；二、《水浒传》；三、《隋唐志传》；四、《北宋三遂平妖传》。《北宋三遂平妖传》，是记贝州王则借妖术作乱的事情，平他的有三个人，其名字皆有一“遂”字，所以称“三遂平妖”。《隋唐志传》，是叙自隋禅位，以至唐明皇的事情。——这两种书的构造和文章都不甚好，在社会上也不盛行；最盛行，而且最有势力的，是《三国演义》和《水浒传》。

一、《三国演义》　《三国演义》讲三国底事情的，也并不自罗贯中起始，宋时里巷中说古话者，有“说三分”，就讲的是三国故事。苏东坡也说：“王彭尝云：‘途巷中小儿，……坐听说古话，至说三国事，闻刘玄德败，频蹙眉，有出涕者；闻曹操败，即喜唱快。以是知君子小人之泽，百世不斩。’”可见在罗贯中以前，就有《三国演义》这一类的书了。因为三国底事情，不像五代那样纷乱；又不像楚汉那样简单；恰是不简不繁，适于作小说。而且三国时底英雄，智术武勇，非常动人，所以人都喜欢取来做小说底材料。再有裴松之注《三国志》，甚为详细，也足以引起人之注意三国的事情。至罗贯中之《三国演义》是否出于创作，还是继承，现在固不敢草草断定；但明嘉靖时本题有“晋平阳侯陈寿史传，明罗本编次”之说，则可见是直接以陈寿的《三国志》为蓝本的。但是现在的《三国演义》却已多经后人改易，不是本来面目了。若论其书之优劣，则论者以为其缺点有三：(一)容易招人误会。因为中间所叙的事情，有七分是实的，三分是虚的；惟其实多虚少，所以人们或不免并信虚者为真。如王渔洋是有名的诗人，也是学者，而他有一个诗的题目叫“落凤坡吊庞士元”，这“落凤坡”只有《三国演义》上有，别无根据，王渔洋却被它闹昏了。(二)描写过实。写好的人，简直一点坏处都没有；而写不好的人，又是一点好处都没有。其实这在事实上是不对的，因为一个人不能事事全好，也不能事事全坏。譬如曹操他在政治上也有他的好处；而刘备，关羽等，也不能说毫无可议，但是作者并不管它，只是任主观方面写去，往往成为出乎情理之外的人。(三)文章和主意不能符合——这就是说作者所表现的和作者所想像的，不能一致。如他要写曹操的奸，而结果倒好像是豪爽多智；要写孔明之智，而结果倒像狡猾。——然而究竟它有很好的地方，像写关云长斩华雄一节，真是有声有色；写华容道上放曹操一节，则义勇之气可掬，如见其人。后来做历史小说的很多，如《开辟演义》《东西汉演义》《东西晋演义》《前后唐演义》《南北宋演义》《清史演义》……都没有一种跟得住《三国演义》。所以人都喜欢看它；将来也仍旧能保持其相当价值的。

二、《水浒传》 《水浒传》是叙宋江等的事情，也不自罗贯中起始；因为宋江是实有其人的，为盗亦是事实，关于他的事情，从南宋以来就成社会上的传说。宋元间有高如，李嵩等，即以水浒故事作小说;宋遗民龚圣与又作《宋江三十六人赞》;又《宣和遗事》上也有讲“宋江擒方腊有功,封节度使”等说话,可见这种故事,早已传播人口,或早有种种简略的书本,也未可知。到后来,罗贯中荟萃诸说或小本《水浒》故事,而取舍之,便成了大部的《水浒传》。但原本之《水浒传》,现在已不可得,所通行的《水浒传》有两类:一类是七十回的;一类是多于七十回的。多于七十回的一类是先叙洪太尉误走妖魔,而次以百八人渐聚梁山泊,打家劫舍,后来受招安,用以破辽,平田虎,王庆,擒方腊,立了大功。最后朝廷疑忌,宋江服毒而死,终成神明。其中招安之说,乃是宋末到元初的思想,因为当时社会扰乱,官兵压制平民,民之和平者忍受之,不和平者便分离而为盗。盗一面与官兵抗,官兵不胜,一面则掳掠人民,民间自然亦时受其骚扰;但一到外寇进来,官兵又不能抵抗的时候,人民因为仇视外族,便想用较胜于官兵的盗来抵抗他,所以盗又为当时所称道了。至于宋江服毒的一层,乃明初加入的,明太祖统一天下之后,疑忌功臣,横行杀戮,善终的很不多,人民为对于被害之功臣表同情起见,就加上宋江服毒成神之事去。——这也就是事实上缺陷者,小说使他团圆的老例。

《水浒传》有许多人以为是施耐庵作的。因为多于七十回的《水浒传》就有繁的和简的两类,其中一类繁本的作者,题着施耐庵。然而这施耐庵恐怕倒是后来演为繁本者的托名,其实生在罗贯中之后。后人看见繁本题耐庵作,以为简本倒是节本,便将耐庵看作更古的人,排在贯中以前去了。到清初,金圣叹又说《水浒传》到“招安”为止是好的,以后便很坏;又自称得着古本,定“招安”为止是耐庵作,以后是罗贯中所续,加以痛骂。于是他把“招安”以后都删了去，只存下前七十回——这便是现在的通行本。他大概并没有什么古本，只是凭了自己的意见删去的，古本云云，无非是一种“托古”的手段罢了。但文章之前后有些参差，却确如圣叹所说，然而我在前边说过：《水浒传》是集合许多口传，或小本《水浒》故事而成的，所以当然有不能一律处。况且描写事业成功以后的文章，要比描写正做强盗时难些，一大部书，结末不振，是多有的事，也不能就此便断定是罗贯中所续作。至于金圣叹为什么要删“招安”以后的文章呢？这大概也就是受了当时社会环境底影响。胡适之先生说：“圣叹生于流贼遍天下的时代，眼见张献忠，李自成一般强盗流毒全国，故他觉强盗是不应该提倡的，是应该口诛笔伐的。”这话很是。就是圣叹以为用强盗来平外寇，是靠不住的，所以他不愿听宋江立功的谣言。

但到明亡之后，外族势力全盛了，几个遗民抱亡国之痛，便把流寇之痛苦忘却，又与强盗表起同情来。如明遗民陈忱，就托名雁宕山樵作了一部《后水浒传》。他说：宋江死了以后，余下的同志，尚为宋御金，后无功，李俊率众浮海到暹罗做了国王。——这就是因为国家为外族所据，转而与强盗又表同情的意思。可是到后来事过情迁，连种族之感都又忘掉了，于是道光年间就有俞万春作《结水浒传》，说山寇宋江等，一个个皆为官兵所杀。他的文章，是漂亮的，描写也不坏，但思想实在未免煞风景。

第五讲　明小说之两大主潮

上次已将宋之小说，讲了个大概。元呢，它的词曲很发达，而小说方面，却没有什么可说。现在我们就讲到明朝的小说去。明之中叶，即嘉靖前后，小说出现的很多，其中有两大主潮：一、讲神魔之争的；二、讲世情的。现在再将它分开来讲：

一、讲神魔之争的　此思潮之起来，也受了当时宗教，方士之影响的。宋宣和时，即非常崇奉道流；元则佛道并奉，方士的势力也不小；至明，本来是衰下去的了，但到成化时，又抬起头来，其时有方士李孜，释家继晓，正德时又有色目人于永，都以方技杂流拜官，因之妖妄之说日盛，而影响及于文章。况且历来三教之争，都无解决，大抵是互相调和，互相容受，终于名为“同源”而后已。凡有新派进来，虽然彼此目为外道，生些纷争，但一到认为同源，即无歧视之意，须俟后来另有别派，它们三家才又自称正道，再来攻击这非同源的异端。当时的思想，是极模糊的，在小说中所写的邪正，并非儒和佛，或道和佛，或儒道释和白莲教，单不过是含胡的彼此之争，我就总括起来给他们一个名目，叫做神魔小说。此种主潮，可作代表者，有三部小说：（一）《西游记》；（二）《封神传》；（三）《三宝太监西洋记》。

（一）《西游记》　《西游记》世人多以为是元朝的道士邱长春做的，其实不然。邱长春自己另有《西游记》三卷，是纪行，今尚存《道藏》中；惟因书名一样，人们遂误以为是一种。加以清初刻《西游记》小说者，又取虞集所作的《长春真人西游记序》冠其首，人更信这《西游记》是邱长春所做的了。——实则做这《西游记》者，乃是江苏山阳人吴承恩。此见于明时所修的《淮安府志》；但到清代修志却又把这记载删去了。《西游记》现在所见的，是一百回，先叙孙悟空成道，次叙唐僧取经的由来，后经八十一难，终于回到东土。这部小说，也不是吴承恩所创作，因为《大唐三藏法师取经诗话》——在前边已经提及过——已说过猴行者，深河神，及诸异境。元朝的杂剧也有用唐三藏西天取经做材料的著作。此外明时也别有一种简短的《西游记传》——由此可知玄奘西天取经一事，自唐末以至宋元已渐渐演成神异故事，且多作成简单的小说，而至明吴承恩，便将它们汇集起来，以成大部的《西游记》。承恩本善于滑稽，他讲妖怪的喜，怒，哀，乐，都近于人情，所以人都喜欢看！这是他的本领。而且叫人看了，无所容心，不像《三国演义》，见刘胜则喜，见曹胜则恨；因为《西游记》上所讲的都是妖怪，我们看了，但觉好玩，所谓忘怀得失，独存赏鉴了——这也是他的本领。至于说到这书的宗旨，则有人说是劝学；有人说是谈禅；有人说是讲道；议论很纷纷。但据我看来，实不过出于作者之游戏，只因为他受了三教同源的影响，所以释迦，老君，观音，真性，元神之类，无所不有，使无论什么教徒，皆可随宜附会而已。如果我们一定要问它的大旨，则我觉得明人谢肇淛所说的"《西游记》……以猿为心之神，以猪为意之驰，其始之放纵，上天下地，莫能禁制，而归于紧箍一咒，能使心猿驯伏，至死靡他，盖亦求放心之喻。"这几句话，已经很足以说尽了。后来有《后西游记》及《续西游记》等，都脱不了前书窠臼。至董说的《西游补》，则成了讽刺小说，与这类没有大关系了。

（二）《封神传》　《封神传》在社会上也很盛行，至为何人所作，我们无从而知。有人说：作者是一穷人，他把这书做成卖了，给他女儿作嫁资，但这不过是没有凭据的传说。它的思想，也就是受了三教同源的模糊的影响；所叙的是受辛进香女娲宫，题诗黩神，神因命三妖惑纣以助周。上边多说战争，神佛杂出，助周者为阐教;助殷者为截教。我以为这“阐”是明的意思,“阐教”就是正教;“截”是断的意思,“截教”或者就是佛教中所谓断见外道。——总之是受了三教同源的影响,以三教为神,以别教为魔罢了。

(三)《三宝太监西洋记》 《三宝太监西洋记》,是明万历间的书,现在少见;这书所叙的是永乐中太监郑和服外夷三十九国,使之朝贡的事情。书中说郑和到西洋去,是碧峰长老助他的,用法术降服外夷,收了全功。在这书中,虽然所说的是国与国之战,但中国近于神,而外夷却居于魔的地位,所以仍然是神魔小说之流。不过此书之作,则也与当时的环境有关系,因为郑和之在明代,名声赫然,为世人所乐道;而嘉靖以后,东南方面,倭寇猖獗,民间伤今之弱,于是便感昔之盛,做了这一部书。但不思将帅,而思太监,不恃兵力,而恃法术者,乃是一则为传统思想所囿;一则明朝的太监的确常做监军,权力非常之大。这种用法术打外国的思想,流传下来一直到清朝,信以为真,就有义和团实验了一次。

二、讲世情的 当神魔小说盛行的时候,讲世情的小说,也就起来了,其原因,当然也离不开那时的社会状态,而且有一类,还与神魔小说一样,和方士是有很大的关系的。这种小说,大概都叙述些风流放纵的事情,间于悲欢离合之中,写炎凉的世态。其最著名的,是《金瓶梅》,书中所叙,是借《水浒传》中之西门庆做主人,写他一家的事迹。西门庆原有一妻三妾,后复爱潘金莲,酖其夫武大,纳她为妾;又通金莲婢春梅;复私了李瓶儿,也纳为妾了。后来李瓶儿,西门庆皆先死,潘金莲又为武松所杀,春梅也因淫纵暴亡。至金兵到清河时,庆妻携其遗腹子孝哥,欲到济南去，路上遇着普净和尚，引至永福寺，以佛法感化孝哥，终于使他出了家，改名明悟。因为这书中的潘金莲，李瓶儿，春梅，都是重要人物，所以书名就叫《金瓶梅》。明人小说之讲秽行者，人物每有所指，是借文字来报夙仇的，像这部《金瓶梅》中所说的西门庆，是一个绅士，大约也不外作者的仇家，但究属何人，现在无可考了。至于作者是谁，我们现在也还未知道。有人说：这是王世贞为父报仇而做的，因为他的父亲王忬为严嵩所害，而严嵩之子世蕃又势盛一时，凡有不利于严嵩的奏章，无不受其压抑，不使上闻。王世贞探得世蕃爱看小说，便作了这部书，使他得沉湎其中，无暇他顾，而参严嵩的奏章，得以上去了。所以清初的翻刻本上，就有《苦孝说》冠其首。但这不过是一种推测之辞，不足信据。《金瓶梅》的文章做得尚好，而王世贞在当时最有文名，所以世人遂把作者之名嫁给他了。后人之主张此说，并且以《苦孝说》冠其首，也无非是想减轻社会上的攻击的手段，并不是确有什么王世贞所作的凭据。

此外叙放纵之事，更甚于《金瓶梅》者，为《玉娇梨》。但此书到清朝已经佚失，偶有见者，也不是原本了。还有一种山东诸城人丁耀亢所做的《续金瓶梅》，和前书颇不同，乃是对于《金瓶梅》的因果报应之说，就是武大后世变成淫夫，潘金莲也变为河间妇，终受极刑；西门庆则变成一个騃憨男子，只坐视着妻妾外遇。——以见轮回是不爽的。从此以后世情小说，就明明白白的，一变而为说报应之书——成为劝善的书了。这样的讲到后世的事情的小说，如果推演开去，三世四世，可以永远做不完工，实在是一种奇怪而有趣的做法。但这在古代的印度却是曾经有过的，如《鸯堀摩罗经》就是一例。

如上所讲，世情小说在一方面既有这样的大讲因果的变迁，在他方面也起了别一种反动。那是讲所谓“温柔敦厚”的，可以用《平山冷燕》《好逑传》《玉娇梨》来做代表。不过这类的书名字，仍多袭用《金瓶梅》式，往往摘取书中人物的姓名来做书名；但内容却不是淫夫荡妇，而变了才子佳人了。所谓才子者，大抵能作些诗，才子和佳人之遇合，就每每以题诗为媒介。这似乎是很有悖于“父母之命，媒妁之言”的婚姻，对于旧习惯是有些反对的意思的，但到团圆的时节，又常是奉旨成婚，我们就知道作者是寻到了更大的帽子了。那些书的文章也没有一部好，而在外国却很有名。一则因为《玉娇梨》《平山冷燕》，有法文译本；《好逑传》有德，法文译本，所以研究中国文学的人们都知道，给中国做文学史就大概提起它；二则因为若在一夫一妻制的国度里，一个以上的佳人共爱一个才子便要发生极大的纠纷，而在这些小说里却毫无问题，一下子便都结了婚了，从他们看起来，实在有些新奇而且有趣。

第六讲　清小说之四派及其末流

清代底小说之种类及其变化，比明朝比较的多，但因为时间关系，我现在只可分作四派来说一个大概。这四派便是：一、拟古派；二、讽刺派；三、人情派；四、侠义派。

一、拟古派　所谓拟古者，是指拟六朝之志怪，或拟唐朝之传奇者而言。唐人底小说单本，到明时什九散亡了，偶有看见模仿的，世间就觉得新异。元末明初，先有钱唐瞿佑仿了唐人传奇，作《剪灯新话》，文章虽没有力，而用些艳语来描画闺情，所以特为时流所喜,仿效者很多,直到被朝廷禁止,这风气才渐渐的衰歇。但到了嘉靖间,唐人底传奇小说盛行起来了,从此模仿者又在在皆是,文人大抵喜欢做几篇传奇体的文章;其专做小说,合为一集的,则《聊斋志异》最有名。《聊斋志异》是山东淄川人蒲松龄做的。有人说他作书以前,天天在门口设备茗烟,请过路底人讲说故事,作为著作的材料;但是多由他的朋友那里听来的,有许多是从古书尤其是从唐人传奇变化而来的——如《凤阳士人》《续黄粱》等就是——所以列他于拟古。书中所叙,多是神仙,狐鬼,精魅等故事,和当时所出同类的书差不多,但其优点在:(一)描写详细而委曲,用笔变幻而熟达。(二)说妖鬼多具人情,通世故,使人觉得可亲,并不觉得很可怕。不过用古典太多,使一般人不容易看下去。

《聊斋志异》出来之后,风行约一百年,这其间模仿和赞颂它的非常之多。但到了乾隆末年,有直隶献县人纪昀出来和他反对了,纪昀说《聊斋志异》之缺点有二:(一)体例太杂。就是说一个人的一个作品中,不当有两代的文章的体例,这是因为《聊斋志异》中有长的文章是仿唐人传奇的,而又有些短的文章却象六朝的志怪。(二)描写太详。这是说他的作品是述他人的事迹的,而每每过于曲尽细微,非自己不能知道,其中有许多事,本人未必肯说,作者何从知之?纪昀为避此两缺点起见,所以他所做的《阅微草堂笔记》就完全模仿六朝,尚质黜华,叙述简古,力避唐人的做法。其材料大抵自造,多借狐鬼的话,以攻击社会。据我看来,他自己是不信狐鬼的,不过他以为对于一般愚民,却不得不以神道设教。但他很有可以佩服的地方:他生在乾隆间法纪最严的时代,竟敢借文章以攻击社会上不通的礼法,荒谬的习俗，以当时的眼光看去，真算得很有魄力的一个人。可是到了末流，不能了解他攻击社会的精神，而只是学他的以神道设教一面的意思，于是这派小说差不多又变成劝善书了。

拟古派的作品，自从以上二书出来以后，大家都学它们；一直到了现在，即如上海就还有一群所谓文人在那里模仿它。可是并没有什么好成绩，学到的大抵是糟粕，所以拟古派也已经被踏死在它的信徒的脚下了。

二、讽刺派　小说中寓讥讽者，晋唐已有，而在明之人情小说为尤多。在清朝，讽刺小说反少有，有名而几乎是唯一的作品，就是《儒林外史》。《儒林外史》是安徽全椒人吴敬梓做的。敬梓多所见闻，又工于表现，故凡所有叙述，皆能在纸上见其声态；而写儒者之奇形怪状，为独多而独详。当时距明亡没有百年，明季底遗风，尚留存于士流中，八股而外，一无所知，也一无所事。敬梓身为士人，熟悉其中情形，故其暴露丑态，就能格外详细。其书虽是断片的叙述，没有线索，但其变化多而趣味浓，在中国历来作讽刺小说者，再没有比他更好的了。一直到了清末，外交失败，社会上的人们觉得自己的国势不振了，极想知其所以然，小说家也想寻出原因的所在；于是就有李宝嘉归罪于官场，用了南亭亭长的假名字，作了一部《官场现形记》。这部书在清末很盛行，但文章比《儒林外史》差得多了；而且作者对于官场的情形也并不很透彻，所以往往有失实的地方。嗣后又有广东南海人吴沃尧归罪于社会上旧道德的消灭，也用了我佛山人的假名字，作了一部《二十年目睹之怪现状》。这部书也很盛行，但他描写社会的黑暗面，常常张大其词，又不能穿入隐微，但照例的慷慨激昂，正和南亭亭长有同样的缺点。这两种书都用断片凑成，没有什么线索和主角，是同《儒林外史》差不多的，但艺术的手段，却差得远了；最容易看出来的就是《儒林外史》是讽刺，而那两种都近于谩骂。

讽刺小说是贵在旨微而语婉的，假如过甚其辞，就失了文艺上底价值，而它的末流都没有顾到这一点，所以讽刺小说从《儒林外史》而后，就可以谓之绝响。

三、人情派　此派小说，即可以著名的《红楼梦》作代表。《红楼梦》其初名《石头记》，共有八十回，在乾隆中年忽出现于北京。最初皆抄本，至乾隆五十七年，才有程伟元刻本，加多四十回，共一百二十回，改名叫《红楼梦》。据伟元说：乃是从旧家及鼓担上收集而成全部的。至其原本，则现在已少见，惟现有一石印本，也不知究是原本与否。《红楼梦》所叙为石头城中——未必是今之南京——贾府的事情。其主要者为荣国府的贾政生子宝玉，聪明过人，而绝爱异性；贾府中实亦多好女子，主从之外，亲戚也多，如黛玉，宝钗等，皆来寄寓，史湘云亦常来。而宝玉与黛玉爱最深；后来政为宝玉娶妇，却迎了宝钗，黛玉知道以后，吐血死了。宝玉亦郁郁不乐，悲叹成病。其后宁国府的贾赦革职查抄，累及荣府，于是家庭衰落，宝玉竟发了疯，后又忽而改行，中了举人。但不多时，忽又不知所往了。后贾政因葬母路过毗陵，见一人光头赤脚，向他下拜，细看就是宝玉；正欲问话，忽来一僧一道，拉之而去。追之无有，但见白茫茫一片荒野而已。

《红楼梦》的作者，大家都知道是曹雪芹，因为这是书上写着的。至于曹雪芹是何等样人，却少有人提起过；现经胡适之先生的考证，我们可以知道大概了。雪芹名霑，一字芹圃，是汉军旗人。他的祖父名寅，康熙中为江宁织造。清世祖南巡时，即以织造局为行宫。其父頫，亦为江宁织造。我们由此就知道作者在幼时实在是一个大世家的公子。他生在南京。十岁时，随父到了北京。此后中间不知因何变故，家道忽落。雪芹中年，竟至穷居北京之西郊，有时还不得饱食。可是他还纵酒赋诗，而《红楼梦》的创作，也就在这时候。可惜后来他因为儿子夭殇，悲恸过度，也竟死掉了——年四十余——《红楼梦》也未得做完，只有八十回。后来程伟元所刻的，增至一百二十回，虽说是从各处搜集的，但实则其友高鹗所续成，并不是原本。

对于书中所叙的意思，推测之说也很多。举其较为重要者而言：(一)是说记纳兰性德的家事，所谓金钗十二，就是性德所奉为上客的人们。这是因为性德是词人，是少年中举，他家后来也被查抄，和宝玉的情形相仿佛，所以猜想出来的。但是查抄一事，宝玉在生前，而性德则在死后，其他不同之点也很多，所以其实并不很相像。(二)是说记顺治与董鄂妃的故事，而又以鄂妃为秦淮旧妓董小宛。清兵南下时，掠小宛到北京，因此有宠于清世祖，封为贵纪；后来小宛夭逝，清世祖非常哀痛，就出家到五台山做了和尚。《红楼梦》中宝玉也做和尚，就是分明影射这一段故事。但是董鄂妃是满洲人，并非就是董小宛，清兵下江南的时候，小宛已经二十八岁了；而顺治方十四岁，决不会有把小宛做妃的道理。所以这一说也不通的。(三)是说叙康熙朝政治底状态的；就是以为石头记是政治小说，书中本事，在吊明之亡，而揭清之失。如以"红"影"朱"字，以"石头"指"金陵"，以"贾"斥伪朝——即斥"清"，以金陵十二钗讥降清之名士。然此说未免近于穿凿，况且现在既知道作者既是汉军旗人，似乎不至于代汉人来抱亡国之痛的。(四)是说自叙；此说出来最早，而信者最少,现在可是多起来了。因为我们已知道雪芹自己的境遇,很和书中所叙相合。雪芹的祖父,父亲,都做过江宁织造,其家庭之豪华,实和贾府略同;雪芹幼时又是一个佳公子,有似于宝玉;而其后突然穷困,假定是被抄家或近于这一类事故所致,情理也可通——由此可知《红楼梦》一书,说是大部分为作者自叙,实是最为可信的一说。

至于说到《红楼梦》的价值,可是在中国底小说中实在是不可多得的。其要点在敢于如实描写,并无讳饰,和从前的小说叙好人完全是好,坏人完全是坏的,大不相同,所以其中所叙的人物,都是真的人物。总之自有《红楼梦》出来以后,传统的思想和写法都打破了。——它那文章的旖旎和缠绵,倒是还在其次的事。但是反对者却很多,以为将给青年以不好的影响。这就因为中国人看小说,不能用赏鉴的态度去欣赏它,却自己钻入书中,硬去充一个其中的脚色。所以青年看《红楼梦》,便以宝玉,黛玉自居;而年老人看去,又多占据了贾政管束宝玉的身分,满心是利害的打算,别的什么也看不见了。

《红楼梦》而后,续作极多:有《后红楼梦》《续红楼梦》《红楼后梦》《红楼复梦》《红楼补梦》《红楼重梦》《红楼幻梦》《红楼圆梦》……大概是补其缺陷,结以团圆。直到道光年中,《红楼梦》才谈厌了。但要叙常人之家,则佳人又少,事故不多,于是便用了《红楼梦》的笔调,去写优伶和妓女之事情,场面又为之一变。这有《品花宝鉴》《青楼梦》可作代表。《品花宝鉴》是专叙乾隆以来北京底优伶的。其中人物虽与《红楼梦》不同,而仍以缠绵为主;所描写的伶人与狎客,也和佳人与才子差不多。《青楼梦》全书都讲妓女,但情形并非写实的,而是作者的理想。

他以为只有妓女是才子的知己，经过若干周折，便即团圆，也仍脱不了明末的佳人才子这一派。到光绪中年，又有《海上花列传》出现，虽然也写妓女，但不像《青楼梦》那样的理想，却以为妓女有好，有坏，较近于写实了。一到光绪末年，《九尾龟》之类出，则所写的妓女都是坏人，狎客也像了无赖，与《海上花列传》又不同。这样，作者对于妓家的写法凡三变，先是溢美，中是近真，临末又溢恶，并且故意夸张，谩骂起来；有几种还是诬蔑，讹诈的器具。人情小说底末流至于如此，实在是很可以诧异的。

四、侠义派　侠义派底小说，可以用《三侠五义》做代表。这书的起源，本是茶馆中的说书，后来能文的人，把它写出来，就通行于社会了。当时底小说，有《红楼梦》等专讲柔情，《西游记》一派，又专讲妖怪，人们大概也很觉得厌气了，而《三侠五义》则别开生面，很是新奇，所以流行也就特别快，特别盛。当潘祖荫由北京回吴的时候，以此书示俞曲园，曲园很赞许，但嫌其太背于历史，乃为之改正第一回；又因书中的北侠，南侠，双侠，实已四人，三不能包，遂加上艾虎和沈仲元；索性改名为《七侠五义》。这一种改本，现在盛行于江浙方面。但《三侠五义》，也并非一时创作的书，宋包拯立朝刚正，《宋史》有传；而民间传说，则行事多怪异；元朝就传为故事，明代又渐演为小说，就是《龙图公案》。后来这书的组织再加密些，又成为大部的《龙图公案》，也就是《三侠五义》的蓝本了。因为社会上很欢迎，所以又有《小五义》，《续小五义》，《英雄大八义》，《英雄小八义》，《七剑十三侠》，《七剑十八义》等等都跟着出现。——这等小说，大概是叙侠义之士，除盗平叛的事情，而中间每以名臣大官，总领一切。其先又有《施公案》，同时则有《彭公案》一类的小说，也盛行一时。其中所叙的侠客，大半粗豪，很像《水浒》中底人物，故其事实虽然来自《龙图公案》，而源流则仍出于《水浒》。不过《水浒》中人物在反抗政府；而这一类书中底人物，则帮助政府，这是作者思想的大不同处，大概也因为社会背景不同之故罢。这些书大抵出于光绪初年，其先曾经有过几回国内的战争，如平长毛，平捻匪，平教匪等，许多市井中人，粗人无赖之流，因为从军立功，多得顶戴，人民非常羡慕，愿听"为王前驱"的故事，所以茶馆中发生的小说，自然也受了影响了。现在《七侠五义》已出到二十四集，《施公案》出到十集，《彭公案》十七集，而大抵千篇一律，语多不通，我们对此，无多批评，只是很觉得作者和看者，都能够如此之不惮烦，也算是一件奇迹罢了。

上边所讲的四派小说，到现在还很通行。此外零碎小派的作品也还有，只好都略去了它们。至于民国以来所发生的新派的小说，还很年幼——正在发达创造之中，没有很大的著作，所以也姑且不提起它们了。

我讲的《中国小说的历史的变迁》在今天此刻就算终结了。在此两星期中，匆匆地只讲了一个大概，挂一漏万，固然在所不免，加以我的知识如此之少，讲话如此之拙，而天气又如此之热，而诸位有许多还始终来听完我的讲，这是我所非常之抱歉而且感谢的。

《中国小说史略》再版附识[①]

此书印行之后，屡承相知发其谬误，俾得改定；而钝拙及谭正璧两先生未尝一面，亦皆贻书匡正，高情雅意，尤感于心。谭先生并以吴瞿安先生《顾曲麈谈》语见示云，"《幽闺记》为施君美作。君美，名惠，即作《水浒传》之耐庵居士也。"其说甚新，然以不知《麈谈》又本何书，故未据补；仍录于此，以供读者之参考云。

二五年九月十日，鲁迅识。

①本篇最初印入1925年9月北京北新书局再版的《中国小说史略》合订本。

《中国小说史略》日本译本序[①]

听到了拙著《中国小说史略》的日本译《支那小说史》已经到了出版的机运，非常之高兴，但因此又感到自己的衰退了。

回忆起来，大约四五年前罢，增田涉君几乎每天到寓斋来商量这一本书，有时也纵谈当时文坛的情形，很为愉快。那时候，我是还有这样的余暇，而且也有再加研究的野心的。但光阴如驶，近来却连一妻一子，也将为累，至于收集书籍之类，更成为身外的长物了。改订《小说史略》的机缘，恐怕也未必有。所以恰如准备辍笔的老人，见了自己的全集的印成而高兴一样，我也因而高兴的罢。

然而，积习好像也还是难忘的。关于小说史的事情，有时也还加以注意，说起较大的事来，则有今年已成故人的马廉教授，于去年翻印了"清平山堂"残本，使宋人话本的材料更加丰富；郑振铎教授又证明了《四游记》中的《西游记》是吴承恩《西游记》的摘录，而并非祖本，这是可以订正拙著第十六篇的所说

①本篇最初印入《中国小说史略》日译本。该书于1935年由日本东京赛棱社出版。参看本书《后记》。

的，那精确的论文，就收录在《痀偻集》里。还有一件，是《金瓶梅词话》被发见于北平，为通行至今的同书的祖本，文章虽比现行本粗率，对话却全用山东的方言所写，确切的证明了这决非江苏人王世贞所作的书。

但我却并不改订，目睹其不完不备，置之不问，而只对于日本译的出版，自在高兴了。但愿什么时候，还有补这懒惰之过的时机。

这一本书，不消说，是一本有着寂寞的运命的书。然而增田君排除困难，加以翻译，赛棱社主三上於菟吉氏不顾利害，给它出版，这是和将这寂寞的书带到书斋里去的读者诸君，我都真心感谢的。

一九三五年六月九日灯下，鲁迅。